Dados Internacionais de Catalogação na Publicação (CIP)
(Câmara Brasileira do Livro, SP, Brasil)

José Antônio (Espírito).
   Dramas da Paixão / psicografado por Ana
Cristina Vargas. -- Catanduva, SP : Boa Nova
Editora, 2001.

ISBN 85-86470-19-8

1. Espiritismo 2. Psicografia 3. Romance
brasileiro I. Vargas, Ana Cristina. II. Título.

01-3951   CDD-133. 93

Índices para catálogo sistemático:
1. Romance Espírita 133. 9

Impresso no Brasil/*Presita en Brazilo*

Ana Cristina Vargas
pelo espírito *José Antônio*

Dramas da Paixão

Instituto Beneficente Boa Nova
Entidade coligada à Sociedade Espírita Boa Nova
Av. Porto Ferreira, 1.031 | Caixa Postal 143
Catanduva/SP | CEP 15809-020
www.boanova.net | boanova@boanova.net
Fone: (17) 3531-4444 | Fax: (17) 3531-4443

5ª edição
Do 34º ao 36º milheiro
3000 exemplares
Junho/2006

© 2002 by Boa Nova Editora.

Capa
Direção de arte
Francisco do Espírito Santo Neto
Designer
Jurandyr Godoy Bueno

Revisão
Lúcia Helena Lahoz Morelli

Editoração eletrônica
Cristina Fanhani Meira

Todos os direitos estão reservados.
Nenhuma parte desta obra pode ser
reproduzida ou transmitida por qualquer
forma e/ou quaisquer meios (eletrônico
ou mecânico, incluindo fotocópia e
gravação) ou arquivada em qualquer
sistema ou banco de dados sem
permissão escrita da Editora.

O produto da venda desta obra é
destinado à manutenção das atividades
assistenciais da Sociedade de Estudos
Espíritas Vida, de Pelotas, RS, e da
Sociedade Espírita Boa Nova,
de Catanduva, SP.

1ª edição: Fevereiro de 2002 - 10.000 exemplares

SUMÁRIO

DEDICATÓRIA 7
APRESENTAÇÃO 11

Capítulos

I	EM SOCORRO	15
II	DIVERSAS MORADAS	31
III	O PASSADO	37
IV	O NASCIMENTO	41
V	O INÍCIO DO DRAMA	49
VI	ELIZABETH	59
VII	O ENCONTRO	71
VIII	RODRIGO DE M..., COMPLETA-SE O TRIO	79
IX	PREOCUPAÇÃO DE AMIGO	87
X	O BAILE	97
XI	AS NOVAS RELAÇÕES	107
XII	NOVOS CONHECIMENTOS	117
XIII	1849	127
XIV	O RETORNO	137
XV	A DESCOBERTA DE GEORGES	159
XVI	O SEGREDO REVELADO	179
XVII	A FUGA	215
XVIII	A LUTA DO AMIGO	239
XIX	A FUGA FINAL	265
XX	O DESPERTAR	287
XXI	A PERSEGUIÇÃO	303
XXII	O FINAL	317
XXIII	O NOVO COMEÇO	325

EPÍLOGO 335

DEDICATÓRIA

Entregamos nosso primeiro trabalho, no regresso às lides da literatura, à avaliação dos leitores nos alvores do terceiro milênio, como mais uma lembrança das pedras que devemos evitar em nossa jornada, fugindo aos dramas que há tanto infelicitam corações. Neste início de novos tempos desejamos prestar sincera homenagem aos semeadores do século XIX.

Quando luzes novas raiavam ao mundo do conhecimento e somente o academicamente científico era aceito, valorosos irmãos desceram à Terra para semear uma nova doutrina e desvendar aos homens as maravilhas do universo espiritual que nos cerca. Reencarnaram como anônimos trabalhadores, desbravadores de uma nova concepção de vida. Com eles, o mestre de Lion: incansável batalhador do progresso, codificador da Doutrina Espírita, maior expoente e luzeiro de todos que a ela aderiram.

Na Espanha do século XIX, encontravam-se bravos defensores desses ideais. Semeadores que, de todos os cantos daquele país, partiram com destino aos diversos países de língua latina levando consigo as sementes do Espiritismo que a mancheias espalharam e cultivaram.

Naquele bravo país também encontraram – e ainda hoje podem ser encontradas, embora de forma mais velada – a intolerância e a intransigência religiosa cerceadoras do avanço do pensamento e do progresso. Lá ocorreu, em Barcelona, a 9 de outubro de 1861, às 10:30h, na Esplanada da cidade, onde eram executados os criminosos, a queima de 300 volumes e brochuras sobre o Espiritismo, importados da França, entre eles obras de Allan Kardec. As fogueiras da ignorância humana acenderam-se e nem mesmo isso foi capaz de ofuscar o idealismo daqueles desbravadores. Ao contrário, como as labaredas que subiram, também a disposição da divulgação elevou-se entre eles e surgiram valorosos nomes que a história esqueceu ou nem ao menos registrou.

A eles nossa sincera homenagem e gratidão. Para expressá-la, valemo-nos, como em tantas outras partes deste trabalho, das palavras de Allan Kardec:[1]

"Já temos tido muitas ocasiões de dizer que a Espanha contava com numerosos adeptos, sinceros, devotados e esclarecidos. Não é mais devotamento, é abnegação; não uma abnegação irrefletida, mas calma, fria, como a do soldado que marcha para o combate, dizendo: Custe-me o que custar cumprirei o meu dever. Não é essa coragem que chameja como um fogo de palha e se extingue ao primeiro alarme; que, antes de agir calcula cuidadosamente o que pode perder ou ganhar: é o devotamento daquele que põe o interesse de todos acima do interesse pessoal.

Que teria ocorrido às grandes idéias que fizeram o mundo progredir, se só tivessem encontrado defensores egoístas, devotados em palavras enquanto nada tivessem a perder, mas se dobrando ante um olhar de ameaça e o medo de comprometer algumas parcelas de seu bem-estar? As ciências, as artes, a indústria, o patriotismo, as religiões, as filosofias têm tido os seus apóstolos e os seus mártires. O Espiritismo também é uma grande idéia regeneradora;

---

[1] *Allan Kardec. "Apóstolos do Espiritismo na Espanha". In: Revista Espírita. Trad. Júlio Abreu Filho. Sobradinho, DF, Edicel, março de 1869.*

apenas surge; ainda não está completo, e já encontra corações devotados até a abnegação, até o sacrifício; devotamentos às vezes obscuros, nem buscando a glória, nem o brilho, mas que, por agir numa pequena esfera, nem por isso são menos meritórios, porque são moralmente mais desinteressados.

Contudo, em todas as causas, os devotamentos em plena luz são necessários, porque eletrizam as massas. Não será longe o tempo – isto é certo – em que o Espiritismo terá também seus grandes defensores que, desafiando os sarcasmos, os preconceitos e a perseguição, hastearão a sua bandeira com a firmeza que dá a consciência de fazer uma coisa útil; apoiá-lo-ão com a autoridade de seu nome e de seu talento, e seu exemplo arrastará a multidão dos tímidos, que prudentemente se põem à margem.

Nossos irmãos da Espanha rompem a marcha; cingem os rins e aprestam-se para a luta. Que recebam as nossas felicitações e as de seus irmãos em crença de todos os países, pois entre os Espíritos não há distinção de nacionalidades. Seus nomes serão inscritos com honra ao lado dos corajosos pioneiros, aos quais a posteridade deverá um tributo de reconhecimento por terem sido dos primeiros a pagar com suas pessoas e contribuído para a ereção do edifício. (...)."

Resgatando no tempo um pouco dessa história, a todos eles dedicamos este trabalho.[2]

Janeiro de 2001.
José Antônio.

---

[2] *Informações históricas sobre o Espiritismo na Espanha e fatos narrados nesta obra são referidos por Allan Kardec na* Revista Espírita *nos anos de 1861, 1862, 1864, 1865, 1868 e 1869.*

Apresentação

Iniciava-se o ano de 1972. Nas regiões espirituais próximas à Terra, um grupo de abnegados companheiros buscava, mais uma vez, socorrer nossa personagem, Maria Helena, a prova viva de que somos os criadores de nossos destinos, os responsáveis pela conquista da felicidade ou da desventura.

Maria Helena, desventurada criatura que, por incompreensão do que seja o amor, confunde-se em um emaranhado de sentimentos indisciplinados, tornando-se assim um ser desequilibrado.

Naquela data, iniciamos um projeto para o reajuste dela e do grupo de espíritos com o qual ela se vincula, muitos já encarnados na Terra onde assumiram o compromisso de auxiliá-la, uma vez que seriamente comprometidos com seu estado atual.

Nas lides terrenas, muito precisamos meditar quanto às mágoas afetivas que causamos aos nossos semelhantes, egoisticamente. Não raro, pessoas se envolvem sem que nessa relação entrem afetos verdadeiros. Em geral, buscam o passatempo e o atendimento a paixões físicas despertadas pela beleza de um corpo, sem relacionar com isso que o outro ser, além de corpo, possui alma, sentimento e razão, daí originando-se sérios processos obsessivos, que perduram por séculos e tornam-se desequilíbrios, dores que poderiam ser evitadas, houvesse o homem atentado em envolver-se somente atendendo aos interesses sinceros e com amor. São as provas voluntárias que angariamos em momentos de irreflexão e compulsoriamente receberemos as conseqüências.

A história de Maria Helena retrata essa realidade. Mulher traída em seus mais sinceros sentimentos femininos, incompreendida por uma sociedade preconceituosa, que julga sempre o seu próximo e se diz cristã. Espírito de paixões extremadas, que, não compreendendo o valor do perdão e sua parcela de responsabilidade nos fatos, cai nas malhas do desequilíbrio alienante, descambando no pior dos erros que o ser humano pode praticar, colhendo, ainda hoje, os frutos amargos de dias pretéritos.

Nosso intuito, ao tornarmos pública essa vivência que acompanhamos como amigo interessado, é mostrar que a vida é bela e sábias são as leis que a reagem, sendo nossa responsabilidade conquistar o melhor. Porém, a justiça divina cobra ceitil por ceitil. Enquanto não aprendermos a lição, a conquista do melhor fica adiada. Esta história é um alerta para o nosso hoje – o tempo de solucionar os conflitos é agora e com todo empenho. Colocar "panos quentes" em nossas chagas afetivas de nada adianta. Comecemos já nossa reforma íntima, arejando e limpando nossa casa interior e resguardando-a para que nela não penetrem invasores. Um jardim cultivado com zelo não apresenta ervas daninhas. Um coração resguardado vibra paz e serenidade.

Você encontrará neste relato não um final feliz, uma história doce ou um passatempo, porque a vida é bem mais do que isso: não há final, porém depende de nós torná-la feliz.

PRIMEIRA PARTE

Em Socorro
Capítulo I

O local é denso, escuro, parece uma caverna; não se vislumbra luz – há uma espécie de claridade cinzenta que lhe empresta um aspecto profundamente triste, melancólico. Sentada em trapos, vemos uma jovem mulher aparentando 21 anos, de aspecto quase macabro, suja, vestida de andrajos, cabelos desgrenhados, magra. Ela aperta contra o peito, de forma sôfrega e angustiada, um bebê, ninando-o com um canto que expressa em suas nuances vibrações de medo, ódio e amor em total confusão. Causou-nos profunda dor vê-la e ouvir sua cantiga desesperada de ninar. Nossa tarefa: resgatar o espírito que trazia consigo, dando início ao processo de reajuste de antigos débitos. Neste cenário iniciaremos a história de Maria Helena

A equipe destinada a essa tarefa compunha-se de três companheiros, além de mim: Georges, antigo benfeitor da jovem Maria Helena; Dóris, amiga espiritual de outras existências do bebê que teve por nome Manuela, e nosso orientador.

Ao depararmos com a cena, dor profunda nos atingiu. Como um ser espiritual, eterno, dotado de todas as condições para atingir os mais altos graus da perfeição e destinado à felicidade poderia encontrar-se naquelas lamentáveis condições? Nosso orientador, sentindo nosso questionamento interior, explicou:

– Meus filhos, sem dúvida são tristes as condições em que encontramos Maria Helena, e é natural que sintamos nosso coração tocado. Porém, não nos esqueçamos de que a condição em que ela se encontra foi por ela própria construída, e agora se constitui em aprendizado. Sentir as conseqüências de nossas atitudes construtivas ou não é a forma de educação que a vida utiliza para nos ensinar a adaptarmo-nos às suas leis. Se construirmos atitudes positivas, receberemos a certeza de prosseguir no caminho correto através do bem-estar que a prática do amor e da fraternidade proporciona; se, porém, nossos atos revestem-se de rebeldia para com o Pai, o sofrimento é nossa colheita. E o sentiremos até que, exauridos, enfim compreendamos a vontade do Pai e as leis que regem nossa existência, harmonizando-nos, então, de forma segura. Nossa irmã, no momento, não tem condições sequer de perceber nossa presença. Por isso, a ela dirigiremos nossas preces buscando confortá-la e acalmá-la. O melhor a ser feito é dar cumprimento ao roteiro traçado. Confiemos que tudo a seu tempo voltará à normalidade para nossa desafortunada Maria Helena.

As palavras de nosso orientador tiveram o dom de acalmar a equipe. E Dóris, sem demora, propõe-se a iniciar o trabalho, distribuindo as tarefas.

— Georges, você, como possui maior afinidade com nossa socorrida, poderia tentar fazê-la perceber sua presença e arrancá-la desse estado de fixação mental em que se encontra, fazendo-a mais receptiva às nossas vibrações?

— Por certo, Dóris, faremos o possível. — Após pronunciar tais palavras, concentrou-se, em prece fervorosa. Percebemos que lentamente ele tornava-se mais opaco, assumindo as feições e características que facilitariam sua identificação por sua antiga assistida. Ao fim de alguns instantes, a transformação estava completa. Georges apresentava-se como o cavalheiro distinto, de cerca de 50 anos, calvo, alto e forte, elegantemente vestido, sem esquecer sua bengala, companheira que o identificava sempre, pois não dispensava tal objeto em seus passeios, fossem eles longos ou curtos. Embora naquela época nenhum problema tivesse para se locomover, tratava-se de um mimo que não dispensava. Voltando-se para nós, diz bem-humorado:

– Não fossem todos os percalços que a existência material oferece, quase me sentiria tentado a voltar aos meus passeios ao longo das avenidas de minha amada Paris. Mas, deixemos os saudosismos de lado, e vamos ao trabalho que nos trouxe a este infeliz local. – E abeirando-se de Maria Helena, que continuava sua triste cantiga de ninar, sem nem ao menos perceber nossa chegada, disse:

– Helena, querida, olhe para mim. Sou eu, o velho Georges, seu amigo.

Nada registrou a desditosa criatura, totalmente alienada. Nosso companheiro volta a insistir, e nada. Senta-se a seu lado, abraça-a, e começa a acompanhá-la na cantiga de ninar, embalando-a, ainda sem ser percebido. As vibrações de seu canto transmitem paz e, lentamente, começa a modificar-se o panorama. Nos olhos de Maria Helena notamos algumas fulgurações rápidas, lampejos de lembranças felizes. Recorda de uma figura, não consegue atribuir-lhe nome, mas um bem-estar há muito não sentido insinua-se em seu ser. Por momento interrompe sua cantiga, olha o bebê em seus braços e fala:

– Manuela, filhinha, que faremos nós duas agora? Não sei onde estamos, o que se passa, sinto fome, meu peito está seco e se você acordar, com que vou alimentá-la? Mas não se preocupe: enquanto eu puder, cantarei para você, assim não acordará. Vai dormir e estar com os anjos. Nada vai afastar você de mim. Nós temos ainda alguns amigos, não sei onde estão, mas por certo irão nos procurar. Só precisamos ficar juntas. Você, dormindo, não sentirá fome nem frio. Minha mãe sempre dizia que as crianças dormem com os anjos, por isso, enquanto puder, eu canto para ninar você, filhinha. Durma, durma.

Georges, compungido, ouvia aquelas palavras, que demonstravam que realmente a moça estava alheia à realidade de sua situação. Aproveitando que Maria Helena manifestava preocupação com o bem-estar da filha, tenta nova aproximação:

– Helena, você clama pelos amigos e não reconhece quando nos aproximamos. Vamos, veja, sou o velho Georges. – Ao mesmo tempo envolve-a com vibrações de carinho.

Observando a cena, indago ao nosso orientador:

– Por que a dificuldade em fazer-nos percebidos?

Ele de pronto esclarece:

– José Antônio, não me decepcione! Observe mais. Não é Georges quem enfrenta dificuldades e sim Maria Helena. Ela alienou-se voluntariamente da realidade, provavelmente nem seu próprio nome lembra. Sua única e obsessiva preocupação no momento é com Manuela. Assim ela desencarnou, envolta em ódio, amor e desespero profundos. E, aqui, apresenta-se nas mesmas condições. A mente não sofre alterações bruscas. O processo de loucura é do espírito e não da matéria. Ela alienou-se enquanto encarnada. O desequilíbrio das emoções desestruturou todo o seu ser levando-a a esse estado miserável, que o desencarne não modifica, ao contrário, agrava, pois se muitas vezes a perturbação natural do desencarne, em espíritos em condições normais, pode ser prolongada, imagine nas condições dessa irmã. Ela está refratária a qualquer contato. Mas oremos pedindo ao Mestre Jesus que auxilie nosso companheiro Georges para que ele tenha êxito. Como se sabe, mesmo nos casos mais graves de desequilíbrio, há momentos de lucidez. Peçamos seja concedida essa dádiva a Maria Helena – um minuto de lucidez para que Georges consiga nosso intento de resgatar Manuela.

Dóris, que acompanhava nossa conversa, chama a atenção para o que se passa.

– Glória! Pai de amor e bondade! Nossa rogativa foi atendida! Vejam, irmãos: Georges finalmente conseguiu captar a atenção da jovem.

Maria Helena finalmente percebe um carinho em seu rosto, o abraço amigo e a voz de Georges a adverti-la.

– Não acredito! Enfim encontro alguém! Georges! Velho Georges! Por que não me procurou antes? Diga-me: onde estou? O que aconteceu? Você trouxe comida, como sempre. Você é bom, meu velho amigo. Que saudade! Dê-me logo comida. Minha filha pode acordar e não tenho como alimentá-la. Você sempre pensa em tudo! Vamos, sacie minha fome, eu não posso falar muito senão ela acorda. Sinto frio. Você trouxe uma manta, eu sei, você é bom, gosta de mim e me compreende. Georges, Georges, não diga nada, que ela pode acordar. Fique quieto, depois que eu comer lhe conto tudo.

– Não, Maria Helena, mantenha a calma! Manuela é um bebê muito tranqüilo e você sabe que se ela estiver em seu colo não vai acordar. Acalme-se. É para ajudá-la que vim aqui. Mas você precisa cooperar, confiar em mim. Quero levá-las para um local onde você receberá tratamento e Manuela, também. Você vem comigo?

– Georges, a qualquer lugar em que me dêem com que alimentar minha filha, para que ela não acorde com fome e frio, eu irei.

Levantaram-se. Georges acenou positivamente para nós, abraçado à jovem mãe, que voltara a entoar sua cantiga, e a seu bebê. Partimos. Dóris, profundamente agradecida ao socorro que vislumbrava para sua protegida, agradecia ao Pai. Nosso orientador envolveu-nos a todos com seu olhar sereno e firme, transmitindo-nos alegria pelo êxito de nossa tarefa.

Rumamos para uma zona de atendimento próxima ao local onde nos encontrávamos e que já estava aguardando-nos, sabedora de nossa tarefa de resgate. É uma espécie de casa de repouso. Não diremos hospital, porque nem todo doente mental dele necessita, uma vez que a mente é o principal orgão de manifestação do espírito, e não há outro tratamento para o espírito senão o amor e o tempo para se reequilibrar.

Toda doença é transitória, em essência somos sadios e voltaremos sempre a essa condição. A doença é sintoma de nossas ações e de nossos pensamentos irrefletidos. Uma vez que aprendamos a lição do que fazer, já não reincidiremos naquela dor, aprenderemos a evitá-la. Assim, a doença mental não necessita de encarceramento.

Ela necessita de amor e compreensão, porque transfere do espírito para a matéria um estado de perturbação profunda do ser emocional que não conta com o anteparo da razão para lhe estruturar as ações e compreender a vida, especialmente os semelhantes, buscando, como forma de proteção, a fuga, por meio do que conhecemos como loucura.

Em geral esse processo começa na Terra e completa-se no mundo espiritual. Espíritos que sofrem o processo de obsessão quando encarnados, não esclarecidos devidamente ao desencarnarem, permanecem sob o jugo dos obsessores já um tanto ensandecidos e acabam descambando em uma situação idêntica. Outras vezes, como é o caso de Maria Helena, sofrem profundos dissabores na área afetiva, fruto de suas provações voluntárias, e, não suportando a dor, sucumbem às fugas, alienando-se em regiões de sofrimento.

No momento em que o homem compreender-se e compreender para que finalidade existe e por que está na Terra, nada disso voltará a ocorrer. Ele verá que não há dor insolúvel, e que de nada vale querer eximir-se à vida porque ela é superior às forças do espírito. Não está em nosso poder impor-lhe limites, dar-lhe fim. As ilusões que temos a respeito da vida, material e espiritual, é que fazem com que geremos nossos infortúnios. Idealizamos ou o paraíso ou o inferno, estamos felizes ou desgraçados, raras vezes conseguimos compreender o ponto de equilíbrio que nos cabe. Somos aprendizes da vida e dessa forma temos que nos equilibrar, compreendendo que a dor ou a alegria são estados transitórios de nossas emoções, e que a felicidade real não é fugaz, ao contrário, é fruto do entendimento da finalidade de estarmos aqui.

Tão logo compreendamos que estamos em aprendizado, adquiriremos coisas fundamentais: a conquista e a descoberta do estado de felicidade constituído pela aquisição de humildade e paciência. Humildade para compreender que somos criaturas e como tais temos a aprender na grande obra do Criador: a aceitação das lições da vida. E mais: à medida que vamos tendo noção de que fomos criados para evoluir, para atingir regiões de felicidade, vai se tornando fácil ver que todo o restante é transitório e que depende de nós construir o paraíso ou o inferno.

Humildade real é saber conhecer nossos limites, não culpar qualquer outro por nossos erros e assumir todas as atitudes, sejam elas boas ou más, assinar cada uma de nossas ações, sem transferir responsabilidade. Agindo assim, começamos a empreender a conquista do equilíbrio e, ao somarmos a isso um tanto de paciência, esse estado se completará adquirindo caráter de estabilidade.

A paciência é virtude que temos que exercitar inicialmente com nós mesmos, como de resto todas as demais, pois assim aprenderemos a nos amar e então amar ao próximo. Exercitar a paciência com nós próprios é compreender que falhamos, ou até que falimos, em determinados casos. Mas não pode ser uma virtude passiva, simplesmente aceitar; não é sermos pacientes com o erro, mas sim com a nossa condição de aprendizes. Não se exige do aprendiz a perfeição do mestre, porém se incentiva o aprendiz a retomar o trabalho com maior esforço e dedicação para que atinja os graus do mestre. Paciência é aceitação e trabalho.

Ao aceitarmo-nos como aprendizes, retirando lições de nossas imperfeições, entendemos melhor nosso semelhante deixando de exigir dele uma perfeição que sabemos não ser possível. Compreendemos que, se muitas vezes somos magoados, machucados, feridos, é porque ele é um aprendiz e não consegue agir conosco da forma que o Mestre ensinou. Aceitamos porque nós também carregamos imperfeições, se não da mesma ordem, de outra. Deixemos que o tempo e o trabalho o aperfeiçoem – esse é o destino – e não carreguemos sentimentos desnecessários, já que a humildade nos ensinou que devemos assinar todas as ações, assumindo nossa parcela de responsabilidade nos erros de nossas relações.

Atravessamos com relativa velocidade a zona escura em que Maria Helena se encontrava. Encaminhamo-nos para a Casa de Maria, onde ela seria deixada para tratamento. Essa organização socorrista, muito próxima do local triste das cavernas escuras, é por assim dizer uma antítese daquele. A Casa de Maria é extremamente agradável: um prédio extenso de dois andares em forma de um quadrado perfeito, cercado de um lindo gramado e envolto em uma luz branca que não ofusca o recém-chegado, lançando uma atmosfera de paz que atrai ao primeiro olhar, na qual se respiram paz e descanso. Aproximar-se desta casa remete à sensação idêntica à que tínhamos quando, encarnados, buscávamos a proximidade com o mar, especialmente ao amanhecer: a solidão, o marulhar das ondas, o canto dos pássaros e a tênue luz do amanhecer sempre infundem sensações de paz e vigor para o novo dia. Essas vibrações envolvem a Casa de Maria. Os espíritos para lá encaminhados necessitam de paz e repouso para se recuperarem, refazerem suas vidas, redescobrirem-se. Para lá levamos Maria Helena.

Ao chegarmos, fomos recebidos, ainda nos gramados, por um prestativo companheiro que atendia na instituição, o enfermeiro Amaral, que veio ao nosso encontro já sabedor do caso que trazíamos.

— Sejam bem-vindos, companheiros! Encaminhemos nossa enferma até os alojamentos que ficam à esquerda do jardim das fontes. Por favor, sigam-me.

Surpreendido, acompanhei a equipe.

Dóris, sempre sensível, percebeu minha surpresa.

— José Antônio, a beleza é fundamental para a conquista da harmonia. Como despertar no ser a vontade de progredir, como lhe mostrar que o universo e a vida são belos, cheios de oportunidades, e que cada um deve buscar em si a força para alcançar a condição de viver permanentemente de forma bela, em um local que não transmita exatamente essa idéia? As imagens contêm conceitos que atuam tanto ou mais no psiquismo humano do que as palavras. Facilmente sensibilizamos e transformamos um quadro de dor se usarmos ingredientes de paz e beleza. Nada mais apropriado, para a recuperação de espíritos na condição de nossa Maria

Helena, do que uma organização como esta. Você ainda terá muitas surpresas!

– De fato, Dóris. Como ainda temos a aprender! Não esperava esse jardim das fontes. Aliás, já foi uma enorme surpresa deparar com a visão maravilhosa desta Casa após ter visto aquele local tão triste.

– É pena que nossa amiga não tenha, no momento, condições de apreciar essa mudança. Mas confiemos que em breve, em contato com os companheiros especializados nesse trabalho, ela possa recuperar-se e voltar a crescer.

– Bem, Dóris, busquemos Georges e nosso orientador, que, acostumados a esse local, já não se surpreendem como eu e prosseguiram o trabalho. Obrigado por suas explicações. Vamos.

– Claro, mas não se incomode em interromper-me quando desejar alguma informação que esteja ao meu alcance. Nesta missão, minha colaboração terá início, como você sabe, somente após os primeiros cuidados dispensados a Maria Helena; então, sim, minha Manuela voltará a mim para prosseguirmos nossa jornada.

Deixamos aquele aprazível jardim de verde luxuriante, fontes de água cristalina, dispostas harmoniosamente entre os caminhos, e bancos que convidavam realmente à reflexão e adentramos uma porta lateral do prédio. Seguimos por um corredor; a parede lateral em vidro deixava ver o jardim das fontes e do lado oposto havia portas. Embora tudo fosse branco, não prevalecia aquele clima tão comum aos hospitais terrenos.

– Novamente surpreso, José Antônio? Vejo em sua expressão. Aqui não encontramos o clima às vezes asfixiante de um hospital. Todos os trabalhadores são conscientes de suas tarefas e as executam em clima de fraternidade, pois sabem o quanto sua calma se transmite aos atendidos e aos demais companheiros, contribuindo de forma equilibrada. Precisamos aprender a dominar nossos pensamentos e emoções para encontrarmos uma forma sadia de viver e conviver.

Prosseguimos nossa caminhada até encontrar uma porta aberta e o enfermeiro Amaral, de saída.

– Podem entrar! – disse. – Já a instalamos. Estou indo avisar o irmão Marcos, que irá acompanhar o caso. Ele virá logo. Aguardem.

Junto de Maria Helena, estava Georges, abraçando-a.

– Como está? – perguntei.

– Como você pode ver, ainda não está percebendo as mudanças que a cercam.

De fato, Maria Helena permanecia nas mesmas condições em que a buscáramos nas cavernas. Ninava seu bebê desesperadamente e repetia as mesmas frases num monólogo repetitivo e quase sem nexo.

Sentada sobre a cama alva, sua figura tornava-se um contraste quase violento com o ambiente. O quarto, totalmente branco, composto apenas de uma cama, uma cadeira e uma mesa, era muito simples em comparação com o ambiente dos jardins por onde, antes, estivéramos.

Admirando esse fato, questionei nosso orientador:

– Professor, por que a mudança de ambiente? Lá fora tanta beleza e elaboração e aqui tamanha simplicidade?

– José, a pergunta responde-se por si mesma se considerarmos o objetivo desta Casa. Os espíritos aqui asilados temporariamente precisam sair de si mesmos, de suas idéias fixas e doentias, e passar a viver e conviver com o ambiente que os cerca. Não é em celas que possibilitaremos essa mudança de padrões mentais e de comportamento. Atraí-los para junto da natureza em ambientes abertos favorece o tratamento, despertando-lhes a curiosidade e o desejo de explorar o novo.

– É fantástico este local. A cada ambiente, então, corresponde um conceito dentro do tratamento que aplica.

– Exatamente.

Interrompemos nosso diálogo com a chegada do irmão Marcos, que cumprimentou a todos e dirigiu-se a Georges:

– Então, como responde a nossa paciente?

– Com dificuldades – esclareceu Georges. – Somente após tentarmos várias vezes conseguimos nos fazer percebidos por ela. Acompanhando-a, nesse intervalo de tempo, notamos que seus instantes de lucidez são fugazes e raros. Não tem noção de onde está, e qual sua atual condição; vive confusa entre os últimos dias na matéria e o local onde foi parar após o desencarne. Suas vibrações, como pode ver, são pesadas e cheias de desespero. Apega-se à filha, e domina-a fazendo submergir em um sono hipnótico. O que faremos, amigo?

– Inicialmente, ela precisará descansar. Adormecê-la nos permitirá tratá-la com mais eficiência nestes primeiros momentos e dar-lhe um aspecto mais agradável. Determinaremos à equipe de enfermagem que lhe aplique passes de efeito calmante e adormeça-a. Se desejarem, poderão acompanhar o procedimento e contribuir com suas vibrações.

– Lógico – respondeu Georges. – Se estiver ao nosso alcance, por certo teremos prazer nisso.

– Fiquem à vontade. Em breve a equipe deve estar aqui. Se nos permitem, precisamos acompanhar outros pacientes que chegaram. Mantê-los-emos informados das condições de nossa enferma. Paz, irmãos! – Despedindo-se, partiu pelos corredores.

Alguns instantes após, três agradáveis senhoras de semblante risonho deram entrada no ambiente em animada conversação.

– Então, como estão nossos irmãos? – interrogaram-nos, animadas.

Nosso orientador respondeu, com familiaridade:

– Melhor ainda, vendo a alegria e a animação com que trabalham.

– Ora, o irmão sabe o quanto trabalhar com alegria é benéfico aos nossos espíritos e aos de nossos assistidos. Um clima alegre e saudável predispõe à vida, reforça a coragem e desperta. Precisamos aprender a viver com máxima disposição todos os momentos – isso nos garantirá a saúde necessária.

Com olhar sereno e aprovador, o orientador fez um gesto concordando com as palavras da senhora enfermeira. Aproveitando que ela começava o atendimento a Maria Helena, aproximei-me dele e indaguei:

— Orientador, você conhece essa companheira?

— Claro, José, a equipe que aqui trabalha, em sua maioria, já fez parte dos assistidos por esta Casa. Em condição melhor, descobrem o prazer e a necessidade do trabalho e realizando-o mantêm a harmonia conquistada. O trabalho é o melhor remédio para os males do espírito. A ociosidade agrava todos os problemas.

Com esses esclarecimentos e fazendo gesto de silêncio, encerrou nosso diálogo indicando-nos o atendimento que a equipe de enfermagem iniciava.

A alegre senhora que dialogara conosco acercava-se da paciente com infinita ternura, abraçando-a e pedindo a Georges que se afastasse.

— Então, minha amiga, vamos, volte a atenção para nós. Você é tão bonita, precisa recuperar-se para o próprio bem e de seus amigos. Vamos, coopere comigo, olhe para mim.

Maria Helena, surpreendentemente, voltou o rosto na direção da enfermeira e olhou-a, silenciando seu canto. Por um longo momento fixou a enfermeira. Parecendo recobrar por instantes a lucidez, falou:

— Ainda me acha bonita? A senhora é muito boa. Eu já não me acho bonita. Mas veja: minha filhinha é linda, é tudo que tenho, minha razão de viver.

Fazendo-se de surpreendida, a enfermeira retrucou:

— Mas é mesmo?! Deixe-me vê-la? Deve ser linda, pois a mãe é bonita.

Maria Helena afastou um pouco de si o bebê para que a enfermeira o visse.

— Sim, que bela menina. Parabéns! Você deve estar muito feliz com uma criança tão linda e tão calma... Veja como dorme...

– É, ela precisa dormir. Não posso deixá-la acordar. Não tenho mais com o que alimentá-la e passamos muito frio. A fome é horrível, não sei onde estamos, não conheço ninguém. Perdi-me. Dormindo, ela não sofrerá, não morrerá, vai ficar sempre comigo.

Com a mesma alegria e a mesma ternura, a enfermeira olhava o bebê e prosseguia o diálogo como se fosse coerente o que ouvia.

– Ora, você agora está amparada, encontra-se em uma casa de repouso. Vocês serão atendidas, não precisa temer.

– Você é boa. – Dizendo isso, sorriu.

– Isso, sorria. Você fica ainda mais bonita sorrindo. Mas qual é o seu nome?

– Meu nome? Esqueci meu nome! Georges, é meu amigo e me trouxe para cá. Ele lembra meu nome. – Virando-se, procurou visualizar Georges.

Acompanhávamos com encanto a cena que se desenrolava. Georges, disfarçando a emoção, consultou com o olhar a enfermeira e ante sua aquiescência aproximou-se novamente.

– Claro que lembro seu nome. Você se chama Maria Helena. E, de fato, a enfermeira tem razão em tudo quanto lhe disse. Confie nela e não se preocupe: aqui você receberá tudo de que precisa.

– Georges, a minha filhinha também poderá ficar aqui? Se ela não ficar, vou-me embora.

– Acalme-se. Sua filhinha será tratada também. Agora já sei seu nome. Eu me chamo Dulce. Vamos ser amigas. Vai deixar-me tratá-la?

– Você é boa; eu deixo, sim.

– Ótimo! Vamos começar agora mesmo. – E, dirigindo-se a nós, disse: – Por favor, deixem-nos a sós. Tão logo iniciarmos a aplicação dos passes nós os chamaremos.

Ao mesmo tempo, uma das enfermeiras abriu a porta para que nos retirássemos.

No corredor, com maior liberdade, podíamos conversar. Dóris e Georges, extremamente felizes com o andamento da tarefa, viam que seus pupilos encaminhavam-se para uma melhora. Nosso orientador acompanhava o diálogo enaltecendo a importância da fé para o êxito na realização de qualquer tarefa. De minha parte, a curiosidade era tanta que não conseguia prestar maior atenção a esse ou àquele comentário, parecia-me que cada coisa e cada gesto naquela Casa tinham um significado especial e eram direcionados a um objetivo comum. Estudá-los, observá-los, ainda que momentaneamente, era fascinante.

De repente abriu-se a porta do quarto e a mesma enfermeira nos convidou a entrar. Ao lado do leito permaneciam Dulce e outra auxiliar. Percebendo nosso ingresso no recinto, Dulce aproximou-se e informou-nos quais os procedimentos que iriam ser adotados, ressaltando a importância da tarefa de Dóris, que deveria naquele momento ser realizada. Em seguida, acompanhou-nos até o leito da paciente.

Que transformação! Verdadeiramente irreconhecível! Não fosse ter acompanhado toda jornada não poderia reconhecer naquele leito a mesma jovem mulher que vira nas cavernas. Deitada sobre lençóis brancos, vestindo uma ampla túnica de um azul diáfano, estava uma jovem de uma beleza invejável. Seus longos cabelos desembaraçados e limpos, ondulados e repartidos ao centro, de um castanho claro, lembravam folhas de outono batidas pelo sol a emoldurar-lhe o rosto de feições regulares, onde se destacavam os grandes olhos e a boca rosada de lábios cheios. Esbelta e bem formada de corpo, ela trazia nos braços o bebê adormecido, agora embrulhado em um xale branco. Não cantava mais.

— Dulce, não tenho palavras para agradecer o seu trabalho.

— Ora, Georges, nosso trabalho não precisa de agradecimento. Aqui compreendemos que é dando que se recebe. Aceito, porém, o seu carinho como incentivo a todas nós.

— Esta jovem é uma amiga querida e muito tem sofrido. Tudo quanto pudermos fazer para auxiliá-la será para nós motivo de alegria.

— Continuemos, então, amigos. — Acercou-se novamente do

leito e falou: – Maria Helena, seu amigo voltou para vê-la e trouxe consigo uma companheira especializada para atender seu bebê. – E, fazendo com que Dóris ficasse a seu lado, continuou: – É muito importante para o bebê que ele seja tratado. Vocês sofreram muito, e a menina está adormecida, portanto não sentirá sua falta.

Desconfiada, a jovem observou Dóris, notando-a pela primeira vez. Vimos que em seus olhos brilhou rapidamente aquela chama de medo e ódio à simples menção de afastar-se da menina. Porém Dóris, seguindo as instruções da enfermeira, dirigiu-se a Maria Helena, falando com brandura e segurança:

– Confie em mim. Desejo o melhor para Manuela e enquanto ela estiver longe de você eu serei seu anjo guardião. Zelarei dia e noite, se preciso for, pelo bem-estar dela. Serei para ela o amor que você sente e a trarei sempre aqui para visitá-la. Deixe-me levar o bebê: ele precisa ser tratado. Sei do afeto que você sente e respeito isso: não desejo substituí-la. Entregue-me, como se o fizesse a uma velha amiga.

Dulce, notando que a paciente calara-se e voltava a fechar-se, de imediato, interferiu:

– Ora, Maria Helena, não seja egoísta. Nós lhe dissemos que não poderíamos atender o bebê da mesma forma que fizemos com você. A criança precisa de quem entenda de bebês e nesta Casa ainda não temos esse serviço. Veja, você concordou comigo quando conversamos e chegamos à conclusão de que o melhor seria que sua filha fosse atendida por essa amiga que é especializada. Além do mais, o Sr. Georges, seu amigo que a trouxe aqui, foi buscar Dóris para atender a menina. Vamos, é o melhor, confie em Dóris. Ela cumprirá a palavra. E será por pouco tempo.

Olhando fixamente para a enfermeira Dulce, Maria Helena acalmou-se, beijou a menina e a estendeu a Dóris. A expressão de Dóris foi indefinível: seu rosto irradiava uma luz de felicidade e notamos que em seus olhos brilhava uma lágrima. Com o bebê nos braços, aproximou-se da jovem paciente, acariciou seu rosto como o faria uma mãe, e murmurou:

– Eu amarei você, tanto quanto amo Manuela. Jesus a abençoe!

Dulce, retomando a direção da tarefa, com seu sorriso e de forma enérgica, convidou a todos para que juntos iniciássemos a aplicação de passes calmantes. Nosso grupo permaneceu em prece, vibrando para que Maria Helena encontrasse a paz e a recuperação naquela Casa. Dulce aplicou os passes envolvendo a paciente em energias brandas até que ela adormecesse.

– Tarefa cumprida. Por agora, deixemos que descanse. Irmãos, seguiremos nosso trabalho. Foi uma alegria vê-los. Paz a todos. – Dizendo isso, Dulce despediu-se, acompanhada de suas auxiliares.

Nosso orientador, com sua costumeira serenidade, disse-nos:

– Terminada parte da tarefa. Sigamos para atender Manuela. – Georges acercou-se do leito, beijou as faces da paciente adormecida e, acariciando-lhe os cabelos, murmurou um adeus. E saímos, deixando para trás aquela Casa que tão esclarecedores conceitos me trouxera.

DIVERSAS MORADAS
Capítulo II

Que visão contemplar o infinito da criação! Quanta ventura em vislumbrarmos o espaço e sabermos que nele há muitas moradas. Em alguma delas, o ser espiritual descobre a paz e a felicidade.

Em busca de assistência para Manuela chegamos a um posto de atendimento a crianças, espíritos que haviam desencarnado na fase infantil, em suas diversas etapas, desde os primeiros meses até próximo da primeira juventude. Era uma construção térrea, pequena, de um tom rosa-pérola, cercada de flores e pequenos animais, que também eram motivos de decoração das paredes, em suas partes inferiores. À porta encontrava-se uma jovem que nos recebeu alegremente, dirigindo-se a Dóris.

— Dóris, finalmente nos traz a menina Manuela. Vejamos como está.

— Regina querida, não sabe a alegria e a satisfação que sinto neste instante. Sim, trago Manuela comigo e agora a deixarei sob seus cuidados e das irmãs que com você trabalham.

— Sigam-me. Vamos levá-la ao berçário. Está ainda adormecida?

— Sim. A desventurada Maria Helena, que foi sua mãe na malograda existência finda, está perturbada mentalmente, não sabia o que havia ocorrido, onde estava e, temendo que a menina sofresse privações, cantava hipnoticamente enviando vibrações que atingiam Manuela, mantendo-a nesse estado de dormência.

– É lamentável! Mas para tudo há uma solução e uma nova oportunidade. Tratemos de recuperá-las.

Enquanto Dóris e Regina conversavam, observávamos o local, que nos parecia uma creche. Era, sem sombra de dúvida, dedicado à infância: salas claras e decoradas com cores alegres e motivos infantis, móveis adaptados aos seus pequenos habitantes. Música alegre e suave perfume em todo o ambiente davam uma sensação de aconchego do lar e segurança.

– Vejo que novamente se surpreende, José Antônio. Aqui, trata-se de um setor de um educandário que você ainda não conhece, que abriga espíritos desencarnados na fase infantil. A fim de facilitarmos sua adaptação e a percepção da vida espiritual em que estão, buscamos reproduzir o clima de um lar. Aqui eles chegam e são recebidos por companheiros dedicados que lhes servem de famílias substitutas. Lentamente vão recobrando lembranças e compreendendo a situação atual, para então passarem a uma outra etapa – esclareceu o orientador.

Curioso, indaguei:

– O que farão com Manuela? Desencarnou ainda bebê! Desde que as buscamos essa pergunta tem-me perseguido e confesso não ter encontrado resposta.

– O caso é peculiar. Manuela foi vítima de assassinato. Teve sua existência tolhida aos sete meses. O processo reencarnatório mal se iniciava. Sua personalidade, ainda totalmente tolhida, exercia apenas o uso dos instintos, apesar de que o espírito registrava todas as ocorrências por que estava passando. Necessitará de tratamento diferenciado. Como esse fato deu-se com ela ainda nesses primeiros meses de vida, será submetida a um procedimento que visa recuperar a personalidade e a forma anterior do espírito, possibilitando assim que se manifeste inteligentemente. Lógico que, como dissemos, carregará consigo a lembrança dos fatos vivenciados ao lado de Maria Helena. Em pouco tempo talvez você conheça Manuela.

– Que será feito depois?

– Preparamos seu retorno à Terra. Ela permaneceu longo tempo sob o poder de Maria Helena e agora que conseguimos resgatá-la o tratamento será de urgência. Tão logo for possível, juntar-se-á a antigos companheiros, especialmente àquele que foi inadvertidamente o causador de todo o drama o qual você tem acompanhado.

– Então sua recuperação será breve.

– Sim. Tudo, para seu retorno, já está acertado. Precisamos apenas que recobre a consciência para tomar ciência dos planos e aquiescer ou não com eles.

Adentramos um berçário, onde encontramos vários bebês atendidos por senhoras que estavam ao lado de cada um deles.

– Aqui estamos... – disse Regina. – Manuela ficará sob meus cuidados. Cada uma das irmãs cuida de um dos bebês – alguns são seus familiares. Outras se exercitam para a prática da maternidade consciente e zelosa em futuras existências terrenas, já que em sua maioria um dia falimos – e enquanto resgatamos, aprendemos. Conforme orientação recebida, ela será tratada em regime de urgência e tudo faremos para recuperá-la o mais breve possível. Tão logo esteja consciente de si mesma, nós a chamaremos.

– Muito bem, Regina. Deixo-a com você com a certeza de que fará o melhor. Mantenha-me informada. Jesus as abençoe nessa tarefa. – Com essa resposta, e após apertar fortemente o bebê adormecido em seus braços, entregou-o à jovem Regina. – Orientador, podemos regressar. Nossas irmãs estão atendidas e assim tudo se encaminha dentro dos planos traçados.

– Sim, Dóris. Amigos, retornemos.

Ao nos retirarmos notei uma biblioteca repleta de crianças monitoradas por duas assistentes. Parecia uma aula – as assistentes utilizavam uma tela de projeção onde se sucediam imagens.

– A criança necessita da luz do conhecimento e do esclarecimento. Os pais na matéria, em geral, preocupam-se em dar-lhe formação, ensinam-lhe esportes, danças, línguas, ocupam-se até e principalmente de prover-lhe diversão. São conceitos ainda equivocados. Esquecem-se de que a infância é apenas uma breve fase na vida do espírito, na qual se faz necessário incutir firmes noções de moral e religiosidade, baseadas na verdade e não em alegorias que assustam e geram medo nas mentes infantis. A verdade deve ser dita de forma que a criança compreenda e extraia o ensinamento. Isso dá segurança, assim ela confia no adulto, sente que ele a prepara e preocupa-se com seu desenvolvimento integral e não só de seu corpo físico. De posse desses conhecimentos será possível enfrentar a realidade, aceitá-la e transformá-la, até quando essa realidade seja a separação material dos seres que constituíram sua família. A adaptação no mundo espiritual é muito mais fácil e rápida. Portanto, a preocupação com a formação, com o conhecimento das verdades da vida, é primordial no trabalho com a infância, encarnada ou não – esclareceu nosso orientador. – Mas deixemos esse assunto para mais adiante, e regressemos sem demora à nossa instituição.

O espírito desloca-se com a rapidez do pensamento e dentro em pouco todos nos encontrávamos novamente em casa.

Nossa instituição é um educandário. Um lar onde, desejosos de construir um novo ser, nós nos reunimos buscando compartilhar vivências, encontrar as causas de nossas quedas e fortalecermo-nos para superá-las. Em grupo, criando compreensão e amor, vamos melhorando, aprendendo e trabalhando, para, acima de tudo, assimilar os ensinamentos de Jesus, tornando-os parte de nossa conduta, difundindo-os àqueles que os desejem compreender e que vejam neles o caminho da felicidade. Para disseminarmos os princípios que nos libertaram e libertam, empreendemos esforços conforme nossa condição, utilizando nossas tendências e aptidões para doar o melhor. Assim, alguns se dedicam ao atendimento dos espíritos infelizes, vítimas da ignorância do bem, buscando fazê-los despertar e encaminhando soluções, como foi o caso de nossos amigos Dóris e Georges. Outros, como nós, utilizam os recursos possíveis à sua condição, recolhendo fatos e histórias que venham a servir aos propósitos de despertar consciências e dar-lhes horizonte novo. A tudo, nosso orientador supervisiona, com a intrínseca serenidade que caracteriza sua alma e, perdoe-me a expressão, uma invejável dedicação aos seus objetivos.

Nesse contexto, acompanhamos a excursão de resgate de Maria Helena e sua pequena Manuela.

Ao final de nosso expediente de trabalho, reunimo-nos em um dos salões da instituição e o orientador conduziu sentida prece de agradecimento ao Criador pelo aprendizado do dia e pela realização dos almejados desejos de alguns de nós. Encerrada a breve reunião, permanecemos em agradável conversa, ainda felizes com os resultados obtidos na tarefa. Acercando-se do grupo, nosso orientador dirigiu-se a mim:

– Querido José Antônio, espero que tenha sido proveitoso para suas observações o trabalho hoje realizado.

– Por certo – respondi. – Era fundamental termos contato com essas irmãs hoje atendidas. O orientador bem sabe que há algum tempo tenho pesquisado suas vivências que servirão de base ao nosso livro. Sentir suas condições atuais nos deu maior clareza das conseqüências de atitudes impensadas.

Continuamos nosso diálogo e pouco depois nos dispersamos. Aproveitei a solidão para dar início à estruturação da história de Maria Helena.

O PASSADO
Capítulo III

Aquele que crê limitar-se a vida do berço ao túmulo desconhece motivos para desenvolver virtudes reais, não compreende o momento de hoje e não busca forças para se superar. Volvamos nosso olhar ao passado e vislumbremos também o futuro, entendendo a vida sem fronteiras, respondendo-nos sempre conforme nossas atitudes.

Corria o ano de 1790. A família Alvarez, pequenos nobres espanhóis, produtores de vinho, recebera da Coroa espanhola o domínio de pequena ilha, para onde transferira residência.

Paisagem luxuriante – esse o termo para definir aquele pequeno paraíso que a família Alvarez passou a chamar de lar. Praias extensas onde o mar azul fazia contraste com grandes extensões de areias brancas e suaves dunas, tendo ao fundo vegetação verde e rica.

Desbravar aquele domínio fora tarefa árdua. Local desabitado, era conhecido como ponto de parada dos corsários franceses e espanhóis que navegavam à busca de pilhagens milionárias dos navios que faziam rota para o Oriente.

No centro da ilha, estabeleceram a sede da paróquia, construindo uma pequena igreja dedicada a Santa Tereza, ao redor da qual formou-se uma pequena praça. Foram construídas, depois, casas de comércio, estalagem e residências de artesãos, que originaram posteriormente um pequeno povoado bastante pobre, habitado por comerciantes, costureiras, artesãos, marceneiros, pintores, professores, sendo a igreja o ponto de encontro da população.

Próximo ao mar, a família Alvarez fixou residência, mandando construir formosa vila de três andares, em semicírculo, com paredes brancas; grandes arcos em todo o primeiro pavimento deixavam entrever um piso de lajotas coloridas; janelas arredondadas na parte superior davam um ar de graça e frescor à construção, ajardinada com roseiras e arbustos ornamentais; ao centro uma fonte de querubins de onde jorrava água em abundância, formando uma cortina de prata, cercada por bancos de mármore. Desse ponto, saíam caminhos para diversos recantos dos jardins da Vila Alvarez, com o central conduzindo aos portões.

O interior da residência que se formava era igualmente luxuoso. Móveis em madeira escura, tapeçarias, objetos de metal e cristal adornavam-na. Pinturas de afrescos no teto retratavam cenas religiosas, com grande profusão de santos. Era um local austero. Apesar da beleza, da arte e da riqueza da decoração faltavam-lhe ambiente de paz e aconchego. Inúmeros criados serviam na Vila Alvarez, já que seus 29 aposentos e 15 salas requeriam cuidados constantes.

Tanto no povoado quanto na vila, todos se submetiam ao domínio de D. Antônio, uma vez que as terras lhe pertenciam e ele concedia aos moradores o direito de habitá-las ou não. D. Antônio era o segundo proprietário da ilha. Filho único, nascido em 1800, desde cedo se acostumara a mandar e a não ser contrariado em suas ordens e seus desejos. Pessoa de natureza sisuda, circunspecto, altamente conservador e severo para com aqueles que considerava subalternos e para com a família. Bem-apessoado, chamava a atenção onde quer que se apresentasse. Guardava em seu íntimo uma natureza pervertida, verdadeiramente devassa, libertina, tornando-se com facilidade escravo de suas amantes.

Em 1818, como era de praxe na época, teve seu casamento arranjado com D. Maria Gomez, jovem de 16 anos, extremamente inexperiente, educada para servir à procriação e a Deus somente, obedecendo cegamente ao marido a quem temia e não amava. Aliás, amor era palavra muito pouco utilizada, quiçá sentida pelo casal.

O casamento, entretanto, não modificou os pendores do jovem par, ao contrário, intensificou-os, fazendo com que D. Antônio, buscasse ainda mais a vida libertina, mantendo, porém, zelosamente, a fachada de homem severo com a família e servidores, de quem nada podia ser dito, pois todas as suas aventuras ele as tinha nas freqüentes viagens solitárias que empreendia.

D. Maria, por sua vez, sofria em dobro, pois ainda que ignorasse a infidelidade do marido, tornava-se dia a dia mais infeliz, porque não concebia o tão cobrado herdeiro para a família Alvarez. Ao longo dos dez primeiros anos de casamento tivera dois abortamentos espontâneos que quase lhe haviam custado a vida, e nada do cobrado herdeiro legítimo surgir na Vila Alvarez. Educada para se casar e conceber filhos, isso era para ela uma verdadeira tortura e desonra, razão pela qual nem ao menos questionava o fato de o marido não levá-la em suas viagens. Ser inquirida pelo fato de ainda não ter dado um filho ao marido a fazia envergonhar-se. Assim, até mesmo agradecia o marido por poupá-la da convivência com outras pessoas, deixando-a sempre na ilha onde todos os habitantes conheciam-lhe o dilema e não a interrogavam. Acreditava-se amaldiçoada e por isso buscava a igreja com freqüência exagerada: confissões, penitência, jejuns e promessas eram sua rotina, clamando a Deus que lhe desse a graça de conceber um herdeiro. Entretanto, a idade avançava e não lograva com êxito gerar o filho. Em 1832, D. Maria conseguiu realizar seu desejo e deu à luz um filho. Nascia Maria Helena Gomez Alvarez, que viria a ser a única herdeira legítima do pequeno império e dos títulos da família Alvarez.

O Nascimento
Capítulo IV

"A infância tem, ainda, outra utilidade: os Espíritos não entram na vida corporal senão para aperfeiçoar-se, melhorar-se; a fraqueza da pouca idade os torna flexíveis, acessíveis aos conselhos da experiência e daqueles que devem fazê-los progredir. É quando se pode reformar seu caráter e reprimir-lhe as más inclinações; tal é o dever que Deus confiou aos pais..."[1]

Transcorria a tarde, intensamente quente, de prolongado verão, nos domínios dos Alvarez. D. Antônio impacientava-se, andando de lado a outro da sala de leitura, acompanhado pelo padre, que comodamente abanava-se em uma confortável cadeira.

— Acalme-se, D. Antônio, as mulheres sabem o que fazer nestas horas. Sente-se. Vamos rezar, que é tudo quanto podemos fazer neste momento, para que Nossa Senhora auxilie a D. Maria a dar a luz a seu herdeiro.

— Padre, quisera fosse tão simples. O senhor bem tem consciência do quanto tenho esperado que minha esposa cumpra com seu papel e me dê esse filho. Sabe o quanto ele é necessário. E quantas tentativas já foram falhas. Esta é a primeira que cumpre seu tempo. Porém, Maria já não é mais jovem e não tem idade e saúde para

---
[1] Allan Kardec. *O Livro dos Espíritos,* questão 385. Trad. Salvador Gentile. Araras, IDE.

que esperemos que tudo corra bem. Meu estado nervoso não poderia ser outro! Essa criança tem que ser perfeita!

– Meu caro D. Antônio, Deus é sábio, e se por bem, agora, atende às súplicas de sua esposa é porque este é o momento – ela tornou-se digna de ser mãe. Esperemos e rezemos, que tudo correrá bem, afianço-lhe.

– Deus o ouça, padre!

Passadas algumas horas, entre o corre-corre das criadas eis que se ouve o choro do recém-nascido.

– Nasceu, padre, meu filho nasceu, tenho um herdeiro, finalmente! – Na força da emoção abraça o padre que, surpreendido, retribui dando-lhe felicitações e louvando a Deus pelo tão almejado nascimento.

– Vá, D. Antônio, veja como estão a mãe e a criança. Não se demore mais. Tão logo esteja recomposta, irei ver a senhora, pode dizer-lhe.

Sem demora, toma o caminho do andar superior onde ficam os aposentos da esposa. Bate à porta e diz à criada que deseja entrar, que preparem a senhora e a criança.

No aposento, D. Maria, recuperando-se do longo trabalho de parto a que se submetera, olha a filha e pensa em como dar a notícia ao marido: tinham uma herdeira e não um filho homem como era sabido ser seu desejo. Será que ele rejeitaria aquela linda menina? Ao menos era perfeita e aparentemente saudável.

– Posso mandar o Señor D. Antônio, entrar? – interroga-lhe a parteira.

– Apenas um momento. Ainda não sei como direi que é uma menina – responde-lhe D. Maria. "Será que Deus não poderia ter atendido a mais este meu pedido e me dado um filho homem, que acabaria totalmente com a tortura que é a minha vida?", pensou. Logo, porém, reagiu e persignou-se, pedindo a Deus que lhe perdoasse, afinal seu maior pedido fora atendido: era mãe e sua filha estava bem. – Mande-o entrar, por favor.

— Se a señora quiser, posso eu mesma dar-lhe a notícia lá fora. Com certeza, será a primeira coisa que me perguntará...

— Prefiro eu mesma dar-lhe a notícia. Pode ir.

Retirando-se, a parteira lança um olhar sobre suas pacientes: finalmente aquele nascimento ocorrera com sucesso. Gostava muito de D. Maria e a havia auxiliado nas vezes em que fora infeliz nas gestações e a custo sobrevivera. Ela chegara a temer por alguns momentos que sua patroa não teria forças e sucumbiria junto com a filha, mas felizmente ambas estavam bem.

— Pode entrar, Señor Antônio, a señora o espera com a criança. Hoje é um dia muito feliz em nossa ilha.

— Sim, é verdade. Pode ir.

Entrando, Antônio encontra Maria com a criança recostada sobre o leito, ainda pálida, porém composta, como sempre.

— E então, nosso filho é perfeito? Saudável? Está bem? Posso vê-lo?

— Venha, señor meu marido, veja nossa criança. Sim, ela é perfeita e saudável.

D. Antônio aproxima-se e toma nos braços a recém-nascida; olha a criança com emoção, e pensa: "Eis a continuidade de meu nome; tudo farei para torná-lo meu sucessor; aprenderá comigo as artes do comércio e do mando".

— Deus atendeu aos meus inúmeros pedidos e promessas, temos uma criança! Porém, temo não possa parar com minhas súplicas... Deveremos ter outros.

— Nem pensar, minha señora! Basta! Não mais faremos tentativas. Temos um herdeiro. É suficiente.

— D. Antônio, nossa criança é uma menina. Não deseja mais que tenhamos um filho homem?

Nesse instante, ele se dá por conta de que nem ao menos havia perguntado sobre o sexo da criança, tal era sua certeza de que teria um filho homem. Olha novamente para a criança, porém de uma forma diferente — já o brilho da emoção é menor, um quê de decepção é indisfarçável. Responde:

– Sendo assim, talvez devamos tentar, porém ainda vou pensar a respeito e lhe comunico oportunamente a decisão. Agora descanse. Vou deixá-las, tenho negócios a tratar. A angústia da espera impediu-me de atender aos compromissos que se avolumam. Com sua licença. – Dizendo isso, devolve a menina aos braços da mãe.

– Apenas um momento mais, D. Antônio! Qual o nome que deseja dar à nossa filha?

– Sinceramente, não pensava em batizar uma mulher, por isso não escolhi nenhum nome – responde. – Dê-lhe a señora um nome.

– Obrigada. Se concordar, ela se chamará Maria Helena, tal qual minha avó materna.

– Que seja! Até logo.

Corre inexorável o tempo. A vida prossegue. Encontramos na Vila Alvarez nossos personagens seguindo sem modificações. A atitude dos pais de Maria Helena teve por tônica o dia de seu nascimento. O pai, que não escondia a decepção por ter uma filha do sexo feminino e não o seu tão sonhado herdeiro varão, acompanhava seu desenvolvimento um tanto distante e friamente. A mãe muito a amava e dedicava-se com zelo às funções maternais, coisa não muito usual nas mulheres de sua classe na época. Porém, exilada na ilha, distante da sociedade e de suas imposições, D. Maria acabara criando para si uma existência diferenciada. Era amiga de seus criados e acompanhava todo o desenvolvimento da filha, cumulando-a de mimos e carinhos, nos momentos em que não estava dedicada à igreja.

Assim transcorria a infância da menina. Ser inocente, não percebia claramente as circunstâncias que a cercavam. Era feliz, cercada pelo carinho da mãe e das serviçais. Entretanto, a preocupação com sua educação limitava-se ao atendimento de suas necessidades básicas. Maria Helena era de natureza doce e afável. Somente aos cinco anos começou a questionar e a manifestar outros elementos de sua personalidade, tais como a teimosia, que foi em muito acalentada pelos excessivos mimos da mãe que a tudo atendia, gerando, desse modo, um comportamento egoísta na filha.

Perdera-se a oportunidade de semear, naquele solo rejuvenescido pela encarnação recente, valores morais capazes de desbastar as tendências negativas que todos ainda carregamos. Aparentemente sem importância na infância, essas más tendências crescem e manifestam-se com intensidade na idade adulta, quando o espírito demonstra sua personalidade plena, com vícios e virtudes. Ao cultivo das virtudes e ao combate aos vícios é que devemos, com vigor, empenhar-nos no trato com as crianças, ainda quando seu comportamento nos pareça sem importância, fruto de infantilidade. Alguns até consideram "normais" atitudes extremadas de egoísmo e crises temperamentais, mas esse é o momento que o Pai nos reserva para retirarmos as ervas daninhas do orgulho, do egoísmo e da vaidade que desde muito cedo acompanham o espírito, oferecendo-lhe o conhecimento e o cultivo de novos hábitos capazes de desenvolverem virtudes.[2]

Crescendo sem esse contraponto, a menina – que, como todos nós, trazia comprometimentos com vícios morais de longa data – manteve sua personalidade arrebatada, não medindo conseqüências para ter o que desejava. Coisas pequeninas revelavam esses pendores, como teimosia ao desejar algo, crises de mimo, chantagem emocional com suas amas para que lhe fizessem as vontades. A tudo os pais consideravam como "coisas de criança", esperando que se modificassem quando Maria Helena crescesse. De fato, mudaram de forma, pois o conteúdo – o móvel dessas ações – está na personalidade do ser que se manifesta de acordo com a idade.

Assim, cabia-lhes alterar o conteúdo, substituindo a teimosia pela compreensão dos limites, e explicando-lhe que nada conseguiria com comportamento arrebatado e sem medir conseqüências e atitudes para ter o que desejava. Assim teriam evitado todos os dissabores suportados em longos anos de provação e a teriam

---

[2] *Nota do autor espiritual: Sobre o tema, lembramos as orientações de* O Evangelho Segundo o Espiritismo, *capítulo XIV, "A ingratidão e os laços de família", ditada por Santo Agostinho, esclarecendo a tarefa que compete aos pais na educação dos filhos, especialmente os parágrafos 5 e 6.*

feito feliz de forma perene e não passageira, como é a felicidade que decorre da satisfação dos desejos.

Se falha foi a educação moral de Maria Helena, o mesmo não se poderia dizer da educação formal, aquela que produz o verniz social. Esta foi tratada com esmero por seu pai, que, desiludido com a idéia de ter um herdeiro homem, em determinado momento deu-se conta de que precisava preparar a filha para que realizasse um bom casamento e por meio deste houvesse um homem para substituí-lo nos negócios da família, quando chegasse a hora. Imbuído desse pensamento, trouxe professores da Espanha para educarem a menina, já que não conseguiu seu intento que era colocá-la em um convento para ser educada até a idade propícia para se casar. Essa foi uma das poucas concessões que fez à esposa ao longo de sua vida. D. Maria não suportaria ser afastada da filha. Implorou-lhe, quando soube da intenção, que não o fizesse, pois, caso realmente realizasse o prometido, ela igualmente entraria no convento para não mais sair e assim dedicar a vida a Deus. Temendo que isso se concretizasse, dados o fervor da mulher pela igreja e o conseqüente escândalo, caso se tornasse público o fato de sua esposa tê-lo abandonado para viver num convento, ele aquiesceu ao desejo de D. Maria, deixando a menina permanecer na ilha, desde que submetida a sua educação aos professores por ele contratados, pois Maria Helena era sua única filha, e ele não queria que ela fosse uma fanática ignorante como a mãe, ainda que mulher. A menina, então, recebeu conhecimentos de letras, matemática, artes, tornando-se portadora de uma cultura invejável para a época, já que poucas eram as jovens que ao menos sabiam ler.

Quando contava 13 anos, teve aperfeiçoada sua educação com aulas de dança e etiqueta para o convívio em sociedade, com vistas a prepará-la para ser apresentada à Corte da Espanha, para onde pretendia D. Antônio transferi-la por algum tempo, reconhecendo que a jovem precisava conhecer mais do mundo do que lhe era oferecido na ilha. O pai concluíra também que chegara o tempo de pensar em fazer uma aliança com outra família, casando Maria Helena com um genro de sua escolha.

A adolescência já mostra mais claramente a personalidade de que é dotado o espírito reencarnado. O desenvolvimento do corpo físico permite-lhe expressar sua natureza. As tendências trazidas do passado mostram-se mais claras; instala-se a luta pela superação. Não tendo havido, durante a infância, preocupação, por parte dos pais, em lançar valores em substituição aos vícios observados, é na adolescência que vamos encontrar os dissabores. É quando vemos os pais exclamarem, ante os problemas que surgem: "Que foi que eu fiz para ter um filho assim?" Deveriam dizer: "Quanto deixei de fazer e agora tenho um filho assim...". Equipara-se a situação a uma lavoura que nos fosse entregue arada, adubada, em boas condições para o plantio, e que nós, como lavradores, deixássemos o tempo passar, preocupados somente em adorná-la e cercá-la. Enfim, quando já estivessem maiores as gramíneas e as ervas daninhas, e a lavoura, conseqüentemente, já um tanto ressecada e mais difícil de ser trabalhada, é que nos decidiríamos a lançar as sementes que nos haviam sido dadas para que as plantássemos. Que poderíamos esperar como colheita de tal lavoura?

De menina, Maria Helena tornou-se moça. Aos 15 anos, estava, na avaliação de seu pai, preparada para a apresentação à sociedade. Era bela, encantava com sua alegria e inocência, ingênua pelo ambiente em que crescera, porém trazendo a personalidade arrebatada, apaixonada, e não conhecendo limites quando desejava algo. Era dona de uma educação formal primorosa e verdadeiramente surpreendente, considerando-se o local onde vivia. Graças à sua inteligência e interesse e a severa disciplina a que foi submetida pelos professores, a jovem encontrara no mundo do conhecimento que eles lhe mostravam as portas para viver à larga, longe dos limites circunscritos da ilha. Transportava-se para tempos distantes no estudo das letras e da filosofia clássica, entretinha-se com a matemática, com a combinação de números e resultados como se fossem jogos. Dada a sua vida solitária, separada da companhia de outras jovens – pois se durante a infância lhe fora permitido conviver com as filhas e os filhos dos trabalhadores, o mesmo não ocorrera depois que seu pai decidira educá-la –, permanecera na ilha entregue somente à companhia de amas e professores. Cativante: é a palavra que definiria a jovem.

A perspectiva da viagem e a possibilidade de conhecer locais que somente pelos estudos tinha ciência enchiam-na de contagiante entusiasmo. Não considerava nenhum temor e no tocante ao convívio com outras pessoas nem ao menos pensava que poderia enfrentar dificuldades. Via somente felicidade: em muitos aspectos era ainda uma criança.

O Início do Drama
Capítulo V

"As paixões são alavancas que decuplicam as forças do homem e o ajudam na realização dos objetivos da providência. Mas, se em lugar de dirigir, o homem se deixa dirigir por elas, cai nos excessos e a própria força que, em suas mãos, poderia fazer o bem, recai sobre ele e o esmaga."[1]

Corria o ano de 1847. Maria Helena e D. Antônio, após exaustiva viagem, chegaram a seu destino. Inicialmente hospedaram-se em casa de familiares distantes. Notícias da ilha chegavam periodicamente por cartas de D. Maria, para a filha, e do administrador para D. Antônio, dando conhecimento do andamento dos negócios.

A essa época, o casal definitivamente convivia somente por força das convenções sociais, as quais não queriam afrontar. Dessa atitude hipócrita colhiam as infelicidades íntimas, os dissabores e as insatisfações, cada qual a seu modo. D. Antônio tornou-se a cada ano mais sisudo e circunspecto com a família, na mesma proporção em que se atirava à libertinagem sempre que distante da vila. Já D. Maria, agora mais do que antes, confiava somente haver uma felicidade possível, a celeste, por isso dedicava-se com extremado fanatismo à religião, buscando sufocar todos os sonhos

---

[1] Allan Kardec. O Livro dos Espíritos, *questão 908*. Trad. Salvador Gentile. Araras, IDE.

destruídos que carregava consigo, transferindo desta para a vida futura as realizações de felicidade com que sonhara.

A jovem Maria Helena vivia uma fase de profundo encantamento. Tudo era novidade. Com sua simplicidade e inteligência, rapidamente fizera um círculo de amizade. Entre seus novos amigos encontrava-se um, em especial.

Era uma tarde muito quente na movimentada cidade. Maria Helena observava de uma janela o passar das pessoas nas ruas, pensando o que estariam elas vivendo. Notava que algumas sorriam, como se vivessem em um mundo de venturas, frutos certos de lembranças que lhes ocorriam naqueles momentos; outras, visivelmente preocupadas, andavam cabisbaixas; outras, ainda, andando em bandos, qual as aves da praia na ilha, faziam muito ruído. Por vezes, em dias quentes assim, sentia falta do frescor da ilha, da liberdade que momentos de fuga de seus professores lhe ocasionavam e em que ela banhava-se livremente nas águas calmas das baías próximas à vila. Envolta nesses pensamentos, sorria, e um brilho de nostalgia iluminava seus olhos, tornando-os ainda mais belos e expressivos. Não percebeu a aproximação de uma pessoa.

– Desculpe, senhorita – disse o recém-chegado –, por não ter permitido ao criado me fazer apresentar, porém sou amigo de longa data de D. Eleonora e do Dr. Ângelo, razão por que dispensei as formalidades. Não sabia que meus caros amigos já tinham outros visitantes.

Dr. Georges, o recém-chegado, médico amigo dos anfitriões, irradiava simpatia. Francês, aparentava estar na casa dos 40 anos. Era muito falante, colocando as pessoas que o cercavam sempre à vontade e despertando confiança. Apesar disso, atravessava a existência sozinho, dedicado a seus estudos de comportamento do ser humano. Surpreendeu-se por encontrar em casa de seus amigos uma jovem tão formosa, já que poucas eram as pessoas que lhes desfrutavam da convivência. Sabia que tinham familiares distantes que, entretanto, pouco se visitavam, pois que essa prima muito querida de D. Eleonora casara-se e transferira residência para um local distante e comunicavam-se apenas por cartas. Quem seria aquela jovem?

– Por favor, não se desculpe. Eu é que estava profundamente distraída e nem ao menos percebi que alguém se aproximava. D. Eleonora e o senhor seu marido saíram às compras, mas não devem demorar. Se é amigo deles, por favor, aguarde. Permita-me que me apresente: sou Maria Helena Gomez Alvarez, prima em segundo grau dos nossos amigos.

Como era espontânea aquela menina! Nada das afetações tão comuns da sociedade. Educada, porém pura. Por pouco Georges não se perdeu em divagações. Lembrando a tempo dos deveres da educação, deixou para mais tarde a análise das atitudes da moça e disse:

– Mais uma vez, perdoe-me, jovem dama, por não haver me apresentado condignamente. Sou Georges de S. , médico e amigo de seus familiares, e, espero ser também seu amigo. Está há muito tempo na cidade?

– Não, Dr. Georges, chegamos há 15 dias. Ainda estou habituando-me, são tantas as novidades... Moramos, meus pais e eu, em uma ilha de domínio espanhol, concedida a meu pai por ordem da Coroa. É a primeira vez que venho à corte, aliás, é a primeira vez que viajo.

– Então você é filha de uma prima de D. Eleonora, da qual ela sente muita falta. Freqüentemente me fala de D. Maria – é esse o nome de sua mãe?

– Exato. Não sabia que elas eram assim tão amigas. Minha mãe raras vezes fala de sua vida antes de casar-se com papai.

A conversa entre os dois fluía com extrema facilidade. Era como se fossem amigos de longa data que se reencontravam. Nem as diferenças culturais, nem as idades tão diferentes eram barreiras para a afinidade que nascia entre ambos. De um assunto a outro, passaram-se as horas até a chegada de seus anfitriões.

Georges, admirado em encontrar cultura e inteligência em uma jovem educada em local tão distante, mal conseguia disfarçar o espanto e ao mesmo tempo a suave alegria que ela despertava em seu ser. As horas haviam sido agradáveis como poucas vezes desfrutara na companhia de estranhos. Ah! Afinidade – bendita lei que nos desvenda a compreensão das emoções que os nossos semelhantes em nós despertam. Presenciava-se o reencontro de espíritos já conhecidos e amigos, daí a identificação dos gostos, dos hábitos, e aquela sensação de indefinível bem-estar que os acompanha. É matar saudades antigas! É doce! Alegre! É estar em família.

A visita prolongou-se com a chegada dos donos da casa. O clima de franca amizade reinante prenunciava que as relações do grupo iriam se estreitar ao longo da permanência da jovem no lar do casal.

Visitas e passeios freqüentes foram solidificando os laços entre Georges e Maria Helena. Acompanhando o doutor, ouvindo-o falar sobre o comportamento humano, assunto que o fascinava, a jovem ia despertando para um tema novo para ela, já que pouca experiência possuía no trato com a sociedade. Observar os hábitos, os porquês do comportamento, tentar adivinhar as motivações dos indivíduos e os meios de fazê-los interessar-se pelo progresso no campo da aquisição do conhecimento e de valores reais – tudo isso fazia com que Georges e Maria Helena passassem horas e horas em um mundo particular. Eventualmente D. Eleonora participava dessas conversas ou simplesmente acompanhava-os em seus passeios, encantada com a moça que agora a todos apresentava como sua "querida sobrinha", embora nenhum laço consangüíneo tivessem.

Os dias em Madri transcorriam felizes e seguros na companhia desses amigos. Somente D. Antônio não os via com bons sentimentos. Em nada lhe agradava a presença freqüente do médico junto a Maria Helena – aquele não era o homem que desejava para genro. Com profissão estabelecida, por certo não abandonaria o que tanto amava para se dedicar aos negócios da família Alvarez.

Também as conversas não lhe agradavam: aquisição de valores, especialmente morais, trazia-lhe à mente muitas lembranças e dúvidas que preferia ignorar. Além do mais, considerava Georges muito velho para sua filha. A seu modo de ver, era impossível um homem interessar-se por uma jovem sem que nisso não entrassem interesses sexuais. Amizade, afinidade de idéias e sentimentos não eram – pensava ele – suficientes para justificar o interesse do doutor.

Porém, nenhuma medida mais drástica podia tomar para impedir o acesso de Georges à casa dos amigos comuns, que o consideravam com grande estima. Mas se tornava urgente integrar a filha aos eventos sociais, fazendo com que se interessasse por outras pessoas, evitando, assim, a crescente ascendência desse "amigo". D. Antônio sentia que precisava inteirar-se com outras famílias a fim de localizar tão logo fosse possível um jovem com as qualidades pretendidas para uma aliança com sua família.

Movido por esses pensamentos, D. Antônio decidiu alugar uma pequena mansão onde teria maior liberdade durante o período em que ficasse na corte. A filha até que o surpreendera: não pensara que tão rapidamente se adaptaria a viver em uma cidade.

Maria Helena florescera. Somara a seu encanto natural a elegância da moda, os cuidados maiores com a beleza, despertados pelo convívio no meio social, mas mantinha a espontaneidade, sua característica marcante. Despertava atenção nos locais em que se apresentava. Também nesse convívio Georges era seu acompanhante, orientador e confessor. A jovem encontrara nele o carinho que o lar lhe recusara. O médico supria as carências de sua alma, e as dúvidas, alegrias e descobertas da juventude era com ele que partilhava.

Por sua vez, a jovem alegrava-lhe a existência, e seu caráter alegre e sincero renovava-lhe a esperança em meio à devassidão e à superficialidade da época. Era a filha dileta que não tivera, porém encontrava-a crescida e bela. Ele, que dedicava horas ao estudo dos intrincados problemas do ser humano e seus desajustes emocionais, em um período em que isso era escondido de todos, coberto com o manto negro da vergonha, e o doente era considerado menos que um animal despertando o interesse de poucos abnegados médicos, vivia, com a jovem, momentos de refrigério.

Georges havia sido "voluntariamente" exilado da França, seu país de origem, onde era igualmente conceituado médico. Entretanto, esse conceito social não resistira quando começara a interessar-se pelos problemas da mente. Preocupado com a dor dos pacientes subjugados pelos males dito incuráveis, Georges passara a dedicar-se a observá-los, a notar-lhes as peculiaridades da doença, propondo tratamentos que não isolassem o doente e afirmando que, quando o paciente era abandonado pelos amigos e familiares, a tendência seria a um alienamento progressivo e irreversível. Percebia também que, diversas vezes, a origem do mal se enraizava na consciência da pessoa, em erros praticados e ignorados pela sociedade, forçosamente silenciados, como abortos, assassinatos, traições e especialmente situações em que o indivíduo era obrigado a renunciar à sua liberdade de consciência e de escolha, abraçando deveres que seu coração não havia elegido, seja na esfera afetiva ou profissional. Essas coisas, segundo o doutor, com o passar do tempo geravam profundas insatisfações e revoltas, levando aquelas pessoas a fugir da realidade por não suportarem uma vivência imposta. Ao defender tais idéias, nosso Dr. Georges encontrou sérios adversários, onde antes tinha admiradores, e tornou-se alvo de perseguições que culminaram com sua migração para a Espanha, onde levava vida social restrita a poucos e sinceros amigos. Tinha boa clientela, mas especialmente dedicava-se a suas pesquisas. Em sua chácara, construída próxima a Madri, moravam pacientes, doentes mentais oriundos de diversas classes sociais, que ele carinhosamente tratava, ao mesmo tempo em que lhes estudava o comportamento. Dessa atividade, pouquíssimas pessoas eram sabedoras. Por tudo isso, eram sumamente gratas as horas alegres que passava em companhia de Maria Helena.

Certa manhã de domingo, encontrava-se ele na companhia da jovem amiga, já na luxuosa residência alugada por D. Antônio.

Uma belíssima casa térrea, ampla, cinza, cercada por jardins geometricamente desenhados com labirintos de ciprestes e flores coloridas, recantos decorados com belas estátuas – uma casa tipicamente francesa. Do recanto favorito da jovem, no qual, por ficar um tanto afastado da casa, podia gozar de maior liberdade – dado que D. Antônio freqüentemente recebia amigos em casa –, Maria Helena observava seu pai, um homem totalmente diferente, falante, alegre, rejuvenescido e preocupado com a aparência pessoal, como antes ela nunca vira. Na intimidade com ela e os criados, porém, Maria Helena notava que D. Antônio permanecia o mesmo. Aquela duplicidade de comportamento intrigava-a e ela decidiu conversar com o amigo expondo-lhe suas indagações:

– Georges, alguém muda de comportamento rapidamente?

– Por que indaga isso? Acaso deseja mudar algo?

– Não. É que noto inúmeras diferenças em meu pai. Aqui, na presença de outras pessoas, ele é quase irreconhecível. Não lembra a pessoa com a qual convivi por tantos anos na ilha onde residimos. Apesar disso, características do caráter anterior ainda vejo em momentos de privacidade e especialmente no trato com os criados. Então me pergunto: ele mudou realmente?

Georges, ouvindo-a, mais uma vez maravilhou-se com a sua ingenuidade, que lhe dava aquela candura tão típica das pessoas sinceras. Entretanto, lembrando experiências pessoais, não pôde deixar de preocupar-se, pois sabia o preço, por vezes amargo, que temos de pagar por não vermos claramente as pessoas e a vida, ora por ilusões, ora por uma ingenuidade maravilhosa, porém também causadora de sofrimentos. "Deus! O que dizer à menina?", pensava o doutor. Falar-lhe de caráter corrupto e dissimulado e enquadrar seu genitor seria mostrar-lhe uma face muito triste do mundo. Ele hesitava. Não dizer nada, tampouco solucionaria o impasse, pois não impediria que amanhã ela viesse a deparar com a verdade triste da desfaçatez humana. Conservá-la tal qual uma flor pura era o que gostaria, mas sabia ser impossível.

– Filha, o comportamento das pessoas é muito difícil de ser decifrado. Uma vida será insuficiente para estudar isso. São tantos os móveis das atitudes, alguns conscientes, outros parecem que não, isto é, sofrem também a influência do meio, dos interesses envolvidos. Mas posso assegurar que poucas são as pessoas capazes de alterar drasticamente sua conduta. Compartilhamos o gosto pela leitura e pelos estudos, e você sabe que não o faço somente para obter informações, mas para analisar vidas. É fascinante aprender com a vivência dos outros, procurar conhecer-lhes o caráter como se fossem nossos mais íntimos amigos. Um dos mais marcantes exemplos de alguém que alterou totalmente sua vida, suas crenças e valores foi Paulo de Tarso. De autoridade judaica a cristão atuante, de perseguidor a perseguido, de combatente do cristianismo a seu mais valoroso defensor e divulgador, ao deparar com a verdade às portas de Damasco. Sua história é absolutamente fascinante e cheia de simbolismo. Ante a visão espiritual de Jesus, ele reconheceu o erro em que vivia, caiu do cavalo, e todo seu mundo ruiu naquele instante. Ele viu-se tal qual era de fato: um cego – cego de fanatismo, de ódio a todos que ousassem pensar e sentir de forma diferente daquilo que ele aceitava e ensinava como socialmente correto. Abateu-se com isso o orgulho, e ele, no chão, estava em posição de igualdade com os demais membros da sociedade, tanto que seguiu a pé o caminho que lhe indicou Jesus. Ainda não era um cristão, mas, inegavelmente, ao levantar-se, era um homem com conduta e valores absolutamente diversos, não obstante se tratasse do mesmo espírito. O poder da verdade, minha querida, só ele é capaz de mudar drasticamente o comportamento de uma pessoa. E, ainda assim, nós podemos ter essa verdade sempre ao nosso alcance e não reconhecê-la a ponto de alterar nossa conduta, como aconteceu com Pedro, que conviveu anos com Jesus, diariamente, e ainda assim não foi capaz de provar a mudança de comportamento, adequando sua conduta não à própria consciência, mas aceitando os ditames que as normas sociais impõem. Não foi capaz de reconhecer Jesus e afirmar-se seu seguidor na adversidade. Negou-o para não ser perseguido.

– Então, meu pai se aproximaria mais da conduta de Pedro. Alguém que tem sua conduta dirigida pelas imposições do meio, e por isso sua mudança. É o que quer dizer, Georges?

– Não podemos julgar, Helena. Observe-o mais e aprenda, para depois formar juízo.

– Deixando de lado a conduta de papai, suas colocações suscitaram-me uma dúvida: por que alguns são capazes de mudanças profundas e outros não?

– Ah! Helena, é muito atenta e inteligente, porém se vê que ainda engatinha na análise do comportamento das pessoas. Nunca notou que há pessoas extremadas em tudo o que fazem? Se são fúteis, são extremamente fúteis; se são más, Deus nos livre delas; se são boas, igualam-se aos santos, são mártires. Isso porque nós temos diferenciados níveis de paixão e compreensão. O que não nos faz, logicamente, diferentes. Longe disso. Estou convencido de que, em essência, somos todos iguais, dotados de sentimentos e de inteligência, mas nos diferenciamos conforme as experiências pelas quais passamos, e também porque somos livres para usar nossos sentimentos e inteligência. Daí alguns serem mais apaixonados que outros, quer dizer, colocam integralmente suas forças nas causas que abraçam e em geral são espíritos que buscam a verdade. Em determinadas ocasiões, são vítimas da própria ilusão e julgam-se detentores da verdade, mas, se provado que aquilo em que se empenhavam não era verdadeiro, relegam-lhe o esquecimento e prosseguem a busca em outros caminhos com idêntica dedicação. Ao passo que uma outra legião de indivíduos simplesmente existem sem indagações ou necessidades mais profundas, vivem por viver, aprendem lentamente, conformam-se aos valores e imposições vigentes na sociedade. Mesmo quando essas regras lhes são adversas e causam sofrimento, falta-lhes a coragem de proclamarem-se livres. [2]

– Georges, por hoje basta de tão profundas cogitações. Passarei alguns dias pensando sobre nossa conversa para entender seu pensamento. Vamos, leve-me a passear! Está um lindo domingo, não concorda?

– Para mim é uma alegria passear com a bela Helena.

Ao tomarem a carruagem de Georges em frente à casa, da janela D. Antônio os observava profundamente insatisfeito, mas agora não iria preocupar-se com o médico envolvido com sua filha. Logo tudo estaria arranjado. Aproveitaria ele por sua vez o dia. Elizabeth lhe concedera poder visitá-la naquela tarde e aproveitaria a oportunidade. Não era de seu feitio deixar uma mulher bonita esperando, especialmente se ela demonstrasse sensibilidade à sua presença, como era o caso.

---

[2] *Nota do autor espiritual: leitura dos fatos embasada no item 11, Cap. XII, de* O Evangelho Segundo o Espiritismo, *onde se lê: "(...) ao lado desses grandes partidos, formiga a numerosa tribo dos indiferentes que, sem convicção e sem paixão, amam tibiamente e gozam com economia . (...)", princípio que aplicamos à conduta do espírito e ao aproveitamento que faz das experiências propiciadas ao longo do tempo. E, ainda, questão 783 de* O Livro dos Espíritos, *abordando o progresso regular e lento que resulta da força das coisas e da ação providencial do Pai que suscita de tempos em tempos, quando um povo não avança muito depressa, um abalo físico ou moral para transformá-lo, despertando as paixões adormecidas e fazendo despontar líderes, missionários da caridade e mártires capazes de exemplos que influenciarão inúmeras gerações.*

ELIZABETH
Capítulo VI

"Ai do mundo por causa dos escândalos; porque é necessário que venham escândalos; mas ai do homem por quem o escândalo venha. (...)"[1]

Deixemos Maria Helena e Dr. Georges em seu passeio e acompanhemos D. Antônio. Pouco tempo permaneceu alimentando os pensamentos de insatisfação por não conseguir afastar a filha do médico por quem não sentia a menor afinidade. O imediatismo do prazer chamava seus sentidos e escravizava o severo senhor da ilha.

Há alguns dias conhecera, em um salão de jogos freqüentado pelos ricos e nobres da cidade, uma mulher pela qual sentira-se fascinado. Cabelos escuros, encaracolados, até a altura da cintura, pequena estatura, esbelta, corpo feminino bem proporcionado, olhos verdes e pele clara levemente rosada e brilhante. Sua constituição física denotava a mistura de raças de que descendia: mãe inglesa e pai espanhol, sem deixar dúvidas. Porém, não somente a beleza da jovem mulher lhe chamara a atenção, mas também seus modos, de fino trato e sedutores como poucas conciliavam, um equilíbrio entre dama e cortesã, se isso era possível. Adentrara aquele salão, reduto quase exclusivamente masculino, com verdadeira soberania, como se lá fosse comum encontrar-se mulher de sua posição.

---

[1] Jesus. **Bíblia Sagrada**, Mat, 5:29. Trad. João Ferreira de Almeida. Barueri, Sociedade Bíblica do Brasil.

"Determinada, segura e sedutora... Que mistura!" – pensava D. Antônio, observando a mulher circular pelo salão, acompanhada de um cavalheiro cuja semelhança dos traços fisionômicos denunciava serem aparentados. Quem seria? Olhava-a, sentindo imediato interesse. Como era de sua personalidade, tudo quanto despertava a sua atenção e lhe agradava tinha de tornar-se seu, e esse passou a ser seu novo desafio.

Observou o casal sentar-se em uma mesa afastada alguns metros daquela em que jogava. Passado algum tempo, viu, satisfeito, um comerciante, com o qual há longos anos mantinha negócios, assentar-se com eles. Era a desculpa perfeita para se aproximar da desconhecida que lhe causara tamanho fascínio.

Recordava aquela noite, passados dez dias, e agora tinha, finalmente, a oportunidade de ser recebido no lar de Elizabeth. Passariam, com sorte, a tarde sozinhos – isso lhe daria a oportunidade de confirmar se realmente não delirava e se aquela criatura fascinante de fato correspondia ao seu interesse, apesar da diferença de idade entre ambos.

Naquela mesma noite aproximara-se com a desculpa de cumprimentar o parceiro de negócios, mas em verdade desejava conhecer o casal, especialmente a mulher. Obtivera êxito, mostrando-se agradável e simpático com todos os presentes. Fora apresentado a Elizabeth e Franz, seu irmão. Descobrira que eram descendentes de uma conhecida família, porém seu pai havia caído em desgraça com o avô ao desposar uma mulher inglesa, pobre e sem títulos, que, diziam as más línguas, era de reputação duvidosa, não faltando quem afirmasse que haviam se conhecido em um teatro em Londres, onde ela trabalhava para sobreviver. Por isso, poucos bens lhe haviam sido concedidos pela família, o que, após sua morte, dizia-se ser insuficiente para saldar as dívidas de seu espólio. Franz era conhecido boêmio das noites de Madri. Por sua alegria e irreverência, era sempre bem-vindo a qualquer grupo disposto à diversão.

A irmã, por sua vez, era quase desconhecida. Estivera fora muitos anos, vivendo com uma madrinha na Inglaterra, sendo nebuloso o conhecimento das causas que haviam levado a família a aceitar o distanciamento da jovem. Mesmo quando falecera o pai, ela não retornara à Espanha, tendo regressado somente agora, com a morte da madrinha, o que muito poucas pessoas sabiam. Estranhavam o comportamento da família em relação à moça, afinal, sendo solteira, já lhe deveriam ter providenciado um casamento. Partira com 15 anos, retornava passados dez anos e seus modos eram estranhos. Defendia suas idéias, não baixava o olhar para os homens, usava roupas de cores marcantes, acompanhava o irmão a lugares recomendáveis e a outros nem tanto. Era, de fato, uma mistura de dama e cortesã, predominando, conforme seu interesse, ora a conduta de uma, ora a de outra. Sabia que atraía a atenção masculina e com maestria deixava com que se acercassem e mantinha-os em suspensão tal qual marionetes que por seus olhares e sorrisos repentinamente ganhavam vida, manipulando-os perfeitamente.

"Ela será minha!" – afirmava, em pensamento, D. Antônio, já a caminho do encontro. Não fosse seu interesse correspondido por que lhe teria ela enviado a mensagem convidando-o a visitá-la?

Desconhecia, porém, o nosso caro D. Antônio, o quanto pode alguém manipular o sentimento de paixão despertado em outra pessoa a seu próprio favor. Já sabemos que marido exemplar não era um título que lhe coubesse, entretanto, em todas as suas aventuras, nunca se envolvera com as parceiras. Eram noites inconseqüentes de prazeres sensuais fáceis e sem qualquer emoção, com mulheres que faziam disso a sua profissão – uma das poucas que podiam exercer, já que as opções de trabalho para a mulher eram incoerentes, como incoerente era a sociedade: elas podiam, por exemplo, ser freiras, criadas, artesãs ou prostitutas, entretanto, independente da escolha de trabalho, todas estavam sujeitas ao desrespeito sexual. As companheiras de D. Antônio eram inofensivas, não possuindo outro interesse senão o de atender a seus clientes e serem remuneradas por seus favores. Diferente era o caso de Elizabeth. Ela tinha a sofisticação social, conhecia as artes da sedução e da dissimulação, seu interesse ia muito além...

Elizabeth andava de um lado a outro da sala de estar do apartamento que dividia com Franz e alguns criados.

— Cara irmã, com esta agitação você acabará estragando todo seu primoroso toalete, amassará seu vestido e se cansará à toa. Será que hoje não consegue conversar sentada?

— Franz, não me aborreça. Você sabe que estamos jogando alto e não me parece termos chance melhor do que esta que em tão boa hora nos bate à porta. Entretanto, tudo precisa ser muito bem planejado. Não podemos errar para obter êxito em nossos propósitos. Preciso pensar em nós.

— Pensar em nós! Pois sim! Querida irmã, desde quando passamos a ser *nós*? Não seria mais correto dizer em *você*? – ironizou Franz. – Mas, permita-me questionar: com *quem* você tanto se preocupa neste momento? – E frisara propositalmente a palavra "quem", referindo-se aos atuais interesses da irmã na parte masculina da sociedade.

— Querido irmão – devolveu Elizabeth com a mesma dose de ironia –, não fossem seus diversos "interesses" sociais, não estaríamos hoje nesta situação, portanto, deixe-me.

— Seja feita a sua vontade! Aproveitarei a tarde em companhia mais agradável.

Sozinha, Elizabeth repara na arrumação da sala para verificar se suas ordens foram executadas a contento, chama o criado que fazia as vezes de mordomo indagando se as providências na cozinha para o chá estavam satisfatórias. Tudo estando conforme suas rigorosas determinações, ela verifica sua aparência em um grande espelho vitoriano que compunha a decoração da sala. O apartamento em que estavam residindo era confortável, amplo e decorado com os móveis da mãe, bem ao estilo inglês: madeira escura, pesada, polida, as paredes revestidas com papel florido e decoradas com quadros. Na sala onde aguardava seu visitante havia um grande quadro retratando-a aos 16 anos, trajando um vestido branco cujo corte nada possuía de comum com a moda da época: era de desenho medieval, com mangas longas e largas, decote alto, marcado na cintura e no quadril por uma corrente de prata que lhe chegava aos pés. Os longos cabelos soltos estavam adornados por uma tiara também de prata. Florestas faziam o fundo dessa tela. Chamava atenção a expressão do rosto: mistério, magia e sedução transpareciam, ajuntando-se um olhar desafiador. Fora presente de um pintor inglês amigo de sua madrinha. A obra fazia jus à beleza e à personalidade da modelo. Naquela tarde, porém, era ela a personificação do que de mais elegante se poderia esperar de uma mulher: traje, penteado, ambiente – tudo preparado para uma surpresa ao visitante. Ele, que esperava encontrar a sedutora, encontraria a jovem dama, carente e enfrentando sérias dificuldades. Encantá-lo era seu objetivo.

D. Antônio, que não desconfiava das intenções da mulher que buscava, lá chegou à hora marcada e de fato surpreendeu-se. Estavam sozinhos como desejava, porém uma criada permanecia discretamente na sala, impedindo intimidades maiores. Elizabeth conversava e portava-se como uma anfitriã perfeita, delicada e atenciosa. O retrato era a lembrança de que aquela dama possuía uma outra personalidade.

A tarde transcorreu calma, rigorosamente dentro do planejado. A astúcia com que conduzia o já apaixonado acompanhante era digna de nota. Enredou-o a tal ponto que teria dele tudo quanto desejasse. Dessa forma obteve as informações de que necessitava para saber como proceder dali para frente.

Descobriu que ele era casado, como esperava. Ele, sem cerimônia, revelou não ser feliz no casamento e narrou-lhe todos os percalços de sua vida familiar, inclusive a desdita de que aquela união desgraçara-lhe a vida a ponto de dela não ter conseguido gerar sequer um herdeiro homem – era pai de uma jovem menina, razão de sua viagem. Como nunca antes abrira seu coração, naqueles momentos, sob a hábil condução de sua companheira, não teve limites nem escrúpulos em se expor, dizendo até mesmo de sua repugnância às amizades que a filha fizera e das medidas que tomara para afastá-la de companhias que julgava prejudiciais.

"Ah! Isso é melhor do que se poderia esperar. Um homem riquíssimo, de meia-idade, infeliz com a família e precisando de alguém com quem compartilhar as responsabilidades dos negócios e que por casamento tornar-se-ia seu herdeiro e sucessor...", pensou Elizabeth.

– Caro Antônio, permita-me dispensar as formalidades agora que tanto já nos conhecemos. Você sabe das minhas dificuldades – a morte de papai, o estado lamentável de nossas finanças as quais meu irmão, com dedicação exemplar, está administrando e recuperando, mas que são motivo de preocupações, e a doença de mamãe, que nos faz praticamente órfãos. Temos somente um ao outro, por isso somos tão apegados e a toda parte vamos juntos, o que muitos estranham e faz com que me julguem mal. E você, com tantas dificuldades, incompreendido e sozinho... Creio que temos muitas afinidades e experiências comuns, por isso podemos, na intimidade, tratar-nos menos cerimoniosamente. Mas, enquanto lhe ouvia, pensava de que forma lhe poderia ajudar e concordo que realmente, com as atuais companhias de sua filha, você não conseguirá atingir seus objetivos. Podemos ajudá-lo, eu e meu irmão, tornando-nos amigos de sua filha, levando-a a freqüentar um círculo mais de acordo com os propósitos de sua viagem, ajudá-lo a encontrar um bom homem, jovem e confiável, para ser seu genro. Que me diz?

– Somente uma mulher sensível e inteligente poderia conceber tal idéia. É excelente! Por certo que aceito! Essa ajuda será inestimável! Além de um admirador, terá em mim um amigo grato e seu eterno devedor se conseguirmos nosso intento.

– Ora, não me constranja com tantos galanteios. Desejo apenas ajudá-lo, sem outros interesses. Sei o quanto é difícil ser só ante os problemas da vida.

– Pois bem, eu já não sou mais só. Conto com sua ajuda. É justo que retribua. Por favor, deixe-me solucionar alguns pequenos problemas financeiros da família.

Fingindo-se surpresa e um tanto indignada, responde-lhe:

– Por não desejar ser constrangida com galanteios não quer dizer que deseje ser humilhada. Não foi com o propósito de extorquir-lhe valores que lhe contei nossos desditos. Por favor, não falemos nisso.

– Cara Elizabeth, não pensei em momento algum ofendê-la, perdoe-me. Mas, compreenda, falta-me sua sensibilidade. Sou um homem voltado inteiramente aos negócios, não sei lidar muito bem com sentimentos. Mil vezes peço-lhe desculpas, não tornarei a insistir, mas sabe que, se necessário for, lhe servirei com imenso prazer.

– Agradeço, mas meu irmão é quem toma todas as decisões referentes a questões financeiras. Ele divide comigo somente as preocupações, por isso sei das dificuldades, assim, ainda que quisesse ou precisasse de seu oferecimento, não seria eu que poderia aceitá-lo. Mas, deixemos este assunto desagradável para que não estrague nossa tarde. Fale-me de sua ilha. Parece-me um pequeno paraíso, uma vida descansada longe das intrigas e invejas da sociedade.

Assim conversaram por mais algumas horas, porém D. Antônio gravou perfeitamente a informação: não era a Elizabeth que deveria procurar para oferecer auxílio financeiro, mas a Franz, o chefe da família, como era um costume da época: por mais inteligente que fosse uma mulher, era incapaz de gerir bens, segundo os valores patriarcais vigentes à época.

À noite, ao regressar à residência, Franz encontra a irmã esperando-o na pequena biblioteca que usavam como escritório. Sem maiores delongas, Elizabeth relata-lhe os fatos ocorridos à tarde e fala de sua esperança de que muito em breve as dificuldades financeiras seriam sanadas.

– Franz, aguarde uma visita de nosso amigo D. Antônio. O pobre homem está apaixonado, já nessa primeira visita, que transcorreu inteiramente em presença de minha criada. E ofereceu-se para solucionar nossos "pequenos problemas financeiros".

– Como conseguiu tal proeza? – Franz estava espantado. Se bem conhecia a irmã, ela já deveria ter planos de como conduzir a situação com D. Antônio para obter o que desejava.

– Ofereci-lhe ajuda em uma dificuldade familiar que ele enfrenta – respondeu de forma incompleta, sorrindo com ar de mistério, para despertar a curiosidade.

– Que dificuldade familiar é essa? E o que você ofereceu de ajuda? Não temos nada além de dívidas e uma velha doente. – Franz referia-se à mãe, que definhava de tristeza, como diziam, desde a morte do marido. Hoje, esse mal é conhecido como depressão.

– Ingênuo! Quando se tem pouco é preciso multiplicar e valorizar muito tudo o que se tenha para daí extrair o máximo. E é isso que vamos fazer. Ouça-me...

Relatou a conversa com D. Antônio, as descobertas feitas, e colocou-o a par de seu plano, que consistia em torná-lo marido da filha de D. Antônio e, conseqüentemente, seu sucessor, ficando assim com todos os bens da família Alvarez, com o que recuperariam todo o prestígio de que desfrutavam antes.

Franz ouviu os planos da irmã. Em princípio, até achou interessante, porém logo percebeu que não cairia na armadilha. Era Elizabeth quem desejava retornar à vida de prestígio que a família desfrutava outrora. A ele isso pouco importava. Mesmo com a precariedade em que viviam, ele simplesmente não concebia ser capaz de seduzir uma menina, quase selvagem – assim pensava pelas informações que recebera –, e mudar-se para os confins de uma ilha distante da civilização. Não, definitivamente. O plano era bom, mas o sacrifício era dele e o benefício da irmã, que em momento algum falara em abandonar Madri e ir embrenhar-se numa ilha em meio ao oceano.

– Elizabeth, pare. Esqueça-me nesse seu plano. Não vou participar dessa forma. Não conheço a moça, mas não desejo casar-me, menos ainda com uma mulher criada nesse lugar. Ela deve ser absolutamente insossa! Posso até ajudá-la, levá-la a passear, divertir-me com essa infeliz que deve estar deslumbrada com a vida na sociedade, quem sabe até encontrar um candidato a marido, mas eu não. Esqueça!

Não seria tão fácil como Elizabeth havia pensado. Contava que o irmão aceitasse facilmente o plano. Franz era de fato um jovem despreocupado, um boêmio conhecido. Mulheres, festas e jogos eram, para ele, uma excelente forma de passar a vida. No entanto, como todo ser humano, ele possuía valores – e um deles era não abusar do sentimento alheio. Franz era incapaz de enganar alguém, de ser dissimulado. Possuía integridade moral. Como é dúbio o ser humano! Franz poderia ser definido como um inconseqüente íntegro.

Mas isso não era empecilho para a realização do desejo de Elizabeth. Não fosse com Franz, seria com outro. Com algumas modificações, seu intento seria alcançado. O certo é que outra oportunidade como esta com que se defrontara não surgiria novamente... Esse pensamento dominava-lhe inteiramente o ser. A cada instante a idéia afigurava-se melhor, e mais promissoras as chances de livrar-se de todas as dificuldades.

* * *

Desconhecendo inteiramente que eram alvo de conluios e preocupações, Dr. Georges e Maria Helena passeavam alegremente, ora conversando com um conhecido, ora parando para admirar algum prédio, e freqüentemente observando as pessoas. Divertiam-se vendo as expressões, a postura, a forma de andar e tecendo teorias sobre o que as motivaria a essa ou àquela conduta. Viam um casal andando de braços dados e conversavam sobre o amor, esse sublime sentimento unindo almas, corpos, gerando famílias e impulsionando a sociedade – embora raro na época, já que os casamentos não eram livre escolha dos pares. E filosofavam: o amor nasce e cresce de forma repentina ou cai como semente crescendo e amadurecendo no tempo? Mais além viam um grupo em acalorada discussão política, e daí seguia a análise das paixões humanas e a que poderiam ela conduzir.

Retornando a casa, Maria Helena foi logo informada pelo criado de que seu pai a aguardava em seus aposentos. Sentindo a urgência da ordem paterna e temendo que pudesse ser alguma má notícia sobre sua mãe, já que não concebia que outra razão teria seu pai para chamá-la à sua presença dessa forma, apressou-se ao encontro.

Os aposentos de D. Antônio eram, em verdade, um apartamento dentro da mansão, para seu uso exclusivo – poucos visitantes tinham acesso a eles, e mesmo a filha somente os visitara por ocasião da mudança. Eram decorados com muita austeridade: móveis pesados, cores escuras. D. Antônio estava na biblioteca – uma ampla sala cercada por estantes repletas. Sentado à sua mesa de trabalho, observou a entrada da filha. Pela primeira vez notou-lhe a beleza.

"Recebeu o nome da avó materna, porém sua figura lembra a minha mãe. Se quando ela nasceu tivesse sabido disso, ter-lhe-ia dado o nome da avó paterna e não da sogra. Mas naquele dia fiquei terrivelmente desapontado por não ser ela um menino e afastei-me, pouco me importando com nomes. Mas que importa isso agora?", pensou. "A solução é casá-la, e logo".

– Sente-se. Tenho um assunto muito sério a lhe expor.

Típico comportamento de D. Antônio. Ele não dialogava, nada informava: ele expunha. Isso quando estava muito bem-humorado. Regra geral, ele mandava.

Vendo a obediência da filha, que o olhava sem nada dizer, acatando-lhe as determinações, prosseguiu:

– O objetivo por que a trouxe comigo nesta viagem é que desejo casá-la com um homem de boa família, da minha confiança, que possa auxiliar-me nos negócios e depois, como seu marido, substituir-me na direção. Por isso, amanhã vamos receber uma amiga, jovem senhora muito distinta, que lhe fará as vezes de tutora na sociedade, ajudando-nos a encontrar a pessoa ideal para o nosso intento. Para informá-la desse compromisso e das minhas intenções é que mandei que comparecesse à minha presença. Espero que seja dócil e obediente, não me causando embaraços de nenhuma ordem.

Enfim, ele revelava-lhe as intenções. Maria Helena já as esperava. Ela pressentia ser esse o objetivo do pai ao trazê-la nessa viagem, mas as conversas com Georges e a convivência em casa de D. Eleonora e Dr. Ângelo tinham-na feito ver que existiam outras formas de casamento muito diferentes da de seus pais, e infinitamente melhores. Por isso, estava firmemente decidida a impor algumas condições e a não ser simplesmente negociada como uma mercadoria. Pela primeira vez, enfrentaria D. Antônio. Tinha experiência, já que, quando criança, impunha também suas vontades à mãe e aos professores: chantageava, brigava, esperneava, chorava, mas conseguia. Não seria diferente agora.

— Senhor meu pai, espero jamais lhe ter causado embaraços e por certo não será agora que o farei. Porém, o assunto envolve minha vida e tenho aprendido muito com os professores, bem como com esta viagem. E se me permite, ouso solicitar que me seja informado se já tem algum pretendente e quem é. Envergonhá-lo não pretendo, porém, também desejo opinar neste caso. — Olhava o pai frente a frente, sem baixar-lhe as vistas.

Indignado, D. Antônio custava a acreditar no que ouvia.

— Como você ousa dizer uma coisa destas? Minhas decisões não são discutidas, devem ser aceitas. Farei como sempre fiz: o melhor pela família e os negócios. Era realmente o que faltava, discutir com uma mulher minhas atitudes. O que tinha para lhe informar já foi feito. Pode se retirar.

— Senhor meu pai, em qualquer outro assunto não me intrometeria, porém esta é a minha vida e creio ter ao menos o direito de saber e participar da escolha. Lembre-se de que quem dirá "sim" na cerimônia serei eu, e sem que se diga isso nada acontecerá. Portanto, se não for do meu agrado, posso não dizer essa palavra.

— Onde foi que arranjou tais idéias? Na companhia daquele doutor? Se ele pensa que a encantando terá alguma chance comigo, já vou dizendo agora: minha resposta é "não, nunca". – D. Antônio, enfurecido, não media nem as palavras, nem o tom adequado. Estava já aos gritos.

– Resposta a quê, D. Antônio? Ao que me conste, Dr. Georges não deseja nada do senhor.

Ao fitar o pai, Maria Helena compreendeu a que ele se referia. Estava tão obcecado com a idéia de encontrar-lhe um marido que imaginava existirem outras intenções na amizade de Georges, como o casamento com uma jovem e rica herdeira.

– Que pensamento infeliz, meu pai. Ele não merece isso. É uma das poucas pessoas que até hoje me devotaram afeição sincera e desinteressada. Mas não vou continuar ouvindo suas opiniões; já me mandou embora, irei. Mas pense bem: sempre terei a opção de servir à Igreja. Não me force ou verá o fim de sua descendência. Seus negócios não terão sucessor e serão doados a alguma ordem religiosa. E lembre-se de que se isso acontecer, por certo não irei só. Deve ser somente o que falta para minha mãe entregar-se de vez ao serviço da Igreja. Passe bem, senhor D. Antônio! – disse com uma certa dose de insolência, e bateu a porta com mais força do que recomenda a educação.

"De onde surgiu essa criatura?", perguntava-se D. Antônio. "Que idéias são essas?" Fora ameaçado por sua filha de descumprimento de uma ordem caso não concordasse com seus argumentos! Ela não ousaria, mas suas alegações tinham sentido e lógica. Não esperava jamais ser enfrentado assim. Tinha que admitir: ela era corajosa. Talvez Elizabeth soubesse como agir. Provavelmente isso não passasse de manhas de moça. Alguns bons conselhos, e ela não ofereceria problemas. Aguardaria o dia seguinte para conversar com a amiga. Tudo isso teria um lado positivo – era desculpa para outra conversa em particular. Seria Elizabeth sensível a um agrado? Era vaidosa, gostava de jóias... Um presente como agradecimento e amizade abriria alguns caminhos que ele desejava percorrer.

O Encontro
Capítulo VII

"Remontando à fonte dos males terrestres, se reconhecerá que muitos são conseqüência natural do caráter e da conduta daqueles que os suportam." [1]

Encarnados, estamos limitados por conceitos de tempo e espaço. Todas as nossas realizações se catalogam dessa forma e assim vemos avançarem as existências na matéria. Há sempre um momento decisivo em nossos caminhos. Ah! Quisera que os homens se apercebessem disso e meditassem mais sobre o valor do tempo e as realizações que praticamos quando encarnados. Minutos há em uma encarnação que depois gostaríamos jamais houvessem transcorrido. Em verdade não é o tempo, o minuto, a hora, o dia, mas sim a atitude que catalogamos dentro do conceito de tempo. E exclamamos coisas como: "Deus, esse dia jamais deveria ter ocorrido!". O dia – o tempo – não tem responsabilidade pelo uso que fazemos da oportunidade divina a nós concedida. Somos os construtores e ele simplesmente o terreno em que edificamos a nossa vida. E, por vezes, colocamos em risco o bom andamento da obra em

---

[1] Allan Kardec. O Evangelho Segundo o Espiritismo, *cap. V, item 4*. Trad. Salvador Gentile. Araras, IDE.

um minuto que expressa e registra a tomada de decisões e atitudes das quais nos arrependeremos mais tarde. Que venham logo os novos dias em que o homem terá por decisão somente o bem e sua única preocupação será regenerar-se o quanto antes! Nessa época, os momentos que nos trazem arrependimentos serão dias passados, cujos ensinamentos já teremos arquivado sem medo de recaídas.

O momento em que Elizabeth e Maria Helena se conheceram gerou profundos arrependimentos, mas é errando e sofrendo as conseqüências de nossos atos equivocados que caminhamos para a saturação dos dias em que as ilusões da matéria nos cegam. Enfim cansados, buscamos compreender a vida em sua totalidade, entender que a felicidade existe e que somente o próprio espírito pode conquistá-la através do auto-aperfeiçoamento.

Nas primeiras horas da manhã, Elizabeth enviou seu criado à residência de D. Antônio, informando-lhe o horário de sua visita e renovando os votos de auxiliá-lo na solução do difícil problema doméstico que enfrentava. Dizia estar em sua residência às 15 horas daquele dia. Após a discussão com a filha, na noite anterior, não a tinha avistado, por isso transmitiu aos criados as ordens necessárias e determinou fossem estas levadas ao conhecimento dela, acrescentando que deveria lembrar-se das recomendações recebidas.

Curiosidade era o sentimento dominante na jovem Maria Helena naquele dia. Sua mente estava dominada por preocupações e pensamentos sobre a desconhecida, tais como: "Quem será essa amiga de meu pai? O que terá ela a ver com os planos de que tomei conhecimento? Como será ela? Uma velha, com certeza, rabugenta e crente de que toda mulher deve obedecer cegamente aos homens, primeiro ao pai, depois ao marido e quase sempre, no fim da vida, ao próprio filho mais velho ou àquele que lhe fizer as vezes...". "Não", dizia a si mesma, "conheço suficientemente a vida infeliz de minha mãe, e não a desejo. Comigo há de ser diferente. Ao menos lutarei: esse direito não me podem negar, não aceitarei calada as imposições e maquinações de meu pai".

A ausência de convívio em sociedade e o distanciamento dos pais haviam produzido em Maria Helena uma estranha noção de independência para as mulheres da época. Ela era essência não contaminada por idéias e regras sociais impostas à conduta humana. Mas isso também a fazia ignorante e ingênua das "sutilezas" que denotam um caráter corrompido e que falam de interesses escusos no convívio em sociedade. Essa incompreensão da falibilidade a tornava frágil.

Por seu turno, Elizabeth estava nervosa com a proximidade do encontro. Tinha em sua mente todos os planos traçados. Mesmo a negativa de Franz não era empecilho maior; ela já sabia a quem recorrer, embora o substituto lhe fosse menos seguro. Mas não sabia por que se achava dividida. Em seu íntimo algo questionava as suas atitudes, uma voz interior a chamava a refletir: se fosse ela, gostaria que alguém traçasse seu destino da mesma forma que estava traçando para a outra que ainda nem conhecia? Essa voz incomodava e parecia que fazia coro a seu irmão.

– Elizabeth, aproxima-se a hora de sua visita ao "novo amigo". Irá realmente tentar executar o que me disse? – Franz custava a crer na frieza da irmã. Sabia que ela era ambiciosa e que não aceitava de bom grado as limitações da nova etapa que vivia, porém custava a crer que ela fosse capaz de articular um plano e manipular pessoas para, agindo indiretamente, beneficiar-se com a situação.

– Em vez de ajudar-me você fica aí interrogando-me, como se meu projeto fosse algo de muito horrível. Os casamentos são realizados atendendo a interesses econômicos, de conveniência social. Somente é diferente porque eu é que arranjarei tudo para esse meu "amigo" em dificuldades domésticas. O homem vive isolado em um fim de mundo, com muito dinheiro, e sem nada para fazer com ele. Precisa arranjar um marido para a filha que receberá tudo isso. O que custa agradá-lo e convencê-lo de que o homem por mim escolhido para sua filha é o melhor? – retrucou Elizabeth. – Por isso, pare de me questionar.

Em seu íntimo enfrentava alguns momentos de vacilação, mas se inclinou à concretização de seus planos, acreditando que reger destinos alheios era tarefa fácil, e que, de mais a mais, não redundaria em nenhum mal. Seu objetivo era atingir a fortuna de D. Antônio, e para isso casaria a tal filha. Precisava conhecê-la. Imaginava-a uma menina rude, quase uma camponesa. Não seria páreo para ela, mas partia do pressuposto de que era preciso bem conhecer o adversário para vencê-lo. Às 15 horas encontrava-se na sala de D. Antônio. À porta, foi encaminhada para a sala de visitas. Enquanto aguardava, observava a residência dos Gomez Alvarez. Elizabeth via a riqueza dos móveis, dos adornos e o próprio estilo da mansão. Sem dúvida, D. Antônio haveria de ter muito dinheiro para se manter naquele local.

Ao ser informado da chegada da visitante, D. Antônio dispensou o secretário, com o qual despachava, e seguiu de imediato ao encontro da mulher que lhe tomava os pensamentos naqueles dias. Ao adentrar à sala, notou que ela trazia a jóia que lhe dera de presente: era um broche em forma de rosa, cravejado de rubis. Vermelho era a cor ideal para adornar Elizabeth: forte, vibrante, bela.

— Elizabeth, que honra recebê-la em minha casa! Seja bem-vinda!

— D. Antônio, sua casa é maravilhosa! Encanta-me! É um felizardo! – retrucou Elizabeth, sorrindo.

— Antes fosse, minha cara... Agora que sabe das minhas desditas, pode bem avaliar o apreço que sinto pelo que me cerca. Mas, ao saber que isto a faz feliz, desde hoje tem para mim outro valor. Aliás, fico extremamente feliz em ver que aceitou a pequena lembrança que lhe enviei. Confesso que temi ser mal interpretado, mas confiei na sinceridade de nosso afeto.

— Dizendo isso, beijou a mão que ela delicadamente estendia.

— De outro não aceitaria. Mas, após nossa conversa outro dia, entendi perfeitamente sua maneira gentil de demonstrar-me apreço. Agradeço-lhe o presente: é lindo e estará sempre comigo.

A conversa era dúbia, porém os olhares não deixavam dúvidas a respeito de onde pretendiam chegar. D. Antônio era somente ansiedade e ela, inteligente e fria, demonstrava calculadamente uma luta entre render-se ou não a uma atração.

Uma batida na porta interrompeu aquela dantesca cena da hediondez do ser humano ao aproveitar-se dos sentimentos alheios. Era Maria Helena. Regiamente vestida, portava-se como uma nobre, educada, altiva. Surpreendeu em muito a Elizabeth, que dela fazia idéia muito diversa. Aliás, a surpresa foi recíproca, e devidamente disfarçada. Maria Helena não entendia como aquela mulher, com idade para ser possivelmente uma irmã mais velha da própria, mantinha amizade com seu pai, mas ingenuamente julgou ser assim melhor do que uma velha matrona da qual esperava sermões sobre o papel da mulher e a obediência que devia ao seu pai. Uma mulher jovem, vivendo em uma grande cidade como era Madri, talvez pensasse de outra forma.

Elizabeth, por sua vez, media e analisava cada comportamento e cada expressão da filha de D. Antônio. Uma camponesa teria sido bem melhor ao seu plano do que aquela jovem educada e, pior, bela como poucas vira. Isso colocava um risco novo ao arranjo de seu plano, mas enfim, a vida, em seu ponto de vista, era um jogo e um risco constantes. Ela seria apenas mais desafiante do que havia imaginado. Nessa análise, logo percebeu que, por baixo da camada de sofisticação, Maria Helena era ainda uma criança ingênua e carente. Aproveitando a curiosidade com que era observada, Elizabeth desfez-se em atenções e simpatia, conquistando a admiração de Maria Helena ao descrever as viagens que fizera e a vida com a madrinha na Inglaterra. A tarde transcorreu satisfatória aos planos de D. Antônio e Elizabeth. A cordialidade entre as duas mulheres era promissora para a realização do que julgavam fosse um intento comum.

E foi a primeira de uma longa e constante série de encontros. A vida social de Maria Helena se transformaria daí para frente e as ilusões fariam parte de seus pensamentos, até então voltados aos seus estudos, à satisfação de seus desejos e à companhia de seu devotado Dr. Georges.

A vida material oferece inúmeras ilusões aos sentidos. Deixar-se absorver nesse redemoinho é extremamente fácil considerando-se a proporção de espíritos encarnados que vivem em fuga do conhecimento real, fixando-se nas margens ou então buscando apenas o conhecimento acadêmico, formal, que lhes proporciona avanço intelectual, mas não os isenta das agruras das ilusões que os sentidos despertam, das paixões.

Compreendendo a vida sob o prisma da espiritualidade passamos a atribuir valores mais justos às etapas de nossas existências, o imediatismo perde seu significado, cedendo espaço para aquisições lentas e seguras. As horas de folguedos ruidosos dão espaço à alegria calma e constante.

Maria Helena nada disso divisava. Deixou-se seduzir, por momentos, pelas ilusões materiais oferecidas pela sociedade. Ah! Momentos há que nos rendem anos de arrependimento e solidão. Já falamos sobre isso. Esse período de deslumbramento social muito caro custaria à nossa jovem personagem.

Em companhia de Elizabeth, Maria Helena aprendeu a gastar o tempo em futilidades, descobrindo todas as facilidades de ser uma jovem rica. Os dias passavam em compras, em festas, em eventos artísticos. Inúmeras horas passaram a ser gastas em toaletes elaborados. Essas atividades causavam um natural excitamento, uma espécie de euforia, mais ainda em se considerando a vida que tivera, reclusa na ilha. Sentia-se a mais feliz das criaturas – deslumbramento era o que sentia. A vida era bela e fácil. E de fato a vida assim o é, porém não como ela concebia, pois ela, a vida, é bela e fácil quando nós a vivemos sem ilusões, sem mascará-las. Tanto euforia quanto depressão são ilusões quanto à forma de encarar um fato. Independentemente da forma como lidamos com os fatos, a vida prossegue fácil e bela, à espera de que a compreendamos e saibamos vivê-la.

Maria Helena parecia ter-se esquecido do motivo da entrada de Elizabeth em sua vida. O tema casamento não figurava nas conversas entre ambas. Parecia ter havido um pacto de esquecimento do polêmico assunto.

Até mesmo D. Antônio nada comentava e transparecia estar de pleno acordo com a rotina que instalara na vida da filha. Em diversas ocasiões fazia questão de acompanhá-la em festas e apresentações teatrais, contando sempre com a companhia de Elizabeth, portando-se de maneira que quem o visse não conceberia que aquele distinto cavalheiro, gentil e bem-disposto, tinha alma e comportamento de déspota em seus domínios. Tudo isso tinha um propósito: a realização de sua paixão por Elizabeth, envolvê-la, torná-la dependente, tão apaixonada quanto ele próprio.

Mas esses fatos não aconteciam fortuitamente – eram planejados e manejados. Elizabeth analisara o comportamento de Maria Helena com a mesma frieza que o fizera com seu pai; desvendara o caráter arrebatado, a busca pela satisfação de seus desejos e especialmente a ingenuidade. Enquanto Georges via as virtudes existentes em Maria Helena, Elizabeth anotara todas as más tendências para as insuflar. E sua ingenuidade era um encanto que servia a duas visões distintas: ao primeiro, era um lenitivo; à segunda, a porta de acesso à concretização de seus planos, a forma de conduzir.

Descoberto isso, o restante seria fácil. Com a recusa de seu irmão em envolver-se no caso, havia sido necessária uma substituição, mas após o primeiro mês de convivência mais próxima com a jovem filha de D. Antônio, Elizabeth não teve dúvidas em buscar auxílio de Rodrigo de M....

Rodrigo de M... Completa-se o Trio
Capítulo VIII

*"Qual é o maior obstáculo ao progresso?
O orgulho e o egoísmo. Quero falar do progresso moral, porque o progresso intelectual caminha sempre, e à primeira vista, parece dar a esses vícios um redobramento de atividade, desenvolvendo a ambição e o amor das riquezas que, a seu turno, excitam o homem às procuras que esclarecem seu Espírito. (...)"*[1]

Rodrigo de M... Quem é? Jovem, alto, cabelos e olhos negros, grossas suíças ao longo do rosto de expressão determinada, transmitia uma aura de magnetismo e confiança. Descendente de nobre família, o que de pouco lhe servia, pois economicamente nada ou muito pouco lhe caberia por não ser o primogênito. Espírito irrequieto, era amante das artes – a pintura e o desenho o fascinavam. Em virtude desses pendores, era naturalmente encontrado nos meios artísticos e boêmios da época. Teatros, concertos, onde houvesse beleza e festa lá se encontrava Rodrigo. Seu estilo de vida não passava incólume às críticas familiares. De nobre estirpe, vale dizer que ele verdadeiramente destoava dos demais membros, todos muito ciosos de suas responsabilidades sociais e financeiras, apreciadores também da cultura e da arte, porém não dados à

---

[1] Allan Kardec. O Livro dos Espíritos, *questão 785. Trad. Salvador Gentile. Araras, IDE.*

boemia que freqüentemente campeia nos meios artísticos. Eram pessoas de sólida formação moral.

Todos, indistintamente, esperavam que ele mudasse e empenhavam-se nessa luta, apontando-lhe a necessidade de optar e construir uma carreira, constituir família. Diversas e vantajosas alianças encontravam-se ao alcance. Mas, a nada ele dava maior importância e apreço do que à sua liberdade de desfrutar os prazeres de sua juventude. Dado seu meio de convívio, esmerara-se nas manhas da sedução. Bastante jovem, já manejava com maestria o caminho para a conquista das mulheres. Das que lhe despertavam o interesse, poucas não cediam aos seus encantos.

Entretanto, na época em que vamos encontrá-lo, sua vida passava por uma drástica mudança. Vivia uma alucinada paixão com Elizabeth, ou, como a chamava, Eliza, dois anos mais velha. Começara esse idílio ainda em terras inglesas. Rodrigo era íntimo amigo de um pintor que gozava da amizade da madrinha de Elizabeth. Eles haviam-se encontrado por ocasião da realização da pintura de um retrato. Em casa de Charles, o pintor, Rodrigo vira a pintura, interessando-se em conhecer a modelo, que despertara nele todos os instintos de conquistador. E assim ocorreu, iniciando-se o romance que se transportara com a vinda deles para a Espanha, mas que, entretanto, não tinha possibilidades de tornar-se público, pois jamais seria aceito por sua família, tanto pelas origens e pela situação decadente da família de Elizabeth, quanto pelo próprio comportamento da moça, que não seria considerada digna o bastante para figurar na família. Assim, prosseguia o romance entre eles, acrescido de todos os ingredientes do que é proibido e não-convencional, fazendo-o crer que revivia o próprio Romeu, de Shakespeare, reforçando sua índole rebelde e fazendo-o crer viver um amor sem futuro. Daí entregar-se cegamente ao presente.

Para Elizabeth, as circunstâncias eram mais amenas. Apreciava a companhia do rapaz e sentia por ele forte atração, mas longe estava da cegueira que o dominava. Não tinha ilusões. Sabia que ambos não eram a melhor opção econômica um para o outro, pois seria a concretização da pobreza. Ela, de família arruinada; ele, sem possibilidades de ter acesso à fortuna da família por ser o filho mais novo de uma numerosa prole. Construir um patrimônio juntos era idéia inconcebível, já que o trabalho a nenhum atraía e já que comungavam do pensamento segundo o qual "para que realizar mais, se tantos já o fizeram?"... Cabia-lhes aproveitar a vida e usufruir a fortuna alheia, o que seria bem mais agradável...

Quando Franz categoricamente se negara a integrar o plano de Elizabeth e ser o marido de Maria Helena, ela o substituíra por Rodrigo. Isso apesar de, no seu modo de ver, não ser a coisa mais segura a fazer. Primeiro, porque não tinha qualquer garantia de que, com a posse da fortuna dos Gomez Alvarez, Rodrigo cumpriria seu trato de continuar a seu lado e ser sócio no "empreendimento", como o denominavam; segundo, porque, como mulher, não lhe aprazia dividir as atenções do amante, coisa inevitável no plano traçado. Verdade seja dita: sua maior preocupação era a primeira.

Em face dos novos contornos da situação, negando-se seu irmão a integrá-los na fortuna dos Alvarez, ela não titubeara em lançar o amante à condição de pretendente de Maria Helena, garantindo-se pela proximidade a manter acesa a paixão de Rodrigo por ela e, ao mesmo tempo, por garantia financeira, aceitando as atenções de D. Antônio, mesmo consciente de que caminhava para a condição de tornar-se também sua amante. Eliza acendera sem vacilação a fogueira das paixões nos espíritos que a cercavam. Incendiara de uma só vez a paixão da sensualidade e do apego ao dinheiro, não considerando nem seus próprios sentimentos, nem os dos demais envolvidos. Rodrigo de M... era seu amante, comparsa, algoz e vítima.

O plano era bastante simples e confiavam no pleno sucesso. Que mais desejariam da vida? Tudo lhes seria fácil. Ricos, ainda jovens e juntos para se entregarem às paixões que acalentavam. Assim é que deram início à malograda empreitada.

Fazia já alguns meses que Elizabeth e Maria Helena eram amigas quase inseparáveis. Entretanto, o tema casamento ainda não fora abordado. D. Antônio, muito feliz com o andamento das coisas, perdera absolutamente a pressa em casar a filha; vivia de momentos de idílio amoroso com Elizabeth. Sentia-se rejuvenescido, pleno de forças. Seus negócios, pela primeira vez em sua existência, ocupavam lugar secundário em sua escala de interesses imediatos. Estava embevecido pelo amor. A esposa, D. Maria, era figura absolutamente esquecida. A não ser em escassos momentos, quando pensava em não mais se separar da jovem amante, ele lembrava-se de que ainda não era viúvo, e de como seria feliz se tal fosse seu estado.

Tudo corria conforme desejava a arquiteta da trama, tanto que, certa tarde, no jardim com sua "protegida", decidiu que era tempo de cessar a indefinição e pôr mãos à realização de seus intentos.

– Maria Helena, sei que tem conhecimento de que o senhor seu pai pediu minha interferência para solucionar um problema familiar ocorrido entre vocês. Gostaria de conversar sobre isso agora que já somos amigas e nos conhecemos, para poder auxiliar.

– Demorava realmente a que este tema voltasse à baila. É fato. Sei do pedido de meu pai. O que deseja saber? Pergunte. Como disse, somos amigas e confio plenamente em você. Pergunte, pois o que desejar saber eu responderei.

Transpareciam no semblante de Maria Helena toda a confiança e a ingenuidade de sua alma. Era uma flor abrindo-se ao sol; não via nada além do que seus olhos físicos lhe mostravam.

– Deseja, em primeiro lugar, casar? – questionou Elizabeth.

– Para isso fui educada. Afora o casamento, poucas outras opções me restam e a todas tenho convicção de não desejar. Sei de minhas obrigações para com a família. Creia: sei muito bem o que significa ser a herdeira de D. Antônio Alvarez. Casarei, sim. Somente não desejo que me seja imposto um marido. Quero opinar, afinal serei eu a conviver como esposa dessa pessoa. Gostaria que algumas de minhas vontades fossem consideradas. Em realidade, dificilmente será uma união como meu coração desejaria – será, em verdade, mais um negócio, e é por isso que tanto me aborreci com meu pai.

– Compreendo seus sentimentos e tanto quanto possível levarei à consideração de D. Antônio seus pedidos, já que ele mesmo solicitou minha interferência. E mais do que isso: como me pediu opinião a respeito de diversos candidatos a pretendentes a essa aliança, creio que podemos muito bem transformar isso em uma união verdadeira, não apenas em um negócio. Diga-me o que deseja de um pretendente e, se possível, dentre os conhecidos, poderemos, quem sabe, encaminhar a solução, usando de astúcia feminina e mantendo a paz na família.

– Elizabeth, crê realmente possível conseguirmos tal feito?

– Lógico, minha querida! As mulheres desconhecem o poder que têm, por isso ainda se submetem a muitas coisas. Há duas opções: ser escrava ou rainha. Sejamos então rainhas, comandemos, embora pensem que obedecemos.

A conversa prosseguiu com muita animação e Maria Helena deu a Elizabeth todas as informações de que esta precisava para transmitir a Rodrigo a fim de que ele fosse bem-sucedido na conquista do afeto da jovem herdeira – coisa não muito difícil para quem, como ele, era dado à arte da sedução.

* * *

Na noite do mesmo dia, realizou-se um dos encontros secretos entre Elizabeth e D. Antônio, em discreta chácara afastada da cidade, local exclusivo de ambos. A chácara fora decorada ao gosto de Elizabeth – em verdade, um dos "presentes" de D. Antônio. Alegando que precisavam de privacidade e tempo para viver as maravilhosas descobertas que faziam, implorara que ela aceitasse. De fato, estava irreconhecível nosso D. Antônio. Apesar de suas tendências à libertinagem, ele não concebia até que ponto podia chegar a vilania de um ser humano no uso do sentimento de outro em seu próprio interesse.

Soubesse ele disso e por certo teria se poupado de implorar muitas coisas naquele relacionamento. Elizabeth, no quarto, recostada em uma poltrona, calmamente dava prosseguimento ao trabalho iniciado na tarde, ciente de que naquele momento nada que pedisse seria negado.

– Antônio, esta tarde conversei com sua filha sobre a questão do casamento. Pediria que me deixasse expor meu plano e depois me desse sua opinião. Concorda?

– Amada, como posso recusar algo? Seus pedidos são sempre tão simples... Gostaria que um dia me fizesse realmente um pedido. O que me propõe é auxílio em uma questão que sabe preocupar-me muito e ser delicada. Obviamente, ouvirei com a máxima atenção. Fale!

– Pois bem. Estive considerando várias famílias que têm filhos homens capazes de preencher os requisitos para ser seu genro. Embora difícil tarefa, creio que há entre meus conhecidos um que será conveniente. Trata-se do Sr. Rodrigo de M.... Você certamente conhece a família. É tradicional, pertencente à alta nobreza. São muito corretos, educados, ricos e, melhor ainda, há esse filho de que lhe falei, em boa idade para se consorciar. Que lhe parece essa aproximação entre sua família e esse pretendente?

– Sinceramente, nada teria a opor a uma aliança dessa espécie. Seria até muito vantajosa! Já traria à nossa família um título que não temos, embora nossas fortunas se equiparem. Mas, amada, creio que está um pouco empolgada pelos devaneios de Maria Helena. Eu preciso, acima de tudo, casá-la com alguém que vá residir e acompanhar o trabalho que executamos na ilha. Lá está a fonte de nosso patrimônio. Não me parece que um membro de tão importante família de bom grado deixaria a corte, a vida na cidade... Além do mais, por que teria interesse nesse casamento? – ponderou D. Antônio.

– Bem, considerando-se que esse casamento seja possível, creio que não faria objeções. Deduzo corretamente seu pensamento? – insistiu Elizabeth.

— Não faria objeções a tal família. Mas que sabe que não sei? Por que me fala deste assunto?

— Antônio, querido, sente aqui a meu lado, abrace-me e contarei tudo. — Ele atendeu aos rogos da mulher e, enlaçando-a, ouviu a narrativa referente à situação de Rodrigo de M... Elizabeth disse que o conhecia por ser o rapaz amigo de Franz, e que julgava ser possível a aliança em decorrência dos pendores do moço para o comércio. Pelo fato de Rodrigo ser pouco dado à vida em sociedade, e, principalmente, porque — afora um título de menor importância e quiçá pequena propriedade — nada mais receberia de herança da família, ela via com bons olhos a possibilidade de uma possível união entre as duas famílias.

— Além de tudo isso, ainda tem a considerar que quanto antes realizarmos esse matrimônio, mais cedo poderá começar a ensinar seu futuro genro a gerir os negócios e assim mais tempo terá para ficar comigo, porque já não consigo pensar em como será quando você partir. Assim, penso em quando rapidamente voltará.

Esse último argumento foi infalível para dobrar D. Antônio. Realmente pouco importava se, num primeiro momento, ele julgara impossível tal união, já que nunca pensara unir sua família a uma das mais tradicionais famílias espanholas. Abandonar a amante era algo que não cogitava. Assim, se de fato casassem a jovem com alguém de confiança e capaz, por certo poderia retornar e permanecer bons tempos com Elizabeth.

— Muito bem. Se tem como verificar tal possibilidade, providencie e comunique-me dos resultados. Diga-me: seu irmão interferirá nesse assunto?

— Somente para apresentar Rodrigo de M.... São amigos, como disse.

— Ótimo! Avise-me do que for necessário e como pretende fazer. Mesmo que não dê o resultado pretendido, é uma tentativa.

— Dará, meu querido. Seus sucessores, além de muito ricos, serão também recebidos pelas mais nobres casas da Espanha.

A vaidade de D. Antônio recebia mais afagos diante daquela possibilidade. A ascensão social, até aquela viagem a Madri, nunca lhe importara, mas convivendo com Elizabeth e sabendo o quanto isso significava para ela, a questão tomara outra dimensão e importância.

– Serei sempre seu eterno devedor, Elizabeth. Já o seria por ter diminuído a influência daquele médico sobre minha filha, e se agora esses planos concretizarem-se, dever-te-ei ainda mais. Como poderei compensar tudo isso?

– Ah! Não fale assim, Antônio! Sua felicidade é minha recompensa. Esqueçamos agora este assunto, e aproveitemos o que nos resta da noite.

Preocupação de Amigo
Capítulo IX

"A censura lançada sobre a conduta de outrem pode ter dois motivos: reprimir o mal ou desacreditar a pessoa cujos atos se criticam; este último motivo não tem jamais desculpa, porque é da maledicência e da maldade. O primeiro pode ser louvável, e torna-se mesmo um dever em certos casos (...)"[1]

Realizados todos os arranjos iniciais, agora era tempo de concretizá-los. Elizabeth tinha a garantia de D. Antônio de que não faria oposição à aliança com a família de M.... Maria Helena, por sua vez, dissera-lhe o que esperava tanto do futuro pretendente à sua mão como da evolução das circunstâncias relacionadas a seu casamento.

Entretida certa noite em conversações com seu irmão, Elizabeth põe-se a falar de seu bem fadado plano para extinguir a miséria do universo familiar. Franz surpreendeu-se em ver a irmã ainda alimentando aquelas idéias, que em face de sua negativa julgava extintas, e que agora retornavam com ares de coisa certa.

— Elizabeth, como pode se arvorar o direito de dispor assim da vida dessa moça? Quisera fosse com você que se fizesse tal coisa.

---

[1] Allan Kardec. O Evangelho Segundo o Espiritismo, *cap X, item 13.* Trad. Salvador Gentile. Araras, IDE.

Obviamente você não desejaria ter por marido o amante da melhor amiga e menos ainda ser a melhor amiga a amante de seu próprio pai. É sórdido o que está fazendo.

Indignado, Franz se recusava a aceitar as trapaças da irmã, que, no fundo, somente visavam ao dinheiro, ao poder econômico.

– Irmão, como pensa viver? Pretende trabalhar? Até quando acha que viveremos da herança falida? É preciso solucionar este problema o quanto antes. Já bastam todas as humilhações e perdas a que fomos submetidos. Perdemos nossa casa, propriedades, muitas jóias; temos um pai morto e uma mãe que melhor seria estivesse morta do que como está, ainda dando preocupações e despesas inúteis com médicos. Casar-me, sabe ser difícil. Teria à disposição alguns viúvos de mediana condição financeira que em nada me interessam. Criar filhos de outras e servir de enfermeira de homens, somente se houver boa recompensa, caso contrário isso não me interessa. Ou será que em suas andanças noturnas, nos ambientes que freqüenta, terá encontrado uma "Maria Helena" que lhe sirva de esposa? – ironizou Elizabeth, com os olhos verdes brilhando furiosamente. – Vejo que nada disso aconteceu, irmãozinho, por isso tomo minhas atitudes e quando o efeito do último sermão que ouviu tiver passado, você me dará razão.

– Não seja irônica, Elisabeth. Mas entenda: é terrível dispor do destino de outras pessoas. Peço-lhe que reflita bem no que está fazendo para que não haja arrependimento depois. Tudo que disse é verdade, mas se não encontro uma rica esposa nos locais em que vou é porque espero lá encontrar uma fortuna livre de incômodos. Quero, tanto quanto você, ser Senhor novamente, porém não desejo ninguém me lançando em rosto que lhe devo tal favor.

Franz era a voz de alerta à beira do precipício.

– Orgulho! É nisto que se resume toda essa sua conversa. Orgulho e pobreza não combinam, nunca observou? Prefiro correr riscos e compartilhar com Rodrigo a fortuna dos Alvarez do que continuar vivendo como estamos. Aliás, deixe-me refrescar a sua memória: somente me alio a Rodrigo nesse negócio porque você recusou a esposa que ofereci! Então, chega de moralismos! Não quis, e respeitei sua vontade. Com Rodrigo está tudo acertado. Mas espero que ao menos compareça às festividades que realizaremos. Somos uma família, precisamos manter as aparências perante os Alvarez que, afinal, são estranhos na sociedade e desconhecem a verdade de nossa situação e de nosso prestígio, mas têm ouro bastante para calar qualquer matrona mais faladeira. Você irá comigo ao baile que organizarei com Maria Helena em sua casa e não discutiremos mais. É pouco que peço.

Com essas palavras, Elizabeth dava por encerrado o diálogo com o irmão e decidia a questão.

Abriria o salão dos Alvarez. Festas... Como gostava delas! Muita música, bebida, danças – isso era alegria. Dessa forma é que se vivia, segundo o pensamento de Elizabeth.

* * *

Se por um lado Franz advertia a irmã sobre seus planos de dispor da vida alheia, por outro Georges acompanhava agora um tanto temeroso as alterações na vida de sua jovem amiga. Prosseguia encontrando-a com regularidade, porém não mais com tanta liberdade como antes. Maria Helena tinha diversos compromissos sociais, os quais inicialmente viu com bons olhos – afinal ela era moça e precisava conhecer o que lhe oferecia a cidade e principalmente outros jovens, novos relacionamentos. Como seria bom para ela, pensava, o convívio em sociedade, formando outros laços afetivos e também analisando o caráter de outras pessoas, vendo as atitudes, sabendo diferenciar as corretas das equivocadas, a verdade da impostura. O isolamento da ilha marcara aquele caráter de uma ingenuidade que o fascinava e preocupava ao mesmo tempo. Entretanto, tudo isso reduzia as horas que ele passava a seu lado, e mais ainda aumentava as horas que ela passava às voltas com sua acompanhante de todos os momentos: Elizabeth. Era tão freqüente a presença desta na residência dos Alvarez, que Georges quase pode apostar que ela amanhecia e anoitecia ao lado de Maria Helena. Isso o intrigava sobremaneira.

A uma jovem ingênua aquilo parecia normal, mas o mesmo não acontecia com relação a ele, homem experiente e que tinha por hábito analisar minuciosamente a conduta das pessoas para lhes descobrir o caráter. Eram muito estranhas a súbita amizade e a dedicação daquela mulher para com sua amiga. Vê-las juntas era como olhar a um só tempo o alvorecer e a noite escura. Impossível encontrar traços comuns, afinidades: enquanto uma era transparente, trazia estampado no rosto o que pensava e sentia, a outra encobria em sombras o pensamento e as intenções, era evasiva em explicações e futilidades eram seu assunto constante. Georges via nela inteligência e pressentia perigo. Não era ao lado de damas assim que queria ver sua jovem protegida. Não conhecia Elizabeth ou sua família, mas entre seus pacientes e amigos alguém haveria de dar-lhe informações. Também, não poderia simplesmente com base em suas intuições e deduções minar as relações de Maria Helena: era consciente de que precisava respeitar a sua liberdade de eleger novos amigos.

Pouca informação conseguiu em suas menções sobre Elizabeth em seu círculo de amizades e conhecimentos, entretanto esse pouco foi suficiente para confirmar suas intuições. Soube que a jovem havia sido enviada para a Inglaterra por decisão do pai e dizia-se que já aos 15 anos a vida amorosa e o comportamento da moça eram temas de grande preocupação familiar. Durante sua estada com a madrinha, a família havia decaído socialmente e há alguns anos eram tidos como falidos. A situação agravara-se com a morte do genitor que acarretara, segundo diziam, graves distúrbios à esposa, restando somente os filhos quase órfãos. Sobre o irmão, as informações também não eram as mais elogiosas: era tido como uma pessoa agradável, de bom convívio, mas de todo irresponsável quanto a trabalho e finanças. Era um boêmio.

O que fazia Maria Helena, repentinamente envolvida com essa família? Como D. Antônio estaria vendo aquela situação?

Disposto a verificar a questão de perto, Georges dispôs-se a uma demorada visita. Decidira passar o domingo com a jovem.

O ensolarado domingo, prenunciando a chegada da primavera, convidava a passeios e conversas em contato com a natureza. Georges, ciente de que seria bem-recebido como amigo da família, apresentou-se à casa de D. Antônio ainda pela manhã. Maria Helena encontrava-se lendo no jardim. Avisada da chegada do médico, alegrou-se, determinando à criada que o conduzisse à sua presença e em seguida lhes servisse sucos.

Ao vê-lo aproximar-se, levantou-se e rapidamente se achegou ao querido amigo, abraçando-o calorosamente.

– Georges, que bom tenha vindo me visitar – disse Maria Helena.

– Helena, só o teu sorriso bastaria para me dizer que sou bem-vindo. Fico feliz com sua acolhida. Há algum tempo somente temos conversado rapidamente; ora são teus compromissos, ora são os meus... Por isso, esta semana decidi que passaria o domingo todo com você. Que me diz? Este velho agora está abusando... Já não basta aparecer sem avisar ainda diz que é para o dia todo! – Bem-humorado, Georges fazia graça de si mesmo.

– Velho? Ora, até que este apelido assenta bem! Doravante o chamarei "velho Georges", já que assim você se considera – respondeu a jovem, rindo. E de fato isso se tornou entre eles um código de identificação.

– Você bem sabe que adoro suas surpresas e que sua companhia sempre será aceita. Quisera ter mais tempo de ficar a seu lado... Cresceria muito e seria feliz imensamente, pois sempre me sinto alegre e segura ao seu lado.

– Somos, Helena, muito felizes em compartilhar nossa amizade – corrigiu Georges.

– É verdade, tem razão, porém preciso confessar que preocupações acerca do futuro rondam meus pensamentos nestes últimos dias.

Ao ouvir a colocação de Maria Helena, Georges convenceu-se

de que suas intuições e seus cuidados com o bem-estar da jovem tinham de fato uma razão de ser e estimulou-a para que compartilhasse seus pensamentos.

– Somente estou aqui porque meu pai decidiu que é tempo de encontrar um marido. Entretanto, minha opinião em nada importa. Interessa-lhe alguém que venha a substituí-lo nos negócios, auxiliá-lo. Aquela história toda de minha vida e da triste sina de ser mulher, que você já conhece.

Prosseguiu relatando todas as ocorrências quanto ao assunto, culminando com a intervenção de Elizabeth a pedido de D. Antônio, fato que mais ainda intrigou Georges.

O dia transcorria tranqüilo. D. Antônio estava ausente desde o dia anterior, somente devendo regressar ao final da tarde. Entre um assunto e outro, Georges descobriu que também a tão citada e "encantadora amiga" de Maria Helena há alguns dias estava fora da cidade visitando familiares, portanto teriam todo o dia e a necessária privacidade para conversar.

A tarde encaminhava-se ao final quando Georges voltou a abordar o assunto que o preocupava: a relação com Elizabeth.

– Helena, você tem estado muito freqüentemente com essa nova amiga. Como a conheceu?

– Foi meu pai quem ma apresentou. Desconheço de onde se conheciam ou quando se conheceram. Creio que devam ser ligações antigas, nunca perguntei. Por que indaga isso?

– Curiosidade de um velho abelhudo. – Georges tomou-lhe as mãos entre as suas e olhando-a fixamente, como que desejando expressar com o olhar os sentimentos, prosseguiu: – E, para ser claro, também um tanto de preocupação, pois você sabe que lhe quero muito, não como comumente as pessoas a isso se referem. Sei que posso lhe dizer e ser corretamente interpretado, pois sinto que em seu coração o afeto é o mesmo. Amo-a como a uma filha, a uma irmã, a alguém muito querido. Trata-se de um sentimento calmo, delicado, sem paixões... Talvez seja por isso que pensadores, como Cícero, enaltecem a amizade como forma de amor sublime. É em nome desse sentimento que nos une que quero lhe falar.

– Por Deus, Georges, assim me afliges. Que se passa? Parece que algo grave o perturba. Quanto aos nossos sentimentos, obviamente compreendo, pois sinto o mesmo. – Maria Helena desfez a expressão séria e sorriu, delicada. – Bem que gostaria de viver sempre perto de você, já disse isso hoje. Mas quem sabe quando eu retornar à ilha não o leve comigo? Pense nisso, Georges. Como seria bom! Meus filhos poderiam conviver com você, que me ajudaria a educá-los. Ensinaríamos juntos, talvez até mesmo numa escola para os filhos dos trabalhadores da ilha...

– Como sonha, minha criança! Belos sonhos – interrompeu Georges. – Mas, voltemos ao assunto. Como dizia, preocupa-me esta sua proximidade com a D. Elizabeth. Você é ingênua, Helena, pouco conviveu com a raça humana para lhe conhecer as máscaras e desvendar-lhe os interesses. A riqueza é uma tentação muito grande sobre o caráter de algumas pessoas ainda muito apegadas à materialidade. E a forma como essa mulher tem-se disponibilizado causa-me estranheza.

– Ora, Georges, está com ciúmes de minhas ocupações com Elizabeth. Não se aflija, sei que pouco convivi em sociedade, porém posso lhe garantir que ela é uma pessoa boa, alegre, divertida, que tem me ensinado várias coisas que, entenda bem, somente uma outra mulher poderia ensinar. Como sabe, minha mãe, infelizmente, preocupa-se mais com os santos do que com os humanos, e essas eram, melhor dizendo, são, informações necessárias à minha vida. Não se aflija inutilmente. Não pretendo tornar-me um bibelô, fútil. Se como mulher pouca coisa me é dado fazer, ao menos intelectualmente posso crescer e aprender. Continuo dedicando-me às leituras e aos estudos.

– Eu sei disso tudo, querida, e talvez realmente me ressinta um pouco de suas novas ocupações. Afinal, durante meses fomos apenas nós e D. Eleonora e acabei mal acostumado com tantas atenções. Mas, por favor, considere meu pedido: observe as ações de sua nova amiga, indague-lhe de onde conhece seu pai, por que tamanho e tão repentino interesse em sua pessoa. Sei que o merece, porém esse modo de agir não é comum em pessoas da natureza de D. Elizabeth. Acho tudo muito estranho, inexplicável, analisando-se a personalidade em questão. Peço-lhe, não se deixe envolver em qualquer manobra. Observe, analise, especialmente essa "ajuda" na questão de seu matrimônio. Sinceramente, sua frieza sobre o tema me espanta, não combina com você.

A forma como Maria Helena reagia à questão envolvendo seu casamento surpreendia Georges, primeiro pela corajosa afronta a D. Antônio e depois pela forma fria e racional com que tratava o assunto. Agia como se se tratasse de uma negociação comercial. O médico atribuía parte dessa atitude ao desconhecimento da jovem quanto à vida conjugal e suas responsabilidades, mas também sabia que, a par das virtudes que tanto admirava, Helena era dona de um caráter arrebatado e um tanto mimado; por vezes, parecia-lhe que se referia a um marido como quem se refere a um boneco ou objeto que o valha, alguém que não lhe partilharia a vida.

— Está bem, Georges, meu velho e abelhudo amigo, atenderei a seu pedido. Mas o tempo passa rápido e a noite se aproxima. Deixemos essa conversa tão sisuda e aproveitemos o restante do dia. Ainda não lhe falei do baile que D. Antônio pretende oferecer, não é mesmo?

Tomando-lhe o braço, Maria Helena põe-se novamente a andar, dirigindo-se ao jardim.

— Não, nem sabia que D. Antônio apreciava esse tipo de evento, quanto mais que ela o promovesse. Do que se trata?

— Creio que deseja tornar-me mais conhecida pelos pretendentes a futuros maridos. Elizabeth está nos auxiliando. Será uma bonita festa, e se você não aceitar nosso convite, vou ficar muito triste — disse Helena, fazendo muxoxos.

— Causar tristeza a uma linda moça é catalogado pela justiça de

Deus como um pecado gravíssimo. Confessar tal delito me renderia uma penitência acerba.

Georges exagerava igualmente as colocações fazendo-a rir, pois ela bem sabia o quanto era avesso às teologias católicas, especialmente à "confissão dos pecados", daí debochadamente haver criado uma relação pessoal de pecados.

— Não pretendo passar dias ajoelhado. Virei, com certeza. Basta mandar o convite e aqui estará o velho Georges em sua melhor vestimenta. Aliás, creio que isso até mereça uma visita a Paris para adquirir trajes elegantes o bastante. Serei o mais belo homem da festa.

— Embora um dos mais velhos — provocou a jovem.

— Isso não se considera — categoricamente afirmou Georges, fazendo-se de ofendido.

A tarde encerrou-se e com ela encerraram-se a visita e os momentos alegres compartilhados. Quando se despediam à porta, D. Antônio regressava. Educada e friamente cumprimentou o médico e, protestando cansaço, dirigiu-se sem mais delongas a seus aposentos. Georges notou diferenças em D. Antônio. Ainda que vendo-o rapidamente, parecia-lhe remoçado. O brilho de seus olhos traduzia um certo alheamento e distração que não combinavam com a pessoa que havia conhecido alguns meses atrás.

"Mas todos mudam", pensava Georges, no retorno a seu lar. "Porém não mudam gratuitamente. Sempre existem forças que impulsionam as mudanças. Quais forças estarão impulsionando D. Antônio?"

O BAILE
Capítulo X

*"O mal não é uma necessidade fatal para ninguém,
e não parece irresistível senão àqueles que a ele
se abandonam com satisfação."*[1]

— Ah! Vocês são lerdos assim porque D. Antônio não se encontra. Aproveitam-se. Mas não perdem por esperar! Ele saberá de cada atitude de desrespeito. Aguardem! — esbravejava Elizabeth com os empregados da mansão dos Alvarez. Há alguns dias lá estava hospedada com o intuito de conduzir os preparativos para a festa programada por D. Antônio.

Os parceiros comerciais, os amigos e as melhores famílias de Madri estavam convidados. Não haveria naquela temporada outra festa que lhe ofuscasse o brilho. Nada de economia: o melhor de comer e beber, os melhores artistas, os melhores músicos, as roupas mais elegantes, o serviço mais adequado. Sucesso era o que desejava D. Antônio — toda Madri haveria de ver como estava feliz, e, obviamente, a aliança proposta por Elizabeth para Maria Helena interessava-o, e muito. Impressionar favoravelmente era seu desejo. Sabedora desses propósitos, Elizabeth esmerara-se na

---
[1] *Allan Kardec*. O Evangelho Segundo o Espiritismo, *cap XXVIII, item 3-VI. Trad. Salvador Gentile. Araras, IDE.*

organização do evento. O principal havia sido conseguir plena liberdade com relação aos gastos e todo o restante – isso já lhe garantia a oportunidade de iniciar a gestão dos bens da família e assim começar a acrescer os próprios.

Andava de um lado para outro em meio aos preparativos, reclamando das empregadas e das encomendas que atrasavam. Quem a visse diria ser a dona da mansão. Entre os empregados era voz corrente que a nova patroa, apesar da situação de D. Antônio, gastando como estava e sendo jovem e bonita, logo levaria o velho à cova e que só lhes restava pedir forças a Deus para aturar a megera.

Entretanto, os amantes eram sinônimos da discrição. Somente Franz sabia do que se passava entre a irmã e o pai de Maria Helena. Evitava o máximo possível encontrar D. Antônio e sua filha ou qualquer pessoa que soubesse estar ligado a eles. Seu esforço era tanto, que já passados meses desde a primeira conversa com Elizabeth ele ainda não conhecia a jovem "amiga" da irmã. Não concordava com os planos dela e deixara isso claro, porém nada mais fizera para impedi-la de prosseguir e submetera-se. A isto não conseguira furtar-se: aceitar o convite para o dito baile na mansão dos Alvarez, aparentando desconhecer o relacionamento existente entre sua irmã e o dono da casa e, o mais grave, o relacionamento de Elizabeth com Rodrigo de M... – o principal convidado, seu amigo e companheiro de diversas noitadas. Há muito tinha conhecimento do relacionamento entre Elizabeth e Rodrigo, que sabia também ser sem futuro, mas a irmã era responsável por suas escolhas e se nem mesmo o falecido pai havia conseguido domar-lhe o caráter, não seria ele que tentaria. Por isso, não se envolvia na sua vida particular. Aliás, era uma conduta recíproca entre os irmãos, a não-interferência nas decisões um do outro, fossem elas quais fossem. Porém se prestavam ajuda mútua, e assim sobreviviam à decadência da família e ao desprezo que muitos antigos convivas de sua casa agora lhes votavam. Em nome dessa lealdade fraterna Franz compareceria. Pelo menos Elizabeth havia sido previdente em incluir em suas despesas um enxoval, pois era bem o que as compras da irmã representavam, em seu favor, para bem se apresentar ao baile. D. Antônio tinha muito dinheiro. O que custaria um pequeno e inofensivo presente ao irmão de sua amada? Nada!

Maria Helena não tinha a mais leve desconfiança do que se passava entre a amiga e o pai. Notava o comportamento de D. Antônio muito diferente, até mesmo conversara com Georges sobre isso, porém acabara se acostumando à nova realidade. De qualquer sorte, a mudança em relação a ela era pouco significativa: notava-o mais alegre, mais participativo em reuniões sociais, parecia que remoçara, e por vezes via um brilho misterioso em seu olhar, mas como pai permanecia o mesmo. A atenção dada à filha resumia-se em atender a suas necessidades elementares. As discussões a respeito do casamento haviam amainado por interferência de Elizabeth, da mesma forma que a implicância com a amizade de Georges. Fora isso, ela representava uma mercadoria que deveria negociar com vantagens para seus interesses. Toda sua existência fora assim, por que mudar? Concordara com os termos de Elizabeth: para "manipular" a decisão paterna, haviam feito juntas a lista dos convidados a tal evento, e ficara combinado que, dentre os possíveis candidatos, aquele que mais lhe agradasse seria o indicado por Elizabeth no trato com D. Antônio. Este também fora ouvido na lista de convidados, porém em condições muito diversas e além do mais tinha concordado com a proposta de Elizabeth de casar a filha com o caçula da família de M..., embora julgasse um tanto pretensioso tal feito.

Todas as cartas estavam marcadas e distribuídas. Elizabeth, sobranceira, comandava o jogo. Jogo mortal, cujas conseqüências ela própria desconhecia. Era Deus por alguns dias. E o preço? Nisso ela não pensava, mas a lei é inexorável e cobra no tempo certo.

Naqueles dias, somente Rodrigo a preocupava. Ele não poderia saber de seu envolvimento com D. Antônio e enganá-lo era difícil, ela o sabia. A convivência longa e íntima que mantinham dava-lhes cumplicidade e conhecimento das reações um do outro. Tinha consciência de que ele não aceitaria a situação. Por outro lado, também D. Antônio de nada poderia desconfiar – isso julgava mais fácil, eis que o pai de Maria Helena, tomado pela paixão, era um cego. Esperava que Rodrigo de M... não fosse de todo imune aos encantos da jovem Alvarez. Fazer-se enciumada e sofredora era o que pretendia junto ao comparsa, mantendo-o vinculado ao compromisso. Afinal, a beleza de Maria Helena era de alguma utilidade nas modificações de seu astuto planejamento. Seria a desculpa perfeita que encobriria o relacionamento com D. Antônio, seu curinga naquele jogo. Estava agindo sozinha, tinha certeza disso – somente poderia contar consigo mesma. O irmão criticara a idéia, e o jogo complicara-se com a substituição.

A relação com Rodrigo era motivada unicamente por questões afetivas, prazer, vaidade por ver-se desejada por um homem alguns anos mais jovem, já que eram cientes da impossibilidade de assumir e viver publicamente o relacionamento. Preparar o caminho era necessário... Assim, durante um encontro às vésperas do baile, Elizabeth, afagando os cabelos de Rodrigo, cuja cabeça repousava em seu colo, disse:

– Tem certeza de que nada entre nós irá se alterar com a realização do projeto de casar-se com a filha de Alvarez?

– Claro, meu bem, nada mudará. Você é soberana na minha vida! E será mais ainda, pois a fortuna, deverei a você. Deixa-me preguiçoso, acariciando-me assim. Seremos muito felizes Eliza, verá. Pelo que diz, essa moça é fácil de ser envolvida e não perceberá nada. Confie, ficará tão encantada que em pouco tempo, bem menos do que espera, verá realizar-se nosso intento – tranqüilizou Rodrigo.

– Hum! Prepotente! Convencido! Acha que mulher alguma o recusa – ironizou, rindo, Elizabeth. – O pior é que reconheço essa sua "habilidade".

– Então, Eliza, eu não entendo o temor!

– Ainda não conhece sua futura esposa. Pode bem se encantar por ela... – Elizabeth conseguiu trazer uma expressão levemente torturada ao dizer isso.

Rodrigo levantou a cabeça rindo, deliciado com o ciúme da mulher. Passou a beijar levemente seu rosto e lábios, enquanto murmurava:

– Eliza, que bom saber que teme me perder. Isso prova seu sentimento. Mas, lembre: não nos casaremos, porém seremos sócios e viveremos juntos toda a vida. É o nosso compromisso.

– Ah! Rodrigo, tudo sairá bem. Precisamos disso – afirmou, abraçando-o, avaliando pela reação do amante que sua estratégia era acertada.

..*

Amanhece o dia do baile.

Na mansão, a atividade era intensa. Elizabeth, mais do que nos dias anteriores, cuspia ordens aos empregados. Elogio, nenhum. Incentivo, menos ainda.

Maria Helena, cuja atitude em relação aos empregados sempre fora diversa, em decorrência de sua vida isolada na ilha onde crescera ao lado dos trabalhadores e seus filhos até a chegada dos professores, solicitou à amiga:

– Por favor, seja mais tolerante Elizabeth. Nossos criados são boas pessoas, fazem o melhor para nos servir, apenas não estão acostumados a essas tarefas.

– Se fossem boas pessoas seriam nascidas em famílias influentes e ricas. Pobres e incultos precisam ser mandados, e muito, para fazer algo direito – respondeu, de forma dura, Elizabeth.

Maria Helena olhou-a, estranhando completamente sua postura e demonstrando perplexidade. Depressa Elizabeth corrigiu-se:

– Helena, não se aborreça com minha forma de agir. Disse isso sem pensar. É a aflição para que nosso baile seja um sucesso. Sabe da importância dele em sua vida e em sua felicidade, que muito me preocupam. Quero que ele seja inesquecível, por isso, deixe-me. Vá observar a decoração do salão. Você é muito talentosa com as plantas e flores; veja se lá as coisas estão a contento.

Dessa maneira, forçou a moça a afastar-se de sua presença.

À tarde tudo já estava pronto para receber os convidados. Gastaram o restante do tempo em preparativos pessoais.

Iluminado, portas abertas, flores em abundância, música alegre e de bom gosto, convidados distintos, cores, brilho e animação, assim transcorria o baile.

D. Antônio recepcionava os convivas com muita elegância e charme – era a outra face do homem severo do dia-a-dia a tornar-se pública. Elizabeth, vestida de branco e usando jóias douradas, supervisionava a distância o andamento dos trabalhos dos criados. Seu olhar apresentava um brilho intenso quase febril; à primeira vista confundia-se com agrado da festa, porém Franz preocupou-se, pois via naquele olhar o brilho perigoso do desequilíbrio. Mas aos demais era ela a amiga da família, esmerada em auxiliar a jovem e inexperiente herdeira Alvarez a exercer a arte de bem receber.

Maria Helena chamava naturalmente a atenção por onde passasse, sem que de tal fato se apercebesse, mas na noite do baile irradiava tamanha alegria, tamanha juventude e tamanha inocência, que tudo isso – acrescido de sua beleza física – fazia com que se assemelhasse a um anjo na Terra. Tal qual a amiga, trajava branco, porém seu vestido tinha detalhes em amarelo suave que, quando andava, davam efeito de luz ao seu redor. Usava poucas jóias, somente brincos e uma tiara de brilhantes que lhe prendia os cabelos, deixando algumas mechas soltas. Com desenvoltura e natural simpatia, auxiliava na recepção. Estava com o pai à entrada do salão quando chegou ao baile Rodrigo de M....

Nem bem ouviu falar do rapaz, D. Antônio lançou-lhe um olhar observador. Sua aparência causou boa impressão inicial aos Alvarez. Sua conduta altiva e correta fez aumentar o interesse do pai de Maria Helena pelo jovem que, achegando-se ao dono da casa, cumprimentou-o:

— Felicitações, D. Antônio Alvarez. Sou Rodrigo de M... Trago-lhe as desculpas de meus pais por não terem confirmado presença, porém assunto de saúde na família os reteve no lar. Mas me pediram que lhe dissesse da satisfação em conhecê-lo e transmitisse convite para que nos visite.

— A satisfação é nossa em recebê-lo. Aceitamos o convite de seus pais. Peça-lhes que avisem tão logo os problemas de saúde que os impossibilitaram de comparecer hoje estejam afastados da família e com certeza faremos uma visita, eu e minha filha. Permita lhe apresentar minha única filha, Maria Helena Gomez Alvarez.

Sorridente, Maria Helena estendeu delicadamente a mão ao rapaz que, surpreendido, olhou com visível admiração a herdeira, verificando com alegria que seu "sacrifício" não seria grande – ao contrário, via-se brindado. Agradecia aos céus tamanha sorte, julgando-se um privilegiado.

— Imensa honra em conhecê-la. Poderia com certeza dizer que doravante sou um homem mais feliz. Permita-me, D. Antônio, dizer que sua filha é um anjo!

Rodrigo convenceu facilmente os ouvintes, pois suas palavras estavam sendo sinceras.

— É também uma honra, senhor. Soube que é amigo do irmão de uma querida amiga de nossa casa. Espero que estenda essa amizade também a nós – Maria Helena respondeu, educadamente.

"A moça é bonita, educada, tem voz agradável e é riquíssima... Todo empenho será pouco para conquistar o posto de seu marido", pensava Rodrigo ao analisar a personagem que há algum tempo habituara-se a considerar já sua esposa.

Deixando os anfitriões à porta, adentrou os salões da mansão realmente constatando as informações de Elizabeth. Logo avistou Franz, que estranhamente estava só, próximo a uma porta que dava acesso ao jardim, e para lá se dirigiu.

— Franz, como está? Há alguns dias não nos vemos. O que está havendo? Abandonou a disposição aos prazeres da vida? – indagou Rodrigo, abordando o amigo.

– Olá, Rodrigo! Fico feliz em ver que notou minha ausência. Já começava a pensar que se morresse ninguém notaria. Mas de fato nos últimos dias não estava disposto a reunir-me aos conhecidos.

– Ora, que terá acontecido com você? Encontrou alguma nova atriz que lhe chamou a atenção, apaixonou-se e não quer fazê-la conhecida? Confesse – insistia Rodrigo em desvendar a causa do afastamento do companheiro.

– Nada disso. Sabe que sou avesso a paixões. Prezo minha liberdade e não me envolvo em amores. Se tivesse alguma atriz nova na cidade a interessar-me, isso seria causa para que saísse de casa e não para que me retraísse. Não sei ainda explicar-lhe o que se passa comigo. Mas que lhe parece o baile?

– Belíssima festa. Belíssima jovem... Para não ser conhecida, precisava mesmo estar vivendo isolada dos vivos. – Não passou despercebida a Franz a forma dúbia da resposta.

– De fato ela é linda, confesso minha surpresa. Esperava, pelo que dizia Elizabeth, alguém muito diferente.

– O que esperava, Franz?

– Às vezes, ao ouvir falar dela, parecia-me alguém sem vida, inexpressiva, de parca inteligência e sem encantos. Entretanto, estou aqui a observar a anfitriã e descubro um ser absolutamente diferente. O que tomam por pouca inteligência é na verdade fruto da vivência dela isolada da sociedade. Ela é despida de artifícios, é ingênua.

Rodrigo viu encantamento nas palavras e no olhar de Franz e ao mesmo tempo uma velada censura à opinião da irmã sobre a jovem Alvarez. Lançando o olhar na direção de Maria Helena notou a verdade das palavras de Franz. Naquele momento ela recebia um convidado muito especial, por certo, haja vista a forma carinhosa e desembaraçada de tratá-lo, a que muitas senhoras qualificariam de "inadequada", porém não acreditava que fizessem tal crítica a ela, pois transparecia a felicidade pura de uma criança em seus gestos. Era a Georges que ela recepcionava e ao lado dele foi vista circulando, dançando e conversando com inúmeras pessoas ao longo da festa, inclusive com Franz e Rodrigo de M...

Transcorria o baile. Maria Helena, muito solicitada pelos convidados, a todos atendia, entretanto dedicava especial atenção a Rodrigo de M...; Franz, que lhe causara imediata simpatia, e outros jovens que com eles se reuniam nem ao menos perceberam que pouquíssimas vezes Elizabeth aproximou-se deles durante a festa.

"Está lançada a sorte; vencerá o melhor – assim sempre tem sido", pensava Elizabeth ao despedir-se dos amigos anfitriões ao final da festa, enquanto agradecia aos elogiosos comentários sobre sua participação no sucesso daquela noite.

Terminara a noite, porém, tal qual pedra que se lança no seio de um lago, suas conseqüências ainda repercutiriam muito depois de seu final.

As Novas Revelações
Capítulo XI

"O que quer que fizerdes, remontai até a fonte de todas as coisas; nada façais sem que a lembrança de Deus venha purificar e santificar vossos atos."[1]

Rápido, o tempo faz correr os calendários. Alternam-se os meses, progridem nossas existências.

Correu o tempo sobre os acontecimentos do baile. Aproximaram-se as famílias Alvarez e de M.... Estreitaram-se os laços, criaram vínculos. A simpatia de Maria Helena granjeou-lhe a amizade dos demais membros da elegante família. Por outro lado, D. Antônio era bem-quisto; reconheciam seu inegável talento comercial e sua grande fortuna, interessando a todos manter boas relações. Não passara despercebido que Rodrigo cortejava abertamente a jovem herdeira dos Alvarez. Crentes na sinceridade do filho e reconhecendo as vantagens de um possível enlace, nada foi oposto àquela relação.

Elizabeth exultava. Todos os seus planos executavam-se magistralmente. A vida enfim lhe sorria!

Franz, porém, pensava exatamente o oposto. Maria Helena

---

[1] *Allan Kardec.* O Evangelho Segundo o Espiritismo, *cap. XVII, item 10. Trad. Salvador Gentile. Araras, IDE.*

tornara-se não só um rosto conhecido, mas também uma pessoa que, com a convivência forçada por Elizabeth e Rodrigo, aprendera a conhecer e apreciar. Tornava-se-lhe terrivelmente difícil vê-los manipular a situação com extrema facilidade, conduzindo-a para o fim que almejavam. Sabia que a ninguém era dado dispor da vida alheia, e, mais ainda, trair a confiança de quem lhe ofertava amizade sincera. E exatamente isso presenciava sua irmã fazer com todos à sua volta. "Como paralisar o curso das coisas?", questionava-se, intimamente. Mas, ao mesmo tempo, o amor que tinha à irmã impedia-o de agir, lançando-lhe dúvidas, e, para acalmar a própria consciência, confiava que a vida, o tempo, ou quem sabe Deus, tomasse alguma atitude, impedindo a concretização dos desígnios de Elizabeth. Inegavelmente, eram tempos de sofrimento para Franz que colocavam em xeque seu caráter frágil.

∗ ∗ ∗

O nosso caro Dr. Georges, nada tendo acrescido a suas informações sobre Elizabeth e seu estranho interesse na vida dos Alvarez, realizada a tentativa de alertar Maria Helena, continuava intrigado, porém nada lhe restava fazer a não ser conversar com a amiga, orientá-la quando e se possível. Assim, prosseguia com suas visitas à jovem, com as leituras e os passeios. Parecia que a influência de Elizabeth diluíra-se paulatinamente após o baile: era vista na mansão, mas já com menor freqüência. Sobressaía-se naquela primavera de 1848 a presença de Rodrigo de M....

Inúmeras vezes encontraram-se na mansão, em longos passeios pela cidade, acabando por se tornarem amigos. Rodrigo era cativante, inteligente, interessado em arte, que logo se tornou assunto constante nas conversas do trio. Georges simpatizava sinceramente com o rapaz, acreditando no interesse que manifestava por Maria Helena, e, assim, via com bons olhos os sentimentos do casal avançarem. Acreditava na realização de uma aliança que por certo faria feliz sua pupila e a manteria em Madri, onde toda vida residira a família de M....

Por aqueles dias também seus interesses pessoais o afastavam um pouco da companhia da jovem. Insólitos fenômenos começavam a tornar-se moda na Europa. Em reuniões das mais ilustres famílias até as menos recomendáveis, a diversão, tornara-se fazer adivinhações, utilizando-se estranhos objetos que, em resposta às perguntas, moviam-se ou produziam pancadas, estabelecendo-se diálogos. Georges já ouvira falar de tais novos divertimentos, porém achava-os entediantes. Em uma ocasião assistira em casa de amigos a uma sessão desse tipo, porém, sem pensar no que ocasionaria tal fenômeno, afastou-o totalmente de seus interesses. Preferia conversar com as pessoas, ou refugiar-se em sua casa, entregando-se à leitura ou à análise de seus pacientes especiais.

Mas um acontecimento viria a modificar sua interpretação daqueles fenômenos. Encontrava-se certa noite em sua residência quando ouviu repetidas e fortes batidas em sua porta. Dada a hora avançada, não esperou que seu empregado fosse atender – sabia-o recolhido já há algum tempo. Apressou-se ele próprio em atender, deparando com um homem em desespero.

– Boa-noite, senhor. A quem procura?

– Boa-noite. Perdoe-me a hora em importunar, porém me recomendaram procurar um médico, Dr. Georges, e deram-me este endereço. Por favor, se ele se encontra, leve-me até ele – respondeu o homem, com fisionomia aflita, torcendo nervosamente o chapéu que trazia nas mãos.

– Acalme-se, senhor. Eu sou quem procura. Entre e me diga o que o aflige – convidou Georges, afastando-se para dar passagem ao visitante.

– Doutor, por favor, não entenda mal, mas o que me traz aqui é sério. Há em minha casa uma senhora passando mal – é minha esposa. Se não se importa em acompanhar-me para socorrê-la, conto-lhe tudo no caminho – insistiu o homem, não se movendo.

– Sendo assim, aguarde-me um momento; vou apanhar minhas coisas e de pronto seguiremos para sua residência.

Dizendo isso, Georges afastou-se rapidamente em busca de seus pertences médicos.

– Pronto, senhor – disse Georges, de retorno. – Podemos seguir, e enquanto estivermos a caminho peço-lhe que me relate o que se passa com a senhora sua esposa.

– Com certeza, doutor. Sigamos. Minha carruagem está em frente ao portão de seu jardim. Vamos e, acomodados, relatar-lhe-ei o que ocorre com Joana, minha esposa. Por favor, doutor, ajude-a!

O homem caminhava apressadamente, demonstrando na expressão do rosto e nos gestos a aflição e o nervosismo que se apoderavam dele. Georges estava habituado a atender a casos de maridos em desespero e acompanhava-os pacientemente, esperando esclarecimentos sobre o mal que acometia a doente. A experiência o ensinara a apaziguar primeiro os familiares, garantindo o tratamento do doente. Um doente e vários desesperados – desatinados e aflitos – não auxiliavam em nada.

– Senhor, com certeza faremos o melhor a nosso alcance por sua esposa. Assim, acalme-se e ajude-a desde agora. Vendo-o assim, aflito, a doente por certo sofre mais. Diga-me primeiro seu nome, que nem sei como tratá-lo.

Calmamente, Georges punha em ação sua forma terapêutica de agir com os familiares.

– Desculpe, doutor. Sou Pedro Lopez, proprietário de um comércio próximo à praça de touradas. Tenho ótimas informações a seu respeito e espero que seus conhecimentos sejam capazes de curar minha Joana. Sabe, doutor, temos três filhas pequeninas e não sei o que fazer se ela não melhorar.

Falava rapidamente, atropelando as palavras e idéias, e, como toda pessoa aflita, voltava sempre ao ponto de seu tormento. Georges deixou que ele falasse por algum tempo e, notando que já estavam próximos ao endereço declinado, indagou:

– Afinal, Sr. Pedro, que houve com sua esposa? O senhor está visivelmente aflito e daí concluo que ela não passa bem. Entretanto, até agora não me disse o que se passa com D. Joana, quais os sintomas, desde quando estão acontecendo...

Pedro emudeceu; parecia não saber como dizer ao médico o motivo pelo qual fora procurá-lo. Fitou a cobertura da carruagem, vagou o olhar pela pequena abertura da portinhola, e Georges o viu como que se esvaziar. Quando o encarou, seu olhar era dolorido, e, com um leve vazio na expressão, exprimia como que um desalento:

– Não sei como lhe dizer ou explicar, doutor. Nem ao menos sei se haverá algo a fazer ou se Deus nos punirá severamente a deso-bediência. Se não for abusar de sua bondade, gostaria que examinas-se Joana primeiro; depois o senhor me dará seu diagnóstico e se for preciso relatar-lhe-ei o acontecido, prometo. Está bem, doutor?

– Sinceramente, Sr. Pedro, gosto de saber o histórico de um doente antes de examiná-lo. Compreenda, nunca vi sua esposa, desconheço sua vida, seus hábitos, sua família, quer dizer, não sei nada. Mas vejo sua seriedade, e se prefere dessa forma, por ora farei como quer.

Georges pressentia que algo estranho havia, e começava a crer que se tratasse de uma crise de desequilíbrio – aquele comporta-mento misto de aflição, retraimento e vergonha era típico de fami-liares com pacientes perturbados mentalmente. Assim, deu início à sua própria preparação para enfrentar mais um caso de dor sobre a Terra. Reputava a doença mental como uma dor moral profunda que, não mais suportada, levava o paciente à fuga, ao desespero e a atitudes tidas como ensandecidas. Obviamente, essa opinião e as formas como recomendava que tratassem os doentes não eram acei-tas pela maioria.

Adentraram portões altos, passando por muros que isolavam completamente a propriedade da rua. Era uma casa confortável, sem luxos ou exageros. À porta, recebeu-os uma senhora magra, pequena, trajada de preto, que se identificou como sendo a mãe da paciente, D. Rosália. Feitas as apresentações e notando que o com-portamento deles permanecia com aquele típico "ar estranho", Geor-ges solicitou ser levado de imediato até a doente.

– Claro! Vamos por aqui, Dr. Georges. Acompanharei o senhor até o local em que está minha filha.

D. Rosália virou-se e andou em direção aos fundos da casa, passando longe da escadaria que conduzia ao segundo piso. Mais e mais, Georges via concretizar-se sua intuição: a paciente não estava acamada e não ocupava nenhum dos quartos principais da casa. A doença não era bem-vista... Haviam-na isolado dos olhos do povo, da luz do dia, como se assim não existisse.

As formas de conduta desequilibrada geram medo no próprio ser doente, e nada contamina mais que o medo – ele se transmite com a velocidade de um raio. Daí alastrar-se entre os que cercam a criatura infelicitada. O doente sente medo de tudo e de si mesmo, na maioria das vezes, e os familiares temem o doente e a reação social à existência dele.

Desceram uma escada de poucos degraus, passando por uma farta despensa e chegando ao fim de um corredor mal iluminado onde havia duas portas. Apontando para a da direita, onde se via uma réstia de luz pelas frestas, D. Rosália, com lágrimas nos olhos, disse:

– Doutor, disseram-nos que o senhor é muito bom e não teme a doença de minha filha e também que estuda problemas difíceis, então talvez possa ajudá-la. Ela é boa, doutor, não sei o que ocorre, mas veja por si mesmo. – Estendeu-lhe uma chave e, voltando-se, retornou pelo caminho que o conduzira, deixando-o só diante da porta.

– Ah! Quanta incompreensão! Quanto a fazer! E tão pouco se sabe! – Georges pensava em voz alta. – Mas, se aqui estamos, vejamos o que se pode fazer.

E inserindo a chave na fechadura, abriu a porta.

Quantas vezes vira cenas daquele tipo, mas sempre seu coração se enternecia por aqueles seres, muito freqüentemente mulheres, daí por que muitos diziam que elas não deviam estudar, pois tinham a mente fraca e enlouqueciam facilmente. A um canto do quarto despido de móveis, cortinas e quaisquer utensílios, sentada sobre um colchão estendido no chão, em meio a restos de pão e alguns outros alimentos espalhados, estava sua paciente. Alguém em quem não se conseguia distinguir muito claramente os traços, inchados pelo choro convulsivo, cabelos desalinhados que haviam sido em algum momento presos em uma trança, mas que se encontravam revoltos, parte presos, parte caídos em torno do rosto. Notavam-se alguns hematomas no rosto e arranhões pelos braços que o vestido rasgado punha a descoberto. Seu olhar brilhava de um legítimo horror, mas não transparecia estado de alienação.

Georges fechou a porta e calmamente guardou a chave em sua valise. Percebendo que esta seria de pouca utilidade naquele caso. Largou-a no chão e aproximou-se da doente.

Sentou-se a seu lado e nada disse, aguardando que ela se manifestasse primeiro. Agia assim, esperando que o próprio doente falasse o que sentia. Aprendera que muitas vezes a tentativa de forçar alguém naquele estado a falar era pior, fazendo retornar a crise. Por isso esperava. Era como um parto – havia etapas que a natureza precisava cumprir. Transcorrido algum tempo, Joana o olhou e analisou, como que indagando quem ele era. Georges sorriu e estendeu-lhe a mão, que ela relutantemente segurou, examinando, apertando, verificando se era real.

– Quem é o senhor? De onde vem? Não tem medo de mim?

Ela estava lúcida, aparentava ter consciência do que ocorria à sua volta, constatou Georges.

– D. Joana – é este seu nome, segundo me disse o Sr. Pedro –, sou Dr. Georges, médico, e vim até aqui para tentar ajudá-la, se assim o desejar.

Cada gesto ou expressão era importante, por isso Georges permanecia imóvel, plenamente concentrado na mulher a seu lado.

– Não sei como um médico poderá ajudar-me.

– Confie que pretendo fazer o melhor pela senhora e me diga do que sofre. Vejo que chorou muito, machucou-se... Como isso aconteceu?

– Eu caí, meu marido não lhe disse? O senhor não é o primeiro médico que vem me ver. Todos os outros desistiram e disseram que o mal é incurável. Poupe seu tempo, deixe-me e diga o que os outros disseram a meu marido.

A resposta de Joana era carregada de dor e agressão.

– Perdão, D. Joana, mas fui chamado para atendê-la e vejo que de fato a senhora passou por alguma crise e gostaria de saber o que foi. Quanto à opinião de meus colegas, prefiro dar meu próprio diagnóstico – esclareceu Georges, em tom firme porém conciliador. – Agora, se me permite realizar meu trabalho, diga-me o que se passa, pois se médico eu não fosse, ainda assim estaria curioso. Há algumas horas fui procurado por seu marido em desespero e dialoguei com ele até aqui, sem nada saber a seu respeito. Aqui chegando, a senhora sua mãe da mesma forma implorou-me ajuda, mas nada me disse. Sou humano e curioso. Por misericórdia: conte-me e alivie meu padecimento, senhora.

Joana sorriu ante as caretas que Georges fazia ao solicitar sua ajuda. O humor fez-lhe bem, sentiu-se próxima a ele. A alegria sempre beneficia o espírito; por mais torturado que esteja, um minuto de sincera alegria faz com que supere muitas horas de dor. O apóstolo Pedro dizia que "o amor cobre uma multidão de pecados". Atrevemo-nos a dizer que a alegria é uma mensageira do amor, por isso "um minuto de alegria cobre uma infinidade de horas de sofrimento". Tão grande e contagioso é o poder da alegria que, passado muito tempo dos momentos alegres, deles guardamos lembrança tão nítida que basta buscar na memória para recordar todas as sensações, cenas, circunstâncias que envolveram o episódio e, ainda mais, para que as vibrações, os fluidos e as energias que nos envolveram sejam reproduzidos.[2]

---

[2] *Nota do autor: Isto ocorre em função da alteração do conteúdo de nossos pensamentos, que uma vez modificados repercutem em nossa psicosfera, aura, ou como desejarem chamar a imantação fluídica que cerca o espírito encarnado ou não, dando-lhe as características conforme o teor do pensamento emitido. Recordando fatos alegres, ou recebendo alegria de alguém, modificamos as vibrações, tornando-as suaves e serenas. Eis a importância da alegria.*

– D. Joana, é pena que a humanidade não sorria mais. Por mais feio que alguém seja, seu sorriso não é feio. Já notou isso?

– O senhor tem razão. Nunca vi um sorriso feio. Ainda que seja uma pessoa desdentada, é agradável o gesto. Mas o senhor deseja mesmo saber o que se passa comigo?

– Nada me impede de ir embora. Se permaneço é por curiosidade. Como lhe disse, se minha opinião profissional não interessa, tenha piedade de um homem curioso. Como me faz sofrer esta tal curiosidade! Não queira saber!

Georges olhava-a e era sincero ao dizer de sua curiosidade, pois enquanto conversavam observara que ela não apresentava sintomas físicos, não se queixara, tampouco aparentava sentir dor física, e notara também que não havia em seu corpo ferimentos sérios. Afora os hematomas e arranhões, não se viam ulcerações, daí atribuir o problema a algum desequilíbrio de outra ordem. No entanto, a paciente era lúcida, respondera adequadamente às perguntas e dera mostras de compreensão lógica.

Joana passou as mãos nos cabelos na tentativa de arrumá-los na trança semidesfeita, ajeitou as vestes rasgadas, secou o rosto. Naqueles gestos, nitidamente recolhia forças para se reerguer, apresentar-se ao mundo e enfrentá-lo. Julgando-se apresentável, levantou-se e caminhou pela sala. Mais segura, começou seu relato, encarando Georges.

– Doutor, sofro de crises assim há muitos anos. Elas progrediram com os anos e não sei até quando permanecerei ainda com um pouco de razão. Os demais médicos disseram que tenho crises de loucura, dizem que não há tratamento e que um dia não mais retornarei das crises e serei então uma completa louca. Dizem que tenho alucinações, histeria e outras coisas que não lembro mais. Não aceito o diagnóstico, mas também não sei como explicar o que ocorre. Há períodos muito difíceis, em que elas ocorrem com freqüência; outras vezes distanciam-se, passam-se meses sem que haja nenhum acontecimento. Algumas pequenas coisas, nem comento. Ignoro e elas passam. Mas há momentos em que não sei o que fazer, sofro muito, choro, rezo e rogo pragas, mas nada se apaga nem do que vejo, nem do que sinto.

Não era a primeira vez que Georges tomava conhecimento de uma vítima de alucinações. A ocorrência daquele fenômeno sempre o inquietara. Como podia se passar tamanha ilusão nos sentidos, isso era uma incógnita. Ao mesmo tempo, sabia que por vezes sob essa palavra se queria exprimir universos muito diferentes, desde visões demoníacas, monstros, animais, até falar-se de pessoas que já tinham morrido.

– D. Joana, relate-me o que foi essa sua crise que vim socorrer.

– Essa foi muito triste, doutor. Passei horas chorando, não conseguia parar, até a amiga vir me visitar.

Joana estava calma, mas Georges afligiu-se. "Que 'amiga' era aquela? Teria errado na observação e seria ela de fato louca?", ele pensava e ouvia, já que ela continuava falando.

Novos Conhecimentos
Capítulo XII

"Os médiuns são os intérpretes dos Espíritos, suprem os órgãos materiais que faltam a estes para nos transmitirem suas instruções; por isso, são dotados de faculdades para esse efeito."[1]

A mediunidade é fenômeno natural ao ser humano e por isso acompanha-o desde suas origens, desenvolve-se, amplia-se, desvenda-se conforme ensaia os passos da evolução.

A mesma causa de santidade em alguns faz com que outros sejam vistos como emissários de Satã; dá poder e *status* em algumas sociedades, criando castas distintas, e em outras gera dor e sofrimento, banindo criaturas do seu meio e misturando-as aos dementes de todos os gêneros. A confusa compreensão da mediunidade traz inúmeras causas de padecimento para aqueles que apresentam a faculdade de forma ostensiva. A Doutrina Espírita, em 1857, anos depois dos acontecimentos que narramos, veio lançar luz sobre esse horizonte até então nebuloso para a maioria das pessoas, revelando a existência de um mundo paralelo, da continuidade da vida, rasgando os véus fantasiosos do que nos espera após a

---

[1] Allan Kardec. O Evangelho Segundo o Espiritismo, *cap. XIX, item 10.* Trad. Salvador Gentile. Araras, IDE.

morte, mostrando que a vida é imortal e as condições em que usufruímos dela são construção nossa, tanto na matéria quanto fora dela.

Trazendo à luz essa informação, explica-se o grande número de ocorrências catalogadas anteriormente como santidade ou loucura. Como o número de "santos" é limitado e o reconhecimento dessa possível condição se dá somente após a desencarnação, o comum era, e ainda o é para muitos, a explicação da loucura para justificar a existência de indivíduos que mantinham – e que mantêm – relação com o mundo espiritual. A humanidade terrestre porta-se muitas vezes como crianças que se negam a admitir o fim de uma fantasia. Assim, para muitos que, sistematicamente, fogem ao conhecimento espírita, os tempos que ora relatamos e as experiências vividas naquelas épocas constituem seu presente de dor, fruto da incompreensão, eis que o remédio está posto ao alcance das mãos.

Perdoe-nos, caro leitor, a interferência na narrativa dos acontecimentos, porém julgamos sempre oportuno alertar sobre a importância de compreendermos as leis que regem a comunicação entre os planos da vida, facilitando a identificação e encurtando caminhos pedregosos para alguns irmãos de jornada. Feita nossa intervenção, voltemos à narrativa.

Prevaleceu em Georges o bom senso do estudioso dedicado. O bom julgamento requer tempo, e o médico prontificou-se a dar tempo para que D. Joana mostrasse por si mesma o que se passava com ela.

– Doutor, dizem que sou louca porque comigo se passam coisas que com os outros não se passam. Creia-me, doutor, não sei por que acontece, nem como, também não posso prever. Já aconteceram situações ridículas. Meu marido envergonha-se profundamente, culpa-me, e desde uns tempos tem me isolado aqui, não permitindo que eu saia à rua. Visito meus filhos apenas eventualmente; passo dias e semanas às vezes sem ver a luz do sol nos jardins de minha própria casa, pois na rua e em festas há anos já não me é permitido ir.

Georges notava que ela permanecia calma, serena. O equilíbrio conquistado era mantido à custa de esforço e domínio de emoções.

– Se houvesse tempo, doutor, para lhe contar todas as coisas, o senhor por certo ficaria muitas horas a me ouvir. Não sei que validade isso poderia ter, pois, como já lhe disse, vários de seus colegas diagnosticaram que sou louca, e embora não me entenda assim, também não sei oferecer outra explicação. Felizmente, minha família teme muito a Igreja e são todos fiéis, caso contrário seria tida como possuída pelo demônio. Aliás, devo lhe dizer que receio que algum dia cheguem aos ouvidos do pároco os acontecimentos aqui de casa – ele não compreenderia e aumentaria ainda mais minha desdita. Sob esse aspecto a loucura me é conveniente.

Exprimia-se com lógica e clareza, fazendo Georges manter-se atento e disposto a análise mais profunda. O diálogo prosseguiu. Era necessário a Joana falar; ela confiara no doutor alegre de sotaque estrangeiro que não a examinara, nem lhe prescrevera medicamentos à primeira vista.

Contou-lhe que tudo começara com o surgimento de estranhas sensações, passando da alegria à tristeza profunda em minutos e sem causa conhecida, tal qual resfriados que se apanham de um momento para outro, e essas sensações foram com o passar do tempo se tornando persistentes e mais duradouras. Acrescida a isso surgiu a sensação de ser observada, e por fim as pessoas começaram a lhe dizer diante de ocorrências banais que o que ela dizia não estava acontecendo. Isso se tornara pior após o nascimento de sua segunda filha, quando passara muito mal e vira, entre as pessoas responsáveis pelos seus cuidados, a avó paterna, que morrera havia três anos naquela ocasião, desvelando-se ao lado de seu leito várias vezes, tanto durante o dia como à noite. Na ocasião, disseram ser delírio ocasionado pela febre e não foi dada maior importância, porém depois disso ela passara a ver freqüentemente pessoas que sabia já terem morrido e outras desconhecidas que julgava "vivas" e a quem se dirigia obtendo respostas, mas que os outros não viam, começando seus problemas, pois não sabia discernir os acontecimentos e menos ainda como agir.

Georges já atendera a casos semelhantes. Inicialmente, com muita simplicidade e segurança, diagnosticara enfermidades mentais em casos semelhantes, mas com a experiência, a observação e a convivência com aqueles estranhos fenômenos, percebera que eles eram diferentes. Não tiravam a razão de quem os possuía; era inegável o sofrimento de muitos, especialmente por não conseguirem aceitar e explicar os fatos, mas as crises passavam, e o que restava era o medo de quando e como tornariam a se repetir. Esses casos chamavam-lhe tanto a atenção que se dedicava a acompanhar com assiduidade algumas dessas pessoas, transferindo-as para uma vila de sua propriedade na zona rural, conhecida por alguns familiares de seus pacientes, que a descreviam como um local especial para repouso. A verdade, porém, é que lá eram atendidos indigentes e miseráveis, encontrados por vezes em fuga nas ruas de Madri, que ele recolhia e abrigava. Contabilizava alguns enfermos com significativa melhora. Mas nenhum tinha as condições de Joana para se expressar. O médico notava que ela buscava respostas naquele estranho e desconhecido mundo visto por loucos ou santos. Decidiu naquele instante que acompanharia o desenrolar da situação de D. Joana, mas descartou de imediato a utilização de qualquer medicamento sedativo.

– D. Joana, estamos há horas neste local bastante desconfortável que, lastimo saber, é seu hábitat por ordem do Sr. Pedro. Mas, por tudo o que aqui se passou, não julgo suficiente minha análise para lhe dar o mesmo diagnóstico de meus colegas. Se me permite, gostaria de conviver mais com a senhora, de acompanhar mais de perto essas crises e sugerir sua transferência por algum tempo para um local de descanso que possuo na zona rural. A senhora deseja se submeter a meu tratamento? – indagou Georges.

– Doutor, não gosto de drogas, a maioria que me foi dada acabou fazendo-me passar mal depois: dores de cabeça, sem falar em outros males que me ocasionam. Contei-lhe tudo porque o senhor agiu de maneira diferente, confio que seja um bom homem, porém não me iludo. O senhor também não sabe o que acontece comigo e mais dia menos dia dirá que sou louca.

Joana, após o longo desabafo, mostrava-se cansada, porém firme em seus posicionamentos.

– Prometo-lhe não ministrar drogas. Também não simpatizo com elas, embora as tenha e faça uso delas com diversos pacientes para os quais têm sido úteis e benéficas, mas restrinjo bastante a utilização de doses elevadas. Há casos de violência e perigo para a própria vida do paciente. Não vou forçá-la a uma decisão agora. Pense e me responda amanhã, quando virei visitá-la novamente. Como a senhora não fez queixas de dores físicas devo entender que se acha saudável, exceção feita às crises. Certo?

Joana assentiu com um gesto de cabeça.

– Pois bem, vou dizer a seus familiares que a senhora precisa tomar um medicamento que vou lhes deixar. Trata-se de ervas de chá de efeito calmante que lhe garantirão um bom sono, bem como, tendo em vista os arranhões e hematomas, determinarei que tragam até aqui uma banheira com água quente, roupas limpas e um ungüento para tratamento dos machucados. Está bem, D. Joana?

– Seguirei suas orientações, doutor, e obrigada. Vejo que o senhor está preocupado com meu bem-estar. Envergonho-me da situação, porém não tenho como lutar com ela.

Georges notara que, quando fizera menção aos arranhões e hematomas, a paciente ficara constrangida, fazendo-o suspeitar da origem dos ferimentos. Afinal, visões, alucinações ou o que fossem não eram acompanhadas de evidências de violência como aquela. A pobre deveria estar cheia de dores, mas nem ao menos fizera referência – era questão secundária. Percebendo isso, mais cresceu a determinação de Georges de auxiliar a pobre mulher. Despedindo-se, saiu, cumprindo o ritual de fechar a porta à chave, e seguiu de retorno à sala, onde encontrou adormecido, em uma cadeira, o marido de Joana. Providenciou ruídos suficientes para acordá-lo, o que de fato acabou acontecendo. Pedro rapidamente levantou-se, buscando disfarçar os evidentes sinais do sono ao qual se entregara.

— Então, doutor, como está minha esposa?

— Bem, senhor Pedro, Dona Joana está calma. Não tenho de imediato um diagnóstico a lhe dar. Necessitarei de algum tempo observando as crises para poder lhe dar uma opinião. Mas está muito tarde e encontramo-nos todos cansados, assim, se me permite, voltarei amanhã para conversarmos sobre a enferma.

— Por certo, doutor. A que horas devo aguardá-lo e o que faço com Joana até sua chegada?

— Voltarei amanhã na primeira hora da tarde, se ficar bem.

Ante o gesto de concordância de Pedro, prosseguiu determinando o combinado na entrevista com Joana. Despedindo-se, partiu. Havia sido uma noite inusitada, rica de observações e principalmente de questionamentos.

* * *

Na manhã seguinte, Georges atendia em seu consultório, espaço contíguo à sua residência, e, observando o movimento da rua, como era seu hábito, reconheceu a aproximação da carruagem dos Alvarez. Imediatamente dirigiu-se à porta de entrada e, com alegria, viu descer sua jovem amiga.

— Helena, que bons ventos a trazem até minha casa? O privilégio das surpresas é meu?

Georges a recepcionava carinhosamente e com a usual barulheira dos amigos.

— Ora, não é você quem diz que o bom deve ser imitado e se possível melhorado? Pois bem, suas surpresas para mim são boas, assim, resolvi imitá-las, já que melhorá-las não creio ser possível — respondeu Maria Helena da mesma forma.

– Vamos entrar, caso contrário todas as senhoras dos arredores terão o que comentar por muitos dias... Venha!

Tomando-lhe o braço, conduziu a visitante até uma agradável sala, misto de estar e biblioteca, extremamente aconchegante, com janelas altas que iluminavam sobejamente o ambiente, emprestando-lhe vida e calor, a ponto de os animais de estimação, um grande gato amarelo que chamava de Napoleão, e a cadela Antonieta, preta e de porte médio, raça absolutamente indefinida – tanto um quanto outro denunciando a origem das ruas – estarem enrodilhados no tapete, aquecendo-se ao sol.

– Georges, francamente, só você para conviver dentro de casa com animais, desta forma. Eles se portam como se fossem donos de sua casa – comentou Helena, observando encantada o gato, apesar das palavras em tom de censura dirigidas ao amigo.

– E são, não tenha dúvidas. Todos fazemos o que eles permitem, daí seus nomes. São poderosos. Mas gostam de você, portanto não vão atrapalhar nossa conversa.

– Eu é que deveria perguntar se não atrapalho seu trabalho. Não tem clientes até o final da manhã?

– Não, Helena. Tenho trabalho à tarde. Uma paciente nova, que me apareceu ontem à noite. Caso muito interessante.

Dado o interesse de Maria Helena, seguiram conversando sobre as impressões que Georges tivera da nova paciente, cujo nome não revelou. Ao falar sobre sua intenção de transferir a enferma para a chácara de repouso, o médico despertou a curiosidade da jovem.

– O que é essa chácara, Georges? Nunca me falou a respeito.

– Para que falar do que faço? Não vejo necessidade. É algo bastante simples e peço-lhe não revelar a existência dela para terceiros. Trata-se de pequena propriedade que adquiri logo que me transferi para a Espanha – bonita, confortável, sem luxo. Trato algumas pessoas lá, mas não posso chamá-la de clínica, por isso digo "chácara de descanso".

Georges era sucinto ao falar da chácara. Era uma atividade muito pessoal que realizava lá. Somente Jean, seu mais antigo empregado, e a esposa deste, que o haviam acompanhado na mudança da França, sabiam da existência, do destino e da localização da propriedade. E, apesar do afeto que tinha pela jovem, não desejava fazer revelações, por isso mudou estrategicamente os rumos do diálogo, fato que não passou despercebido da interlocutora. Assim, narrou-lhe os acontecimentos próximos, comentaram leituras e as freqüentes viagens de D. Antônio.

Georges notou que a moça fazia freqüentes referências a Rodrigo e ao irmão de Elizabeth, com os quais dizia estar aprendendo e se divertindo muito em teatros e festas. Com animação, discorria sobre as visitas que fizera à família de M... e as afinidades que havia entre eles.

— E sua amiga Elizabeth como tem passado? – indagou Georges, curioso e interessado em acompanhar as ações da mulher que o intrigava.

— Muitíssimo bem. Tem estado muito ocupada organizando atividades benemerentes, segundo me diz, e temos nos visto menos do que antes, porém sempre enviamos notícias uma à outra. Você sabe que ela tem me ajudado na questão de convencer meu pai a aceitar minhas opiniões acerca de meu casamento.

— E pelo que noto esse é um assunto que se encaminha para uma solução feliz, não é mesmo, minha menina? – indagou Georges.

— Talvez, Georges, talvez – disse, sorridente. – Mas aguardemos os fatos.

— Os rapazes de quem fala me parecem bastante interessados. Qual deles é da sua preferência?

A jovem enrubesceu e, constrangida, baixou o olhar, brincando com o gato que andava à sua volta e não dando qualquer resposta.

Observando o relógio de prata que trazia preso ao casaco, Georges convidou Maria Helena a almoçar em sua companhia. Aceito o convite, informou Jean de que teria uma convidada para a refeição.

Após a agradável e leve refeição, despediram-se, seguindo Georges para a residência da família Lopez.

*. *. *

Na noite anterior, fizera aquele mesmo percurso, preocupado em saber algo sobre a enferma; agora pensava em como a vida muda os rumos dos indivíduos e entrelaça-os. Quando poderia supor que sua doce amiga fosse atrair o interesse do filho caçula da influente família de M...? Algo deveria reger esses acontecimentos. Seria Deus? Por que será que algumas pessoas se atraíam e desperta-vam sentimentos e outras simplesmente continuavam desconheci-das ou indiferentes? Isso fê-lo pensar em sua paciente. Por que o haviam procurado? Havia muitos médicos em Madri – por certo não era o último.

Chegando ao seu destino, buscou antes de tudo verificar como estava a doente. Encontrou-a asseada, bem como o local. Ela nar-rou-lhe que suas determinações haviam sido cumpridas, que dor-mira muito bem, estava tranqüila e disposta a aceitar a forma de tratamento proposta, esclarecendo que o fazia pela oportunidade de usufruir o contato com a natureza, pois já não suportava mais a clausura imposta.

Pedro Lopez, após longa conversa com Georges, concordou com o tratamento da esposa, pois já não sabia mais o que fazer. Além disso, seria bom para as filhas e para os outros não mais presenciarem as crises.

Acertaram que no dia seguinte Joana seria conduzida por Jean, empregado de confiança de Georges, até a chácara, e que este daria notícias regulares da paciente aos familiares. Combinaram tam-bém que, a seu critério, Joana viria visitá-los, se oportuno fosse.

Assim foi feito. Na madrugada seguinte, para não despertar atenção, Jean apanhou D. Joana, conduzindo-a à chácara.

1849

Capítulo XIII

*"Não basta que dos lábios gotejem leite e mel,
pois se o coração nada tem com isso, há hipocrisia."*[1]

A vida avança inexoravelmente, e nesse movimento arrasta: faz progredir aqueles que se dispõem a aprender e leva de roldão os retardatários e os recalcitrantes, fazendo-os conhecer a dor, que os fará buscar a primeira opção.

Raia o ano de 1849. As festas multiplicam-se por Madri num ritual de passagem: as pessoas aguardam mudanças, renovam esperanças, reforçam-se conquistas, surgem novos desafios e poucas lembram que dependem delas as realizações almejadas. Os rituais têm a sua utilidade, especialmente entre aqueles que têm da vida uma visão limitada. Digamos que ainda não despertaram para realidades maiores e especialmente para a responsabilidade dos cumprimentos dos deveres. Assim, o ritual, em geral, ocorre em data específica. O "Ano-Bom" é o ritual que mostra a passagem do tempo e lembra aos homens a necessidade de aproveitar a oportunidade. Por conseqüência, afloram os bons sentimentos.

---

[1] Allan Kardec. **O Evangelho Segundo o Espiritismo**, *cap. IX, item 06. Trad. Salvador Gentile. Araras, IDE.*

Mas no ano que se iniciava, grandes modificações ocorreriam nas existências de nossos personagens.

Georges cada dia mais se dedicava a seus estudos sobre o comportamento dos denominados ensandecidos; seu tempo dividia-se entre a vida na cidade e a chácara, a qual absorvia mais e mais seu tempo. D. Joana revelara-se uma fonte inesgotável de estudo e prazerosa convivência. A família pouca importância lhe dava; sentiam-se incomodados por suas crises e agradeciam à bondade de Deus por terem conhecido o Dr. Georges, que agora cuidava da pobre mulher, à qual eventualmente visitavam. Tal situação obviamente a fazia sofrer, pois a saudade das filhas a torturava, mas dada a má qualidade de vida que encontraria ao lado dos seus, amenizava seus sentimentos dedicando a solicitude maternal natural de seu caráter ao auxílio e ao cuidado dos demais enfermos. Suas "estranhas" crises passaram a espaçar-se mais. Vivia calmamente em meio à natureza e ao trabalho que a chácara oferecia. Após tantos anos de reclusão e maus-tratos, bendizia sinceramente ao médico e agora amigo que a acolhera. Ao médico não passara despercebida essa singular mudança. Vira as crises de Joana: eram inusitadas, não possuíam, como em outros pacientes, a característica de repetirem-se em situações determinadas ou alucinações idênticas. Ao contrário, tinham por assim dizer vida própria, absolutamente independentes da paciente e umas das outras. Ela as descrevia com precisão de detalhes, informava fisionomias, vestuário, objetos, emoções dos seres que habitavam suas alucinações. Dizia não conhecer a maioria, apenas a avó e a outra que denominava de sua "amiga", porque sempre surgia quando não conseguia mais suportar tanto as crises, quanto a tristeza que a vida antes da chácara lhe causava. Esta possuía a característica da repetição: ela era a mulher de túnica branca, longos cabelos negros sempre soltos, e pés descalços. Surgia sorrindo, acariciava-lhe a cabeça e o rosto, centrando a mão direita no meio de sua testa e fazendo-a adormecer. Via-a também em sonhos, mas nada lhe dizia, somente infundia-lhe a sensação de bem-estar. Georges, que de tudo fazia anotações, estava convencido de que, até aquele momento, não encontrara explicações para as crises de D. Joana, mas de uma coisa estava bem certo: apesar dessas crises, a pobre mulher mantinha a lucidez. Assim, o doutor prosseguia observando.

D. Antônio e Elizabeth continuavam com o clandestino relacionamento; ele, tão cegamente enamorado quanto antes, julgava-se o homem mais amado da Terra. Ela, por sua vez, via-o como um tesouro, na real acepção do termo. E um tesouro de fácil apropriação, o que era muito melhor. Entretanto, por que se contentar com sobras se podia ter tudo? Mesmo com a pequena fortuna em jóias e a propriedade que amealhara nos meses de relacionamento, prosseguia seu plano.

Rodrigo tanto se esmerara para conquistar a jovem Maria Helena, que acabara confuso: já não sabia se o que fazia era atendendo ao compromisso com a amante de longos anos, no intuito de tornar a ambos ricos e independentes, ou se na verdade atendia ao próprio desejo de estar com a herdeira dos Alvarez, que se revelara uma companhia que estimulava o que havia de puro e bom em seu caráter. Diferente do relacionamento apaixonado e boêmio que tinha com Elizabeth que o satisfazia fisicamente, divertindo-o, com Maria Helena o envolvimento era calmo, alegre, não desgastava; ao contrário, infundia-lhe disposição a inteligência vivaz da menina, e os diversos interesses culturais de Maria Helena o impulsionavam. Enfim, ele sentia bem-estar a seu lado e inegavelmente a cândida beleza o encantava e atraía. Não conseguiria viver sem elas. A situação tornava-se dia a dia mais perfeita a seus olhos: tinha uma amante que não lhe recusava prazeres físicos e jurava-lhe devoção absoluta, e em breve teria uma esposa, da qual gostava, bela e rica. A vida era pródiga, sem dúvida.

Em sua mente não passava um único registro de culpa ou remorso por estar, agora, mentindo para as duas. Não contara envolver-se emocionalmente com Maria Helena – isso acontecera independente de sua vontade. Para Elizabeth, continuaria negando os sentimentos por Maria Helena, e deliciando-se por vê-la freqüentemente enciumada das atenções que dispensava à jovem, esmerando-se por seduzi-lo e agradá-lo como se lhe fosse impossível viver sem ele.

Franz assistia ao desenrolar dos fatos; via a irmã feliz com as aquisições materiais, com a vida que levava, sem se preocupar com o perigoso jogo que fazia, sentindo-se senhora absoluta dos fatos. Inegavelmente, amava devotadamente a irmã e vez por outra tentara alertá-la, porém ela percebera que a filha de D. Antônio tocara as simpatias do irmão além do que este permitia a uma mulher – já que deliberara não abrir mão de sua liberdade e especialmente temia as obrigações familiares. Ao contrário da irmã, Franz preferia a pobreza livre a um rico casamento, no qual se sentiria enjaulado e mais devedor do que para com aqueles que lhe emprestavam dinheiro no jogo. Por certo, a convivência com a jovem o levaria ao amor, por isso afastara-se, utilizando considerável soma do dinheiro que agora não faltava à Elizabeth. Viajara ao encontro de amigos na Inglaterra, mantendo com a irmã constante correspondência, na qual não se mencionava o desenrolar dos acontecimentos envolvendo o dito plano em Madri. Somente retornou à Espanha para as comemorações do final do ano de 1848.

Nas comemorações do Ano-Bom de 1849, anunciavam-se na mansão dos Alvarez, em uma reunião que contava com toda a família de M..., D. Eleonora e o marido, Georges, Elizabeth e mais alguns amigos, o noivado e o breve casamento de Maria Helena e Rodrigo de M....

Se houvesse uma representação humana da alegria, esta, naquele dia, teria o rosto de Maria Helena – a jovem irradiava felicidade. Não poderia jamais imaginar que todos os seus mais secretos sonhos se realizariam com tanta facilidade – estava noiva de um homem igualmente jovem, com o qual tinha muitas afinidades, era nobre, educado e a quem aprendera a amar imensamente. Sua vida solitária chegava definitivamente ao fim. Construiria uma família muito diferente daquela em que nascera, seus filhos teriam pai e mãe e ela seria uma mulher feliz, tendo ao seu lado um marido que a amava e respeitava. Embalada por esses pensamentos oriundos de um coração inocente, permanecia na mais completa ignorância das tramas que se enovelavam à sua volta.

O noivo desenvolvia nesse dia o grande talento que possuía para representar. Ao lado de Maria Helena, era todo sorrisos e carinhos, levando os convidados a convencerem-se de que de fato seus dias de boêmio haviam encontrado o fim ao lado da bela herdeira Alvarez. Entretanto, não podia eximir-se de observar a amante rodopiando nos salões em companhia de diversos homens, esbanjando, nas comemorações do noivado, o entusiasmo que sentia, pois se julgava vitoriosa, planejara e executava com maestria os acontecimentos que se desenrolavam, a cada dia estava mais próxima de ser uma mulher muito rica. Isso lhe dava uma energia inebriante, e Rodrigo, que bem a conhecia, não podia deixar de sentir-se enciumado. Em meio a uma troca de pares na dança, colocou-se próximo a Elizabeth, tomando-a como sua parceira.

– Eliza, precisamos conversar. Espere-me no jardim, no recanto de Helena, que estarei lá em alguns minutos – disse-lhe, ao ouvido.

– Mas por quê? Há algo errado? – indagou Elizabeth. – Sabe não ser prudente essa atitude. Podemos conversar amanhã.

– Se não deseja me encontrar no jardim, então vá embora da festa. Não estou mais conseguindo fazer de conta que não vejo seus flertes com quase todos os homens. Não exija de mim além do que tenho condições – redargüiu, irritado. – Somos sócios neste negócio e em muitas outras coisas. Neste momento quem faz concessões importantes sou eu, então não exagere.

– Rodrigo, o que está acontecendo? Vejo-o desde o início da noite parecendo o mais apaixonado dos homens ao lado de sua "noivinha" e espera que eu também não sinta nada. Porém, lembre-se de que não posso fazer um escândalo e dizer que você me pertence e não deve se casar. Isto é um negócio, você mesmo disse. Mas também reconheço que não está agradável esta conversa e a festa perdeu o brilho. Vou me retirar e espero você amanhã à tarde para conversarmos. Franz estará em casa, portanto não precisamos nos preocupar com desculpas. – Disse em voz muito baixa, mas de ironia cristalina, acrescentando à frase uma mesura recatada antes de dar-lhe as costas, deixando a festa ao lado do irmão.

– Graças a Deus! Ao menos não serei obrigado a continuar vendo esta farsa. Vamos logo às despedidas dos anfitriões – foi a resposta de Franz, com visível alívio estampado na fisionomia. Tomando a irmã pelo braço, conduziu-a até onde se encontravam a família de M... e D. Antônio, aos quais anunciaram a partida com os agradecimentos e felicitações de praxe.

Rodrigo, dançando com a noiva, viu quando eles se retiravam e suspirou.

– Por que suspira assim, Rodrigo? Está cansado? – solicitamente perguntou Maria Helena. – Sabe que gosto de dançar, mas podemos parar; não ficarei triste.

– Você interpretou mal, querida. É bom que aprenda que um homem também suspira por diversos motivos. Estou sentindo-me bem e fazê-la feliz é um prazer e também meu maior dever de hoje até o fim de nossas vida – respondeu Rodrigo, beijando-lhe a mão.

– Ah! Considere-se um homem realizado, pois ao seu lado estou muito feliz e continuarei sendo, tenho certeza. Sempre considerei que só os sentimentos verdadeiros são capazes de nos realizar e fazer felizes, daí a convicção que sinto na felicidade que teremos juntos. Seremos como D. Eleonora e Dr. Ângelo: chegaremos à velhice sorridentes e sem ter visto a vida passar.

Sabendo que Elizabeth não mais se encontrava no salão, Rodrigo sentia-se livre na companhia da noiva. Parecia que a consciência havia acompanhado a amante e retirado seus aguilhões. Ele não se aborreceria por ver outros homens cortejando Elizabeth e ela também não o veria com Maria Helena. Parecia-lhe bem mais fácil dessa forma.

Prosseguiram as comemorações até altas horas, quando enfim, cansados, todos se retiraram, desejando aos noivos felicidades e aguardando com brevidade a realização do casamento.

*. *. *

Na tarde seguinte, conforme o combinado, Rodrigo apresentou-se no apartamento de Elizabeth, encontrando-a ao lado do irmão, na sala, em acalorada discussão.

— Boa-tarde! – disse, anunciando-se. – Caros amigos, vejo que chego em hora imprópria.

— Para outro talvez fosse imprópria, não para você. Afinal, há muito é bem mais que um amigo, Rodrigo – disse Franz, rispidamente. – Acho até muito próprio que tenha chegado, pois discutíamos justamente seu noivado... Ou deveria dizer "seu emprego"?

Estupefato com a revolta que via em Franz, Rodrigo não conseguia articular palavra, olhando-o apenas.

— Como disse, chegou em boa hora, porque preciso retirar as felicitações que hipocritamente lhe fiz ontem. E dizer como disse para ela... – e apontou a irmã. – O nojo que senti naquela festa não tem precedentes. Então vou dizer-lhe agora o que pensei na mansão dos Alvarez ao apertar sua mão. Você é um homem infeliz, capaz de vender sua alma e sua vida por dinheiro. Não mede conseqüências dos seus atos e pouco lhe importa o que sente a jovem que entregou a vida confiantemente em suas mãos. Estou cheio da hipocrisia de vocês; não consigo mais ver isso! Antes que os sentimentos que tenho por minha irmã e a amizade de longos anos que nos une, Rodrigo, chafurdem nesse lamaçal que vocês estão irrigando, vou-me embora, talvez definitivamente, para a Inglaterra.

— Sempre a escolha mais fácil, Franz. E nossa mãe, uma mortaviva, ficará comigo. Nem ao menos você pensou nela e nas dívidas que temos a saldar. Vá, criatura escrupulosa, da vida sabe muito pouco.

E se não ajuda, também não venha nos atrapalhar. – Elizabeth estava rubra de raiva. Como podia o irmão dizer todas aquelas coisas e ir-se para longe, deixando-a com o fardo da família?

– Irmãzinha, você é que pouco sabe da vida, mas está em caminho de aprender. Quanto à mamãe, cuidei dela durante toda doença de nosso falecido pai, aliás, dos dois, já que você passeava por Londres em companhia da madrinha. Agora quem vai passear sou eu e você fica, sim, com mamãe, e cuide dela – é seu dever também. Além do mais... – interrompeu e sorriu com desdém, olhando para o casal e detendo-se nos olhos da irmã –, nossos "problemas financeiros" têm seus dias contados, não é verdade? Ou devo dizer "se é que ainda existem", se não foram saldados por misterioso benfeitor?

A essas palavras, Elizabeth empalideceu. Mas se recobrou logo, chamando o criado e determinando:

– Arrume o quanto antes as malas do Sr. Franz; ele tem urgência em viajar. Veja que não falte nada. – E, virando-se para Franz, perguntou, friamente. – Para quando devo determinar a compra da passagem?

Franz, que conhecia o temperamento determinado da irmã e sabia que nada a demoveria de continuar naquela loucura, respondeu:

– No primeiro navio para a Inglaterra.

Pegando o chapéu, retirou-se da sala sem outras palavras.

A farsa continuaria. Rodrigo e Elizabeth prosseguiram seu caso – ela, fazendo-se enciumada das atenções que este dava à noiva. Ele, não suportando vê-la em festas e reuniões sociais em que comparecia com Maria Helena. Assim, chegaram a um acordo: enquanto durasse aquele noivado, Elizabeth evitaria encontrá-lo tanto na mansão dos Alvarez como em outros locais para o bem do relacionamento que ambos prezavam e dos negócios envolvidos na situação. Tal acerto facilitava muito para Elizabeth a necessidade sempre alegada de viajar para o campo, onde ora pretextava visitar uma parenta distante, ora auxiliar uma amiga, e assim surgiam as figuras mais inusitadas e inexistentes em sua vida. Na verdade, encontrava-se na propriedade que lhe dera D. Antônio e para onde ele também seguia. Dando desculpa de viagem de negócios, lá ficava dias. Com isso, os laços fortaleciam-se e Elizabeth cada vez mais tomava espaços e decisões envolvendo a família e a fortuna Alvarez.

Neste contexto deu-se o rápido noivado. Ao fim do outono de 1849 casaram-se Maria Helena e Rodrigo, sob os melhores auspícios dos familiares e da sociedade madrilena. Marcado que fora por festas memoráveis, aquele casamento também marcou época. Os noivos partiram em seguida em viagem de núpcias pelos países escandinavos, ofertada por D. Antônio, e escolhida por Maria Helena. O destino era conhecer a terra dos grandes poetas e compositores que admirava.

A grande cartada do jogo fora dada. Haveria sucesso?

O Retorno
Capítulo XIV

Há na vida uma grande lei por vezes esquecida em nossos milenares erros, a lei do retorno. É dando que se recebe...

O trabalho de Georges, especialmente com Joana, apresentava grandes avanços e oferecia sérios questionamentos. A paciente encontrava-se na chácara há alguns meses e dia após dia o facultativo convencia-se mais da sua sanidade, embora ainda não soubesse oferecer uma explicação científica para o que se passava com ela ou diagnosticar de outra forma a crise, que não a insanidade mental.

Lia, ele, suas anotações instigadas pelos relatos que ela fizera e, analisando-as, notara que a única constância era a chamada "amiga". Ocorreu-lhe conversar com Joana e pedir-lhe para tentar uma abordagem terapêutica, se assim se pudesse chamar o que na verdade ele admitia tratar-se da mais pura curiosidade médica, pois que a mente era uma vasta área absolutamente ignorada do ser humano. Meditou sobre a idéia que lhe ocorria, concluindo ser necessária a aquiescência de Joana. Saiu, então, a procurá-la, encontrando-a no pomar a colher frutas da estação, cantarolando uma canção folclórica.

– Joana, boa-tarde. Vejo que está bem-disposta. Fico feliz em encontrá-la assim corada e alegre – disse Georges, abordando-a com sinceridade. Era impossível reconhecer naquela mulher a mesma que socorrera naquela noite muitos meses atrás.

– Dr. Georges, nunca cansarei de bendizê-lo pela felicidade que desfruto nesta chácara. De fato, estou muito bem. Sinto imensas saudades de minhas filhas, porém, ao pensar na vida que levava com minha família, creio ser melhor suportar esta dor a retornar àquele martírio que também as fazia sofrer e dava-lhes da mãe uma imagem que nunca sonhei fizessem de mim. Então me dedico ao trabalho e faço competições com os pássaros. Mas aconteceu alguma coisa a Guilhermina ou Jean?

Como os olhos são expressivos! Como refletem nosso interior! A boca mente, o corpo, em sua expressão, pode ser contido, mas os olhos – ou são velados ou dizem o que passa no íntimo do espírito. Não existem de fato fronteiras na vida, não há delimitações definidas de setores. Ela é como um arco-íris: os tons variam tão sutilmente que nunca percebemos o ponto exato da troca, a fronteira. Onde começa o ser espiritual, psicológico, emocional e material? Onde estão as exatas fronteiras para que pudéssemos partir existências em aspectos? Como julgar, se não podemos conhecer na integralidade?

Georges fitava sua paciente, a quem encarava agora como uma amiga, e os olhos dela lhe diziam a profundidade dos sentimentos que enunciava com palavras e trocavam de expressão rapidamente, nublando-se com a dor da saudade, alegrando-se ao falar de trabalho e preocupando-se ao indagar pelos empregados que cuidavam da chácara e eram a sua nova família. A sinceridade de Joana e sua força interior eram admiráveis.

– Não houve nada com nossos amigos; estão envolvidos nas tarefas cotidianas. Vim realmente à sua procura. Desejo conversar sobre algumas idéias que surgiram e queria a sua opinião – respondeu Georges.

– É urgente? Se não for, gostaria de terminar a colheita das frutas. Prometi fazer um doce para nossos doentes e faltam poucas árvores.

– Pois bem, se faltam poucas por certo duas mãos a mais apressarão o término do seu trabalho. E, além de curioso, sabe que não resisto a doces. – Georges ampliou o sorriso. Era inegável o orgulho que sentia pelo estado da paciente. Joana cativara a todos na chácara com sua calma, sua força de vontade férrea em superar as dificuldades e sua alegria em desfrutar as pequenas coisas.

Trabalharam em clima de alegria até terminarem a colheita das frutas, colocando-as todas em um cesto que Georges tomou das mãos de Joana.

– Cara senhora, ainda que estejamos em uma propriedade rural, cercados por pessoas doentes, não posso permitir que carregue o peso. É meu dever – insistiu Georges, oferecendo-lhe o braço com toda cerimônia para que retornassem.

Joana olhou-o séria e, não resistindo, riu às gargalhadas, para espanto do médico. Lidar com pessoas debilitadas mentalmente oferecia certos riscos. Um deles era o de reações inusitadas, ele o sabia; mas lhe parecia que a mulher ria dele.

– Que se passa? Não sou digno de agir como um cavalheiro? – perguntou Georges, que já se rendia ao contágio do riso.

A custo Joana dominou-se e disse-lhe:

– Por favor, doutor, não me interprete mal, mas se o senhor pudesse se ver agora, ou pior, se seus ricos pacientes de Madri o vissem não lhe confiariam mais suas vidas. Há galhos e folhas por toda sua roupa. Quando o olhei, pareceu-me que um espantalho adquirira vida. E esta velha cesta esfarrapada é o complemento ideal. Perdoe-me, mas estava muito engraçado fazendo mesuras.

Georges fez seus costumeiros trejeitos, limpou a roupa, e com seu melhor humor prosseguiu:

– Muito me alegra ser o espantalho que a faz rir. A beleza deste momento e a luz que vejo em seu olhar compensam minha vaidade ferida.

De fato, Georges notara as modificações graduais de sua paciente. Ela não possuía uma beleza clássica ou sensual: seus traços eram comuns e harmônicos, porém irradiavam sentimentos. As dores da alma, que sofria sem explicações, davam-lhe compreensão das pessoas, desenvolvendo forte empatia aliada à força moral inegável proveniente da luta consigo mesma. Essas coisas envolviam-na num elo de atração, conquistando naturalmente o afeto daqueles que partilhavam sua convivência.

— Sendo assim, que me resta senão acompanhá-lo, doutor espantalho. — Sorridente, Joana puxou as saias e, tomando o braço de Georges, seguiu com ele em direção ao pátio que cercava a casa.

— Obrigado por sua ajuda, Doutor. Vou deixar as frutas com Guilhermina. Onde posso encontrá-lo para nossa conversa?

— Encontre-me na saleta azul, Joana. Enquanto entrega as frutas, vou tornar-me apresentável aos outros. Até breve.

Despedindo-se, Georges adentrou o interior da casa, dirigindo-se para a ala que reservava para seu uso.

A casa da chácara era bastante grande, em forma de um retângulo, sendo que na parte da frente possuía dois andares — na parte de baixo ficava um hall de entrada, tendo à direita uma sala de música e à esquerda a chamada saleta azul, onde Georges costumava conversar com seus pacientes. Era um consultório e ao mesmo tempo uma sala de estudos, já que as paredes eram repletas de estantes com obras diversificadas da literatura em geral. O mobiliário era modesto e de bom gosto, com uma pesada escrivaninha e cadeiras de estilo Luís XV, um *récamier*[1] e cortinas estampadas que davam um toque alegre às paredes revestidas de madeira, da base até o meio, e depois de tecido azul. Essa sala era contígua a uma outra dependência menor, usada para armazenar, em armários, drogas, poções, ungüentos e demais materiais. Havia nela todos os equipamentos necessários ao trabalho médico e, dada a distância, também às atividades de boticário que se obrigava a realizar em prol dos enfermos atendidos na chácara.

A porta central dava para uma ampla sala de estar, com lareira, iluminada por altas janelas com vista do pátio interno; nela existia

---

[1] *Espécie de sofá com encosto e braços, geralmente de madeira, trabalhada ou não, no qual se podem sentar de uma a três pessoas - nota da editora.*

uma escadaria em madeira que levava ao andar superior onde ficavam os aposentos de Georges. Refletindo a personalidade do médico, estes eram muito simples, mas confortáveis como todos os demais.

Na ala direita, situavam-se os quartos dos pacientes que lá moravam, em sua grande maioria recolhidos das ruas de Madri ou abandonados por famílias pobres que os deixavam na estrada principal próxima à propriedade. Cada paciente tinha seu dormitório individual. Na parte esquerda da construção, residiam os dois criados. Era lá também que se localizavam as dependências de serviço tais como cozinha, despensa e a sala de refeições, que era partilhada por todos os habitantes da casa. A construção tinha ao centro um pátio interno com canteiros de rosas e terminava ao fundo com grossos e altos portões de ferro torneado. A pedido de Guilhermina, Joana passara a ocupar um dormitório da ala em que o casal residia, pois também a empregada da chácara não acreditava fosse a mulher, que se tornara sua amiga e ajudante, uma louca. Ao longo do tempo, Joana tornara-se um membro da família. Eles não haviam tido filhos e, sozinhos na companhia dos pacientes do patrão – que os visitava semanalmente –, haviam-se apegado a ela, que agora dividia gratamente as tarefas da casa e o cuidado com os doentes, que efetuava com máximo carinho e paciência.

Nada como vivermos a mesma experiência para saber nos colocar no lugar do nosso próximo e fazermos o que gostaríamos que nos fosse feito.

Recomposto, Georges aguardava-a lendo uma obra que lhe fora indicada por Dr. Ângelo. Tratava-se de um estranho caso. A obra era assinada por um jovem de reduzida cultura, entretanto expressava vastos conhecimentos, muitos deles inovadores e até mesmo proféticos, envolvendo a possibilidade de o homem ter tido várias existências físicas, de existir não só uma réplica espiritual do corpo, como todo um outro mundo que ele dizia divisar quando em condições superiores. Georges era um tanto cético, porém aberto a conhecer de boa mente novas teorias. Absorto na leitura, mal percebeu a chegada de Joana, que batera à porta e, na falta de resposta, abrira-a para se certificar da presença ou não do médico e ficara alguns minutos observando-o. Admirava profundamente o homem sentado à sua frente, dedicado ao estudo, íntegro, desinteressado das questões financeiras no trato com os doentes. Sabia em seu íntimo que provavelmente lhe devesse a vida, mas tinha certeza de que a felicidade que ora desfrutava devia-lhe integralmente. Pensando assim, não sabia como lhe agradecer já que também nada pedia em troca do que fazia.

— Doutor, estou à disposição para conversarmos — anunciou Joana, despertando-o da concentração do texto que examinava.

— Sente-se, Joana — disse ele, indicando-lhe uma cadeira próxima à sua mesa. — Estava tão envolvido com a leitura que não percebi sua chegada. Interessante obra. Surpreendeu-me. — E fechou o livro com a página marcada onde interrompera a leitura.

— Do que se trata?

— Do trabalho desenvolvido com um rapaz bastante jovem, na América do Norte. O caso é espantoso. Li alguns artigos a respeito. Trabalha sob a influência de um magnetizador, descreve os órgãos internos de pessoas doentes que são levadas à sua presença e identifica onde está a lesão — segundo dizem, por uma diferença de luminosidade no órgão doente. Após isso, tem passado por várias etapas de desenvolvimento e agora se tornou independente da ação do magnetizador, atingindo sozinho esses peculiares estados. Publicou algumas obras sob o título de *Filosofia Harmônica*, que o Dr. Ângelo, sabedor de meu interesse, fez a gentileza de me ofertar. Apenas iniciei a leitura, mas é um estudo impressionante. Se realmente comprovado isso, será uma revolução. São infinitas implicações. Vejamos como prosseguirá. — Notando o interesse de Joana, perguntou: — Joana, você sabe ler em inglês? — Ante o aceno de cabeça que expressa resposta afirmativa, continuou: — E gosta de ler?

— Confesso, doutor, não haver lido muito até hoje; alguns livros apenas sem maior importância. Mas vendo seu trabalho e seu empenho em conhecer, sempre lendo, creio que deva ser um hábito muito bom.

– Por certo, cara Joana. Gostaria de também desenvolver esse hábito? – Novamente ela aquiesceu. – O que lhe interessa? Alguma literatura em especial?

Joana pensou como se medisse as palavras, correu os olhos pelas estantes repletas de livros e pousou-os sobre a mesa onde estavam a obra e artigos a respeito de Davis. Notando o gesto e a dificuldade de expressar em palavras os pensamentos, Georges, surpreso, indagou:

– Quer ler esta obra?! Por quê?

– Talvez aí exista alguma resposta para a minha vida, para as crises. Se esse homem vislumbra um universo diferente do aceito como normal e encontra pessoas que acreditam em suas obras e palavras e fazem com ele trabalhos e experimentos, talvez realmente exista algo em nós, nossa alma, como ensina a Igreja, que sobrevive à morte. Se ela renasce, a vida é muito diferente do que nos é ensinado. É possível que, de fato, após a morte a vida continue e ela mantenha-se ativa, não estando presa em nenhum lugar.

Georges ia de surpresa em surpresa. Aquele dia de fato era inusitado. Conhecia a busca de Joana por explicações, mas não imaginara que ela desejasse pesquisá-las. Sem prestar maior atenção ao pensamento de Joana, aproveitou o assunto e foi direto ao tema:

– É justamente sobre suas crises que desejo conversar. Hoje, analisando os apontamentos que tenho sobre elas, ocorreu-me uma idéia. Eu gostaria de acompanhar suas crises sem interrompê-las, como temos feito.

Georges deixara instruções com Guilhermina para que quando Joana manifestasse qualquer alteração ela fizesse qualquer coisa para desviar-lhe a atenção da crise e depois a tratasse com normalidade, e assim vinha sendo feito.

– Mas não seria temerário trocarmos o tratamento?

– Não vou mentir dizendo que tenho respostas para essa pergunta. A verdade é que gostaria de fazer uma experiência. Dissecar esse momento de crise junto com você para ver se descobrimos o que lhe dá causa e, aí, um outro tratamento, talvez definitivo. Isso é o que posso responder, por isso pedi-lhe para conversarmos. Não farei nada sem sua concordância. Pense nisso, e me responda mais tarde.

Joana olhou-o longamente, recordando sua própria existência e as inúmeras e dolorosas experiências vividas. Não precisaria pensar muito para responder – entendera o que Georges pretendia e também que ele contava com sua confiança.

– Doutor, não preciso pensar mais. Concordo com sua proposta. A próxima vez que ocorrer uma crise e o senhor estiver na chácara, avisá-lo-ei.

Georges não cabia em si de contentamento em face da enormidade da confiança que Joana depositava sobre sua pessoa. Mensurava isso pela extensão dos sofrimentos que ela suportara. E buscando agradecer, disse:

– Joana, posso mandar vir outro exemplar deste livro da cidade; se quiser, pode levar este para leitura. Assim trocaremos idéias sobre ele.

Sorrindo, a paciente, com percepção feminina, compreendeu o gesto do médico, mas não se fez de rogada – desejava conhecer as idéias daquele autor e suas experiências. Para Georges, talvez fossem teorias; para ela, poderiam ser a explicação de sua vida.

– Meu conhecimento da língua inglesa é pequeno, mas com esforço conseguirei ler. Obrigada.

Tomando o livro, despediu-se e saiu abraçada à obra.

* * *

O estudo da obra abriu novos horizontes no pensamento de Joana.

Leu-o naquela mesma noite. Mal se continha para dizer a todos as descobertas que fizera e o alívio que lhe haviam trazido. A filosofia expressa mostrara-lhe faces da divindade até então inimaginadas, explicações para os revezes da existência, e redimensionara toda compreensão que tinha de si mesma. Percebera que somos espíritos e como tais armazenamos vivências que despertam necessidades para o futuro, pois sobrevivemos diversas vezes ao fenômeno da morte. Não fora vítima de alucinações – de fato vira sua avó morta há alguns anos e assim os demais também o poderiam ser. A morte não era o fim, mas o início de uma nova vida, com sentimentos, atividades, e toda uma organização social. Ansiava por discutir o tema com Georges. Chegara às páginas finais com o raiar da madrugada. Literalmente, era uma alma faminta de esclarecimento e compreensão. Apreendera com Georges a arte da serenidade e da aceitação para se manter em equilíbrio, mas ansiava por compreensão para que a pacificação íntima fosse completa. O dia a encontrara desperta. Expressão ansiosa e feliz, nem ao menos se preocupou com a higiene matinal. Ao chegar à cozinha, Guilhermina estranhou-lhe a agitação logo cedo.

– Querida, você não passou bem a noite?

– Ao contrário, esta foi possivelmente a noite mais proveitosa dos últimos anos. – Sorria para despreocupar a velha senhora. – E o doutor, já acordou?

– O que aconteceu, Joana? Você tem um brilho diferente no olhar, parece alegre, mas ao mesmo tempo ansiosa. Teve alguma crise e por isso procura o doutor? Eu estava tão feliz que elas não tinham mais acontecido há tantos dias... – Guilhermina olhava consternada a paciente, sentindo-lhe a ansiedade e nada compreendendo.

Joana condoeu-se ao notar a sinceridade da servidora em querer seu bem-estar. Como faz bem o afeto sincero em nossa vida! Ainda que outros sofrimentos sobreviessem, Joana lembraria sempre que almas amigas lutavam com ela, por isso gentilmente aproximou-se e abraçou-a em silêncio. Após longos minutos em que as palavras entre as duas mulheres eram supérfluas, Joana afastou-se e, fitando os olhos de Guilhermina, explicou:

– Estou muito bem; melhor agora ao ver o quanto você se preocupa comigo e o tanto que gosta de mim. Obrigada. Mas não há motivos para se afligir – ao contrário, há motivos para festejarmos. Esta noite, li um livro que o doutor me emprestou e creio ter encontrado resposta para muitas de minhas perguntas. Eu sou alguém normal, um pouco diferente da maioria, mas com certeza não sou louca nem tenho alucinações. Há muitas pessoas que passam por fenômenos estranhos também e, pesquisando esses casos, descobri coisas muito interessantes e não vejo a hora de contar a Georges. Agora que você já sabe de tudo, diga-me: ele já acordou? – A excitação fizera com que nem percebesse a falta de formalidade ao dirigir-se ao médico.

– Joana, ele acordou cedo para atender o filho de um camponês, e retornou faz alguns minutos. Estava justamente preparando uma bandeja com desjejum, pois ele está preparando remédios para o rapaz.

– Se está pronta, deixe-me levar a bandeja – pediu Joana.

Atendendo ao pedido, Guilhermina voltou-se para a mesa e terminou de organizar a louça e os alimentos na bandeja. Em seguida, fez um gesto para que Joana a levasse.

Tomando a bandeja, a mulher seguiu rumo às dependências utilizadas por Georges. Atravessando o pátio, vislumbrou as roseiras e impulsivamente colheu uma rosa branca, colocando-a ao lado das louças. A alegria precisava ser compartilhada. Chegando à sala azul, bateu na porta, e recebendo a resposta, entrou. Viu Georges na botica, elaborando mistura de pós. O médico nem ao menos levantou a cabeça, limitando-se a cumprimentar maquinalmente quem lhe servia o desjejum. Porém, ao reconhecer a voz de Joana, Georges parou imediatamente a atividade que realizava.

– Joana! – Sua voz não escondia surpresa. Ao longo daqueles meses, ela nunca fora à sua sala sem que ele a houvesse chamado, e as tarefas que fazia eram direcionadas ao atendimento dos doentes e não dele. – O que faz aqui?

– Vim trazer-lhe a refeição. Na verdade, pedi a Guilhermina para fazer isso porque gostaria de conversar.

Depositando a bandeja sobre a mesa, Joana caminhou até a

entrada da botica para ficar mais próxima e mostrou ao médico o livro. Com a aproximação, Georges notou que ela tinha olheiras e sinais de cansaço no rosto, que as roupas eram as mesmas do dia anterior e que o penteado estava um tanto desfeito, mas o sorriso de Joana atingia seu olhar.

— Agradeço-lhe a atenção. Mas o que deseja tão cedo? Pensei que acordasse mais tarde.

— Li o livro que me emprestou ontem. E não conseguia aguardar mais tempo para devolvê-lo e lhe pedir que o leia com muita atenção. Voltarei à leitura dele depois, mas não poderia esperar que fosse até a cidade para conseguir outro exemplar. Encontrei muitas respostas e gostaria da sua opinião.

— Claro, Joana. Com certeza, assim que terminar o que estou fazendo e remeter o remédio ao nosso vizinho, começarei a leitura. Vejo que ficou impressionada com o livro. Você de fato leu todo ele esta noite?

Georges custava a crer que não tivesse notado antes que Joana fosse apaixonada por leitura, e especialmente daquele tipo. Sabia que o Dr. Ângelo tinha gosto por questões científicas polêmicas.

— Com certeza. Foi a melhor noite que tive nos últimos anos. Por favor, leia assim que puder e mande me chamar para discutirmos, se aceitar, as teorias que ele apresenta.

— Por que está tão ansiosa para saber minha opinião?

— Para ver se de fato compreendi corretamente o que o autor expõe. Se você, desculpe-me, se o senhor concluir as mesmas coisas, creio que temos uma explicação para o que acontece comigo e o seu diagnóstico de que eu não sou louca está certo.

— É mesmo, Joana?! Deixe o livro junto com a bandeja, assim que terminar esta fórmula faço a refeição e começo a leitura. Agora, vá descansar. Não é bom que tenha ficado a noite acordada, ainda que por uma causa nobre. Peça a Jean que venha até aqui — ele levará o medicamento para o rapaz.

— Que indelicadeza a minha, doutor. Pensei somente em meus

problemas. O que houve com o rapaz que atendeu nesta madrugada? Ele está bem?

– O rapaz sofreu uma queda de cavalo. Felizmente, estava próximo da casa do pai, que viu e socorreu imediatamente, vindo chamar-me. Fraturou algumas costelas, escoriações e hematomas, mas aparentemente está bem.

Joana fez seu costumeiro gesto de aquiescência e compreensão e, despedindo-se, saiu da sala. Pouco depois, Georges entregava o frasco com medicamento ao empregado, determinando que o entregasse com urgência na propriedade vizinha. Voltando à sala azul, Georges sentou-se e viu, ao lado da bandeja, o livro e sobre ele a rosa branca. "Que estranha atitude", pensava, segurando a flor. "Joana é uma mulher estranha. Que conterá este livro para produzir toda a euforia desta manhã?" Parecia que alguma amarra se rompera nela, pois ao longo daqueles meses, apesar das melhoras em seu estado, não percebera demonstrações de afeto que partissem dela por ninguém. Era atenciosa, amiga, confiava nele, mas mantinha uma distância afetiva. Fez a refeição e, como prometido, iniciou a leitura.

* * *

Em Madri, D. Antônio e Elizabeth viviam também sua temporada nupcial com a viagem de Maria Helena e Rodrigo. Estavam sozinhos, já que Franz partira para a Inglaterra e ainda não retornara. Sem necessidade de criar desculpas, dias após o casamento partiram para a propriedade rural, onde ele se entregava ao que julgava serem os dias mais venturosos de sua vida, e ela, aos mais rendosos, pois bastava dizer que desejava ou admirava uma jóia, ou uma peça de arte ou um animal para recebê-lo alguns dias depois de presente. A fortuna de Elizabeth era já considerável. Eventualmente ela sentia falta de Rodrigo, mais jovem e belo que D. Antônio, mas aguardava, esperando a compensação no retorno da viagem. Enquanto isso, tecia suas próprias garantias.

A volta dos recém-casados era esperada para breve. Movimentavam-se os inúmeros amigos para recepcioná-los na chegada a Madri. A mansão dos Alvarez sofrera remodelações nas dependências de Maria Helena, agora transformadas nas dependências do casal que lá passaria a residir em companhia de D. Antônio.

Realizados todos os planos, D. Antônio estava satisfeito com o arranjo que resultara no casamento e em ter Rodrigo de M... como seu genro e sucessor. Confiava no jovem, percebia-lhe a inteligência e a ambição. Via também o quanto Rodrigo apreciava a vida na cidade, mas contava com o fato de que ele não conhecia a realidade de trabalho que o aguardava na ilha e que, uma vez lá, vendo o fluxo do dinheiro, o rapaz aceitaria a vida simples e árdua, tendo como compensação as viagens a negócio que o trariam de volta à velha rotina, não só em Madri como em outras cidades com as quais a família Alvarez comercializava. Por isso, planejava pouco tempo mais de estada na capital espanhola. Isso lhe causava certa dor, pois aí também estava o fim de seu romance com Elizabeth ou pelo menos um longo afastamento. Ainda não falara com ela sobre o assunto, mas sentia que precisava fazê-lo ainda antes do retorno da filha.

Elizabeth, porém, não abandonara a mesa de jogo. Enquanto todos pensavam estar vivendo um momento de trégua, ela continuava a maquinar a continuidade de seu plano. Obtivera êxito total com relação ao casamento arquitetado para se aproximar da fortuna dos Alvarez, porém, às vésperas do retorno de Rodrigo, após os dois meses de viagem, admitia sentir uma certa insegurança, que logo justificava pela ausência prolongada do rapaz. Elizabeth teria agora que planejar como seria a continuidade daquele casamento, bem como de seu relacionamento com Antônio Alvarez. Precisava descobrir as intenções do amante em relação ao futuro do casal; deliberou fazê-lo falar sobre isso e a partir daí traçar suas ações.

A oportunidade não se fez esperar. Uma semana antes da chegada prevista do casal, encontrava-se Elizabeth na mansão dos

Alvarez, acompanhando os últimos detalhes da arrumação das dependências de Maria Helena, juntamente com D. Eleonora, que fizera questão de auxiliar em nome de sua velha amizade e de seu parentesco com D. Maria. Ajeitavam as cortinas e conversavam sobre amenidades, quando, para surpresa de ambas, D. Antônio entrou nos aposentos, muito alegre.

– Bom-dia, senhoras! Vejo que estão muito ocupadas e fazem um excelente trabalho. Está de muito bom gosto a decoração, apesar de minha opinião não servir como parâmetro, já que pouco entendo... Mas está de fato muito agradável!

– Fico feliz que tenha gostado, D. Antônio, da aplicação que demos ao seu dinheiro. Espero que nossa menina também aprove. Lembro-me muito de sua esposa quando faço este trabalho e das coisas que conversávamos antes de vocês casarem. – D. Eleonora disse isso com expressão saudosista. – Maria ficaria tão feliz em fazer a arrumação do quarto de casada da filha... Como ela não está aqui, procuro substituí-la. Aliás, D. Antônio, agora que sua filha casou-se com um jovem tão bem-colocado de nossa sociedade, por que não transfere sua residência definitivamente para cá? Ficaria imensamente contente em usufruir a companhia de sua esposa.

D. Antônio, ao ouvir as palavras da antiga anfitriã e lembrar-se da esposa, imediatamente perdeu a expressão alegre, ficando com o cenho carregado.

– D. Eleonora, compreendo a saudade que tem de minha esposa. Porém, como sabe, ela abomina viagens por mar e não há outra forma de se deixar a ilha. Mas vão a senhora e o Dr. Ângelo nos visitar, será uma honra. A ilha é um local lindo e D. Maria está muito bem na companhia do padre, seu amigo e confessor, portanto, não se preocupe, tenho tido notícias freqüentes de lá e tudo corre bem. Quanto a transferirmos residência, não pensei no assunto, mas creio muito difícil... Mas vou deixá-las e trabalhar um tanto mais. Continuem suas atividades, que não as atrapalharei. – D. Antônio preparava-se para fazer uma saudação de despedida quando olhou para Elizabeth e ela lhe sorriu, dizendo:

– Agradecemos sua visita e os elogios, D. Antônio. Se não for atrapalhar seu trabalho, gostaria de, após terminar a tarefa com D. Eleonora, conversar com o senhor na sala sobre os preparativos para a recepção de chegada dos noivos. É possível?

– Por certo, D. Elizabeth. Sei o quanto é amiga de minha filha. Deve também estar ansiosa por revê-la. Afinal, muito desse enlace se deve à senhora. Por favor, mande uma das criadas me avisar quando terminar seu trabalho e com prazer conversaremos. Até mais tarde.

No olhar de D. Antônio reacendera-se a alegria.

Algumas horas depois, elas consideravam encerradas por aquele dia as arrumações das dependências do jovem casal. Precisariam aguardar que a família de M... remetesse os pertences e objetos pessoais de Rodrigo para que os organizassem. Já na sala de estar utilizada por Maria Helena, Elizabeth ordenou a uma criada que preparasse um chá e avisasse D. Antônio que o aguardava.

– Querida, não poderei ficar mais tempo. Meu marido e eu temos um compromisso à noite e devo me apressar. Perdoe-me não poder aguardar para lhe fazer companhia enquanto conversa com D. Antônio, mas, como somos apenas nós, isso não chegará ao conhecimento das faladeiras e sua reputação não sofrerá ataques injustos – disse D. Eleonora, tomando as mãos de Elizabeth.

– Por favor, D. Eleonora, eu ficaria triste se por minha causa a senhora se atrasasse em seus compromissos. Creia, com todas as dificuldades que minha família vem enfrentando nos últimos anos, não me preocupo mais com a língua dos desocupados e também não conto me casar – creio que minha idade casadoira já é passada. Vá em paz! – Elizabeth beijou o rosto da companheira e acompanhou-a até a porta, onde combinaram o novo encontro no dia da entrega dos objetos de Rodrigo.

Voltando à sala, Elizabeth deparou com D. Antônio, que avançou rapidamente e abraçou-a.

– Fiquei feliz em saber que não pensa em se casar. Será que tenho algo a ver com essa decisão? – indagou D. Antônio.

– Por favor, Antônio, não é prudente o que está fazendo! Os criados comentam e em breve não estaremos mais sozinhos. Quer que sua filha saiba do que existe entre nós? – Elizabeth desvencilhou-se do abraço que D. Antônio afrouxara.

– Pensei tê-la ouvido dizer que não se preocupa com as línguas desocupadas... – insistiu, bem-humorado, D. Antônio, voltando a acercar-se dela. Para fugir àquelas investidas, Elizabeth sentou-se ao piano, deixando-lhe como opção apoiar-se ao lado.

– Precisamos conversar. Preocupa-me o futuro. Não sei o que pretende após o regresso de Maria Helena e Rodrigo.

Elizabeth falava com tom de tristeza na voz e cabeça baixa, olhar perdido no teclado do instrumento.

– Minha amada, que fazer? Sempre soubemos que esse dia chegaria. Devo voltar à ilha em breve, se é isso que preocupa esta linda cabeça.

– Mas, Antônio, não haverá uma maneira de podermos continuar juntos? Sei que não é feliz no casamento e que me ama assim como eu o amo – não é justo nos separarmos! São dois anos que vivo contando os dias para vê-lo. O que vou fazer quando partir? Não o verei novamente? – insistia Elizabeth, vendo que o amante cedia com facilidade a esses argumentos e que, para consolá-la, com certeza lhe contaria seus planos.

– Gostaria de continuar a me ver?

D. Antônio, apesar da tristeza de Elizabeth, sorria feliz: era a prova definitiva de que ela correspondia a seus sentimentos.

– Claro, e você sabe disso, não deveria me fazer confessar. Não fica bem para uma dama dizer isso a um homem. – Elizabeth dava à voz e à expressão um misto de zanga e tristeza.

Olhando as portas que permaneciam fechadas, D. Antônio aproximou-se outra vez de Elizabeth e abraçou-a pelas costas, acariciando-a, e desta vez ela nada fez para afastá-lo, ao contrário, sedutoramente jogou o corpo de encontro ao dele, encostando a cabeça em seu peito e fechando os olhos.

— Perdoe-me, não resisti ao ouvi-la dizer que sentirá a minha falta, que precisará de mim... Também eu sentirei demais a sua ausência, porém serão apenas alguns meses que ficarei longe. Preciso voltar à ilha, verificar as plantações e os outros negócios que somente posso fazer lá. Além do que, meu genro nada conhece da ilha e do que lá se realiza, portanto, preciso treiná-lo. Tão logo tudo isso esteja feito, virei o mais rápido que puder para cá, que então será nossa casa... O que acha?

— Não entendi, Antônio. O que pretende? — Elizabeth mostrava-se confusa e de fato estava. Teria de fato lhe sido oferecida como residência a mansão Alvarez? Era mais do que esperava.

— Elizabeth, bem sabe que não posso me casar com você. Minha mulher ainda vive e creio que, por viver mais com os santos do que com os vivos, tem boa saúde... Somente filhos não me deu. Mas ela não sairá daquela ilha. Minha filha e o marido deverão morar na ilha; ele, como meu sucessor, precisa aprender a gerir meus negócios e vou ensiná-lo. Então estarei mais livre e poderei me dedicar somente à comercialização dos nossos produtos e a você. Isso demorará talvez um pouco mais de um ano. Se você concordar em esperar esse tempo, assim que partirmos você deve mudar-se para a mansão. Não pretendia dizer-lhe agora, mas eu a comprei. Sei que você a aprecia bem mais do que o apartamento onde mora e, claro, cuidarei para que nada lhe falte. Darei ordens no banco para pagamento de suas despesas e da mansão. Que me diz?

A surpresa estampava-se no rosto de Elizabeth. Nem ela nem Rodrigo contavam com a hipótese de o marido de Maria Helena ter de se transferir para a ilha e trabalhar na administração das propriedades dos Alvarez. Ele com certeza não gostaria da novidade. Ela, por sua vez, gostara muito da proposta de D. Antônio para sua pessoa: uma belíssima e luxuosa residência e o pagamento de todas as suas despesas em troca de esperar por ele — aquela era, de fato, uma excelente proposta. Abriu os olhos, levantou-se, levemente presa entre os braços de D. Antônio, e contornando a cadeira do piano graciosamente, abraçou-o e disse ao seu ouvido:

— Claro que aceito, meu querido. Qualquer sacrifício desde que volte a ter você comigo.

"Quando Rodrigo voltar, dar-lhe-ei a notícia e juntos decidiremos o que fazer. Por ora a proposta de D. Antônio assegura-me a tranqüilidade", pensou Elizabeth.

* * *

Rodrigo e a jovem esposa, alheios a todos os acontecimentos que envolviam seus parentes e amigos, descobriam, ao longo daqueles dois meses de privacidade absoluta que desfrutavam na visita aos países escandinavos, a ampliação do conhecimento, compreendendo que seus interesses e gostos os uniam cada vez mais. De ambas as partes faziam concessões e construíam um relacionamento harmônico. Seguro da fortuna da mulher, Rodrigo esquecera o pacto com Elizabeth. Aliás, pouco pensara nela; tivera a lembrança despertada somente em algumas ocasiões, quando deparara com mulheres que demonstravam alguma semelhança física com a amante deixada em Madri. Porém, haviam sido ocasiões furtivas, pois logo Maria Helena solicitava-lhe a presença ou a opinião e ele imediatamente se envolvia com ela, esquecendo a outra.

Em seu íntimo, protelava o retorno a Madri e a fatídica necessidade de revê-la. Sabia que lá, próximo de Elizabeth, esta cobraria o pactuado e agora compreendia que a segurança dela estava no fato de serem amantes e esse segredo jamais poderia ser revelado à esposa. Enfim, passara a compreender, naqueles dias finais de viagem, as palavras de Franz de que era um homem vendido. Elizabeth o comprara e o preço era a fortuna da família Alvarez, que ela lhe oportunizara às mãos. E agora passava a sentir-se constrangido. Aprendera a respeitar sua mulher, reconhecia os dons de caráter que ela possuía, sua ingenuidade e ternura; aqueles dias de alegria estavam sendo balsâmicos ao seu espírito acostumado às seduções frívolas que desgastavam emocionalmente, pois o deixavam vazio, já que não ultrapassavam os limites que as experiências de mero prazer físico proporcionam; saía delas só e empobrecido. Pensando usar, era também usado.

Nesses relacionamentos há somente desgaste e comprometimentos pessoais na área da utilização da energia sexual, que é propulsora da criatividade, da interação e da união mais profunda entre seres envolvendo físico, mental e o espiritual através do intercâmbio que estabelece. Quando envolvidos em relações estéreis, passamos a desenvolver o desequilíbrio dessas energias, o que acarreta o desarranjo de nossa estrutura.

Como toda infração à harmonia que regula a vida, seja micro ou macrocósmica, a situação de Rodrigo, antes do envolvimento com Maria Helena, era idêntica à de milhões de espíritos encarnados em todos os tempos: seu comportamento emocional e sexual acarretava empobrecimento, enfraquecimento, endurecia os seus sentimentos, pois buscava apenas a satisfação de suas paixões carnais, sem nada dar ou receber, já que as mulheres com as quais compartilhava o ato eram também vítimas do mesmo desequilíbrio. Não aprendia, assim, a respeitar-lhes e não lhes merecia o mesmo sentimento – era a degradação do ser imortal em favor do corpo perecível. Antes de envolver-se com Maria Helena, Rodrigo conduzia-se tal qual um animal e assim mais se aguçavam os seus instintos, relegando o desabrochar dos sentimentos – era no íntimo egoísta e endurecido. Tal desarmonia, por ele mesmo gerada, em dado tempo cobraria seu preço.

Por isso relutava. Como enfrentar a situação doravante era o motivo de seu conflito. Esquivar-se da amante de tantos anos residindo na mesma cidade seria impossível, e também, apesar da felicidade que tinha ao lado da mulher, não sabia se seria forte o bastante para resistir à antiga paixão e às loucuras que viviam. Temia que o encantamento com o casamento não sobrevivesse à cidade e queria prolongá-lo – quem sabe haveria uma chance real de aquele mundo fantasioso criado para envolver Maria Helena ser perene.

Imbuindo-se de coragem, no penúltimo dia da viagem, enquanto passeavam de mãos dadas no convés do navio, apreciando a imensidão do mar onde se refletiam os raios do sol e o mergulho dos pássaros em busca do alimento, Rodrigo decidiu-se a expor questionamentos sobre o futuro de ambos até então não mencionados.

– Senhora de M... – assim a chamava freqüentemente após o casamento. Dizia não ser por formalidade que o fazia, e sim, porque tão orgulhoso estava em tê-la como esposa, que gostaria de contar a todos esse fato; assim, caso alguém estivesse passando, ao ouvi-lo referir-se a ela dessa forma, seria devidamente informado de que ela era sua esposa –, preocupa-me nosso retorno. Temos sido tão felizes, que não desejaria a companhia de ninguém mais e sei que isso será impossível em Madri, onde temos muitos amigos e familiares.

Surpresa, Maria Helena voltou-se para encarar o marido, e seus longos cabelos, em parte presos em uma fivela no alto da cabeça e o restante solto, como ele gostava, bateram-lhe no rosto corado e sorridente.

– Meu marido, por que pensa que não poderemos continuar felizes ao lado de nossos amigos? De minha parte, apesar da maravilhosa viagem, sinto alegria em saber que em breve poderemos rever especialmente Georges e nossa amiga Elizabeth. É uma pena Franz permanecer na Inglaterra. Gosto muito da companhia dele, sempre alegre. Não se preocupe com o futuro. Vamos viver cada dia – isso aprendi na ilha. Para viver lá, precisamos de paciência e não pensar no futuro. As oportunidades são limitadas e a monotonia pode nos entristecer se pensarmos em futuro, por isso mantemos atenção no dia que passa e as coisas são mais simples.

A resposta serena da esposa não teve o condão de acalmá-lo, ao contrário – a menção do nome de Elizabeth afligiu-o.

– Helena, você quase não fala da ilha. Gostaria de conhecê-la – desconversou Rodrigo, buscando evitar que se falasse dos amigos de Madri.

– Não pensei que fosse de seu interesse. Podemos falar sobre ela, se assim deseja. Talvez até mesmo seja bom fazermos isso, já que provavelmente o senhor meu pai deseje regressar em breve. Nossa estada em Espanha já se prolonga além do previsto.

– Está me dizendo que D. Antônio guarda esperanças de que viajemos para acompanhá-lo de volta à ilha? "Será muito bom se for verdade", pensou Rodrigo, pois isso o manteria afastado do passado.

– Bem, Rodrigo, creio que precisamos de fato conversar sobre este assunto. Georges sempre me diz que não sei mentir e muito menos enganar; segundo nosso querido amigo, meus olhos dizem meus pensamentos. Como reconheço a sabedoria dele, vou lhe contar os planos de D. Antônio.

Rodrigo, em silêncio e fingindo não saber de muita coisa, ouviu seriamente o relato da esposa que nada omitiu, nem mesmo a participação de Elizabeth e a forma como esta a havia ajudado. Confiava plenamente nos sentimentos que Rodrigo demonstrava por ela e achou que aquele era o momento ideal para fazê-lo conhecer um pouco mais o caráter e a obstinação paternos e o que este esperava de ambos. Rodrigo era agora seu herdeiro e sucessor. Apesar da melhora inegável da convivência com D. Antônio em razão da mudança de comportamento naqueles dois últimos anos, não guardava ilusões de que agora cumpriria integralmente seus planos, o que significava voltarem todos a residir na ilha.

– Preciso dizer-lhe que somente aceitei nosso casamento pelos sentimentos que nutrimos um pelo outro. Os planos de meu pai não interferiram na minha decisão. Desde criança aprendi como fazer valer minha vontade com as amas que cuidavam de mim. Não seria diferente em uma decisão tão importante quanto unir minha vida à de um homem. Por favor, não permita que tudo quanto lhe contei interfira na forma como temos convivido até agora.

O tom de apreensão e súplica na voz dela fez Rodrigo bendizer a ingenuidade da esposa. Pouco do que ela dissera não era de seu conhecimento; somente não sabia da decisão de D. Antônio em retornar à ilha. Mas não iria se opor ao sogro. "Com todo o dinheiro que ele tem, quando nos cansarmos da vida isolada e pacata proponho à minha mulher uma temporada fora ou então viajo sozinho", pensou Rodrigo. Em verdade sentiu-se mais alegre.

– Minha doce esposa, não se aflija por tão pouco. Não colocarei obstáculos ao desejo de D. Antônio. Serei feliz na ilha e ele tem muito a nos ensinar relativo aos negócios da família. O comércio me atrai e além do mais estaremos juntos – tranqüilizou Rodrigo.

Desembarcaram no dia seguinte, sendo recepcionados pelos amigos. O primeiro encontro foi com Elizabeth. Ela, afetuosamente, cumprimentou o casal, porém, disfarçadamente, sem que fosse perceptível aos demais, colocou um bilhete no bolso do casaco de Rodrigo, solicitando-lhe a presença o mais breve possível e informando que estaria em seu apartamento aguardando-o todas as tardes daquela semana.

Georges, feliz em reencontrar a amiga querida, nem observou o visível constrangimento de Rodrigo, abraçando-o em seguida. Tomando o braço do casal, um de cada lado, conduziu-os até sua carruagem para desde logo colocarem a conversa em dia, pois sabia que na mansão Alvarez outros amigos os esperavam juntamente com D. Antônio.

Elizabeth, que seguia ao lado, quando se aproximaram das carruagens, informou que não iria acompanhá-los, alegando que o estado de saúde de sua mãe se agravara e ela não poderia se ausentar. Ante os pedidos de Maria Helena, comprometeu-se que tão logo tivesse oportunidade iria visitá-la e se despediu.

O retorno foi alegre. Poucos dias depois, D. Antônio, em conversa com o genro, inteirava-o de seus planos de retorno à ilha, planos esses que foram recebidos com obediência por Rodrigo.

Elizabeth estranhou sobremaneira a atitude passiva de Rodrigo em abandonar a vida urbana e cogitava que motivo haveria.

A Descoberta de Georges
Capítulo XV

"Ninguém imaginou os Espíritos como um meio de explicar os fenômenos; foi o próprio fenômeno que revelou a palavra." [1]

Dois meses se passaram e a família Alvarez ainda se encontrava em Madri. D. Antônio relutava. Rodrigo mantinha a obediência à determinação do sogro e ansiava por afastar-se de Elizabeth, temendo o domínio que ela exercia sobre ele. Mal chegara da viagem de núpcias e os velhos laços haviam-se apertado em torno de si. Reconhecia a fragilidade de sua posição e a única saída que via era recusar a companhia da antiga amante. Entretanto, isso estava sendo bem difícil, pois ela era exímia na arte de sedução e conhecia o caráter de Rodrigo, utilizando todo o conhecimento que aqueles longos anos de convivência haviam-lhe conferido para dominá-lo e mantê-lo a seu dispor. A rigor, o caráter de Rodrigo não se distinguia pela perseverança em uma atitude que contrariasse a satisfação de seus desejos ou de seu orgulho; assim, bastava despertá-los e aguardar que ele sucumbisse. E isso não se fez demorar. De fato, ele não resistia, porém não conseguia conviver com o choque íntimo que vivenciava – arrependimento e vergonha eram sentimen-

---
[1] *Allan Kardec.* O Livro dos Espíritos, *Introdução, item IV. Trad. Salvador Gentile. Araras, IDE.*

tos desconhecidos com os quais não sabia conviver, nunca os sentira antes, mas a ingenuidade e o carinho de sua jovem esposa despertavam-lhe esse estranho conflito. Sonhava com a viagem à ilha, pois em seu íntimo reconhecia que deveria renunciar ao jogo empreendido com Elizabeth. Rodrigo sabia agora que não conseguiria viver o casamento com Maria Helena e manter o relacionamento com Elizabeth – dividia-se e não era feliz. O êxtase e a saturação dos sentidos, Rodrigo dividia com a amante; a paz, a satisfação e o afeto, com a mulher; a perda da liberdade e da decência, ele suportava sozinho – cobranças de ambos os lados. Elizabeth cobrava o acordo e a garantia de divisão da fortuna conquistada com ela; os Alvarez, a obediência ao plano de vida traçado por D. Antônio.

Maria Helena, alheia à situação íntima do marido, organizava a partida para a ilha. Comprara presentes para a mãe, e notava agora o quanto lamentava a triste vida de sua genitora. Por vezes se perguntava se algum dia sua mãe teria sentido a felicidade que ela desfrutava ao lado de seu marido. Acreditava que não. Para ela, o pai e o marido eram homens extremamente diferentes. A jovem idealizava o caráter do esposo, vendo-o como desejava que ele fosse. De certa forma fora levada a essa idealização durante o namoro e o noivado, e, no entanto, estava completamente enganada a respeito de Rodrigo. Naqueles dias Georges era sua companhia freqüente. O médico sentia antecipadamente o afastamento da menina que vira tornar-se mulher, mas que continuava, em seu coração, sendo uma filha meiga e ingênua – refrigério de seus dias tumultuados. Elizabeth poucas vezes fora visitá-la. Dizia estar muita atarefada com a doença da mãe, que lhe exigia cuidados constantes, e como não permitia a ninguém ver a enferma, Maria Helena também não insistia em ir ao seu encontro. Afinal, a companhia de Georges era suficiente e sem dúvida a de que mais sentiria falta no regresso à ilha, portanto todos os momentos que podia, sozinha ou acompanhada pelo marido, visitava ou era visitada pelo querido médico.

*. *. *

Em certa ocasião, jantavam na residência de Georges em Madri, e veio à conversa o assunto acerca da paciente Joana.

– Georges, ainda antes do nosso casamento – disse Maria Helena, estendendo a mão para tocar a mão de Rodrigo que estava à sua frente à mesa, tendo o médico à cabeceira –, lembro que tratava de um caso muito especial para seus estudos. Como está a paciente? De fato concretizaram-se as expectativas?

Antes de responder, Georges sorriu, lembrando Joana e sentindo o interesse sincero da amiga.

– Ela está me surpreendendo. Tenho realmente aprendido muito com seu caso. Joana é uma mulher excepcional, forte, determinada, não se abateu com todos os horrores e incompreensões de que foi vítima. Admiro-a muito! Tanto quanto eu, ela empenha-se em investigar as crises que sofre e juntos temos crescido muito, embora seja muito cedo para divulgar resultados, ainda que para amigos. Mas posso dizer que são verdadeiras revelações e um grande avanço para compreender uma série de ocorrências até agora entendidas como manifestações patológicas e incuráveis. Gostaria muito, Helena, que você a conhecesse. Não tenho dúvidas de que seriam grandes amigas.

Maria Helena olhou surpresa para Georges. Fazendo expressão de cumplicidade, questionou:

– Meu velho, por acaso já lhe ouvi falar com tanto entusiasmo sobre uma senhora antes? – E, encarando Rodrigo, sorriu, completando: – Rodrigo, será que o amor tem idade para acontecer?

– Não, minha querida, eu creio que o amor pode ocorrer em todas as etapas da vida. – E alegremente indagou: "Você não concorda, Georges?"

Em que pese sua experiência, naquele momento Georges sentiu-se encabulado como um adolescente em reunião de homens. Expressara sua opinião sobre Joana sem pensar, pois, quando conversava com Maria Helena, costumava não censurar suas expressões, pelo muito que confiava na amiga. Costumava falar em voz alta os pensamentos mais secretos; após todos os meses em que haviam ficado afastados, não falara com mais ninguém acerca da paciente, somente naquele momento, e percebia a surpresa dos jovens e a sua própria. De fato nunca antes elogiara assim uma mulher, ainda mais tida como louca pela sociedade. Mas, desconversando, respondeu:

— Helena, vou fazer de conta que não entendi suas insinuações. Só porque vocês estão casados não precisam desejar casar a todos os que encontram. Vivo muito bem só. Não confunda: meu interesse por Joana é científico.

— Claro, meu velho, não me ocorreu outra idéia. – Retrucou Maria Helena, com ar de amistoso deboche. – Mas falemos de suas descobertas. – Ao olhar para o amigo e notá-lo um tanto quanto confuso, a jovem levantou-se, aproximou-se dele, abraçou-o com carinho e disse: – Ah! Georges! Como vou sentir sua falta! Por que não vai conosco para a ilha? Lembra quando nós falávamos sobre os meus filhos e o quanto eu gostaria que você estivesse junto comigo para me ajudar a educá-los?

— Menina abusada! – ralhou Georges. – Esse seu comportamento é inadmissível na França. Minha mãe a julgaria a mais deseducada das criaturas por abraçar alguém enquanto faz a refeição. E seu marido, como permite isso?

— Georges, o coração de Maria Helena é inocente. Ela jamais agiria contrariando seus sentimentos. E de qualquer sorte se ela abraça um homem na minha frente nada temo, pior seria sabê-la capaz de abraçar outro às minhas costas, não é mesmo? – respondeu Rodrigo, sorrindo para a mulher. Dissera o que de fato pensava sobre ela. Admirava a amizade entre eles e compreendia os sentimentos da esposa e do médico – além do mais tinha experiência de sobra com mulheres para saber julgar o que presenciava.

— Folgo em saber que não me convidará para um duelo por conta do comportamento desta menina. – Encarando-o, percebeu notas de conflito íntimo no olhar de Rodrigo, e, deixando o tom de brincadeira, tomou a mão da jovem que estava pousada em seu ombro e disse seriamente, encarando o rapaz a seu lado. – De fato, Rodrigo, você tem em suas mãos um coração inocente e passional; aja com sabedoria e sinceridade em conduzi-la, pois é o mais vivido. Não macule esta flor que a vida o designou para cuidar.

Rodrigo estremeceu ante o olhar e as palavras do médico, não podendo se furtar ao pensamento de que estava sendo advertido. Será que Georges tinha ciência de seu envolvimento com Elizabeth? Como martiriza a dúvida. A consciência culpada pensa encontrar a todo o momento a denúncia e a condenação que sabe merecer. É o aguilhão que fere, e ainda que não aconteça a execração, no íntimo o culpado já sofreu, e se persevera sabe que seu alívio é momentâneo. A paz só encontrará quando seu interior nada temer.

Maria Helena, percebendo um certo desconforto no marido que não soube a que atribuir, julgou ficara ele envergonhado de sua espontaneidade e ousadia em demonstrar afeto em um momento tão inoportuno. Resolveu, então, retomar seu lugar à mesa. Notando o embaraço agora do casal, Georges descontraiu o ambiente fazendo voltar a conversa trivial e animada. Sabia que Rodrigo não costumava desenvolver diálogos mais profundos. E assim transcorreu com serenidade o restante do jantar.

* * *

Após as despedidas dos visitantes, Georges tomava um licor em sua biblioteca, tendo Napoleão enrolado em seu colo, ronronando satisfeito com os carinhos que recebia, e seu pensamento voltou àqueles últimos meses, à sua convivência com Joana e às descobertas que faziam juntos. Recordou a tarde da primeira crise que acompanhara...

Estava na chácara, caía a tarde e aquele fora um dia calmo – nada indicava os acontecimentos que viria a presenciar. Seus pacientes estavam bem. Eram dias de calmaria, sem dúvida, e, dessa forma, Georges dedicava-se à leitura. A obra de Davis despertara-lhe grande interesse, compartilhado com Joana, que agora se detinha em cogitações acerca das conseqüências que aquelas experiências poderiam gerar. Porém ele era bem mais reticente e criterioso para se deixar convencer por uma leitura apenas, mas a estudava atentamente, procurando reconhecer vícios e virtudes na teoria exposta pelo autor. A bem da verdade, abria-se em sua mente um "quebra-cabeça" cujas peças encaixavam-se. Entre uma página e outra buscava o pensamento de filósofos como Sócrates, Platão, que já na Antiguidade haviam defendido idéias a respeito da vida espiritual e da reencarnação. Meditava ensinamentos cristãos despidos dos preconceitos inseridos pela Igreja, deslumbrava-se com a simplicidade de Jesus, com a coragem de Paulo de Tarso e com o fato de que aqueles iluminados falavam todos a mesma linguagem que encontrava na obra do jovem norte-americano que dizia escrever sob a orientação dos espíritos de Emmanuel Swedenborg e Galeno. A esses vôos da mente não o acompanhava Joana, mas era ela que, com simplicidade, chamava-lhe a atenção para fatos comezinhos da vida cotidiana que passavam a ser vistos sob novo prisma.

Assim transcorriam os dias, até que, naquele fim de tarde, enquanto em silêncio dedicava-se ao estudo, ouviu o chamado veemente de Joana. Seguindo a direção do som, encontrou-a à porta do quarto de um paciente. Era um homem idoso que há muitos anos vivia sob o amparo do abnegado médico. Encontrara-o em estado lastimável nas ruas da cidade, acreditando-se um soldado em batalha: clamava pelos companheiros e erguia a mão, querendo ferir pessoas invisíveis – um caso típico de loucura. Absolutamente alienado da personalidade atual, não sabia nome, endereço, profissão, e vagava sem noção de tempo e espaço. Jogava-se ao chão e contra paredes, machucando-se às vezes com seriedade. Levado para a chácara, apresentara melhoras, porém acreditava estar servindo como enfermeiro em um hospital de guerra.

Nunca recobrara a lembrança de sua identificação pessoal. Mandado, obedecia, e dessa forma convivia e se relacionava com os que o cercavam. Com o tempo, todos acabaram se acostumando ao seu jeito. Aceitando-o como era, foram desenvolvendo carinho por ele. Chamavam-no de "Combatente", e disso ele se orgulhava. Seus freqüentes discursos exaltavam o patriotismo, a família e a honra de um homem – tudo com muitas tintas de fanatismo.

Chegando à porta do quarto de Combatente, Georges encontrou Joana extática, olhos muito abertos, expressão de pânico no rosto. Ela tremia e não despregava o olhar do leito do idoso, que, por sua vez, dormia alheio a tudo quanto se passava ao redor.

– Joana, mantenha a calma. Estou do seu lado. Tudo está bem. Confie, vamos superar juntos o que quer que esteja acontecendo. Sente-se e relate o que está acontecendo com você. – Georges acomodou-a em uma cadeira e ajoelhou-se a seu lado, tomando-lhe a mão.

– Georges, não sei como lhe dizer, mas o Combatente não está dormindo. Ele está cercado por vários outros soldados, todos uniformizados com roupas que desconheço, mas que creio serem antigas – são saiotes vermelhos, azuis e dourados. Noto que estão feridos e sujos, e todos cobram atitudes do Combatente e são agressivos. Ele quer fugir, mas não consegue; eles dizem coisas sem nexo, falam de guerras, batalhas e traições de oficiais com o exército inimigo. Vejo que o pobre homem está aflito.

Georges olhou para o corpo adormecido do paciente e percebeu alterações na respiração e uma certa agitação nos olhos, denotando um sono agitado. Voltou a atenção para Joana e percebeu o quanto ela continuava assustada.

– Joana, esses soldados vêem você?

– Não, eles nem percebem nossa presença.

– Tente ver se consegue descobrir de onde eles são.

– Eles estão indo embora e arrastam com ele o Combatente. O pobre grita muito e diz que não tem culpa de nada, que foi o General quem os traiu, que todos vão morrer nas mãos dos ingleses, que não adianta fugir, pois há muito gelo nas montanhas. Nada faz sentido, mas eles dominam o Combatente. Que horror! Para onde vão? O que vai acontecer com o velho? Eles não vêem que é um doente? – Joana começava a desesperar-se, chorava, estava nervosa, as lágrimas corriam copiosas por seu rosto e falava sem parar.

– Calma, Joana. Está tudo bem. Lembre-se da sua amiga. – orientava Georges, abraçando-a carinhosamente.

Em seus estudos, Georges notara que a dita "amiga" era uma presença constante e equilibrada nas crises de Joana. A cena que ela descrevera pegara-o totalmente desprevenido. Não esperava por aquilo – violência, dominação, palavras desconexas como a se referirem a um passado distante e a outro local, e, acima de tudo, Joana, em crise, vira Combatente acordado, interagindo com suas visões, porém ele permanecia adormecido. Agitado, porém adormecido. Era estranho demais. A esperança que guardava era de poder explorar a figura da "amiga". Por isso, insistiu:

– Joana, chame a sua amiga. Vamos! Sei que gosta dela. Confie. Relate o que está vendo agora.

Mais calma, ela retomou a narrativa:

– Eles foram embora. Foi horrível ver como tratavam do Combatente. São maus e brutos. Agora está tudo calmo. Há uma luz suave vindo em nossa direção, é minha "amiga".

– Joana, ouça com calma e me responda: você alguma vez tentou conversar com essa "amiga"?

– Não, ela sempre se aproxima quando tenho essas crises. Você lembra? Eu passava mal vários dias algumas vezes e quando a via ela me fazia adormecer. Mas agora ela ainda não pôs a mão sobre a minha testa. Você não sente sono, Georges? Ela passou a mão sobre sua cabeça.

– Joana, fique tranqüila, depois responderei às suas perguntas, mas agora sou eu que as faço. Pergunte à sua "amiga" quem ela é.

– Como eu faço isso, Georges?

Realmente a experiência estava sendo mais difícil do que ele avaliara. Não pensara que Joana estivesse tão lúcida. Olhava-a e percebia claramente que o choque emocional passara e agora não sabia exatamente como responder à pergunta objetiva que ela fizera. Enquanto pensava, porém, viu distender-se um largo sorriso no rosto de Joana e um inegável brilho de contentamento em seu olhar.

— Georges, você está ouvindo? Ela falou conosco.

— Joana, acredito no que me diz, mas não ouvi nada; por favor, me diga o que ela lhe disse.

— Ela falou assim: "Deus lhes dê a paz! Sou realmente uma amiga e terei grande prazer em conversar com o médico, mas não agora. Ainda é preciso mais tempo. Tenham calma e creiam na minha amizade". Ela desapareceu, Georges; no mesmo foco de luz em que veio, foi embora.

Georges, notando que ainda abraçava Joana, afastou-se e, observando-a, perguntou:

— Como está se sentindo, Joana?

— Bem, muito bem. Passou o medo. Não vejo mais nada. E o Combatente, como está? Já voltou?

— Joana, o Combatente está dormindo. Ele não acordou em nenhum momento.

— Ah! Meu Deus! Georges, o que se passa comigo? Por que essas estranhas alucinações voltaram? Quando vou ter alguma explicação? Sou mesmo um tipo diferente de louca?

A voz de Joana traía um grande sofrimento moral. Toda a carga de dúvidas voltava a surgir. Ela manifestava tristeza profunda. A rápida sucessão de sentimentos confundia o médico. Mas urgia que ela não regredisse. Restaurar-lhe a confiança era prioridade.

— Hei! Onde está a mulher corajosa que todos admiram nesta chácara? Não a estou vendo, nem reconhecendo nesta voz triste e desesperançada. Estamos investigando e não podemos esperar encontrar todas as respostas de uma única vez. Você foi muito bem!

— Intimamente acrescentou "bem melhor do que eu", já que fora surpreendido pelo inusitado da ocorrência. Para as próximas, já contaria com alguma preparação.[2]

Esse fato instigou ainda mais o seu interesse. Reconhecia isso naquele momento de recordação e reflexão a que se entregava. Outras duas "crises" haviam ocorrido quase que seqüencialmente, porém de muito menor relevo – haviam sido simples aparições, que não chegaram a acrescentar muita coisa a suas observações, mas apenas confirmaram que os fenômenos não apresentavam realmente características rotineiras: eram sempre inusitadas as situações que os envolviam.

*. *. *

Mas um fato marcante ocorreu ao longo daqueles meses, fazendo progredir muito rapidamente os estudos de Georges. Certa tarde, apresentou-se na chácara um homem, absolutamente estranho, bem-vestido e muito educado. Atendido por Jean à entrada da chácara, solicitou uma entrevista com o proprietário.

– Então Vossa Senhoria deseja falar com Dr. Georges? Por gentileza, acompanhe-me. Vou verificar se ele poderá recebê-lo. – Jean, solicitamente, fê-lo entrar e acomodar-se na sala de estar.

– Enquanto vou avisar o Dr. Georges o senhor aceitaria algo para beber? Chá ou café?

– Não se incomode, apenas um pouco de água está bem. Este local é bem mais distante da cidade do que me fizeram acreditar. E imaginei que da estrada principal até a casa fosse um caminho curto, mas me enganei e fiz esse percurso a pé; achei melhor deixar a carruagem de aluguel aguardando-me na estrada.

---

[2] *Nota do autor espiritual: A situação revela típico caso obsessivo, agravante das doenças mentais expiatórias. Combatente fora um feroz soldado irlandês; matara com requintes de crueldade e defendera com fanatismo os ideais patrióticos e religiosos da Irlanda; sofria agora a ação de companheiros desencarnados que conduzira à barbárie. Joana não entendia o fenômeno da emancipação da alma durante o sono e, ao ver a situação, não compreendia as suas faculdades mediânimicas. O desconhecimento do que lhe acontecia, somado à natural perturbação nervosa, fazia surgirem os momentos de desequilíbrio. Sobre o tema, recomenda-se a leitura de* O Livro dos Espíritos *(cap. VIII) e* O Livro dos Médiuns *(caps. VI e XIX), ambos de Allan Kardec.*

— Por certo o informaram muito mal.

Jean observava o homem com atenção. Não era o primeiro estranho que deixava a carruagem na estrada para chegar até a chácara. Alguns familiares de pacientes também agiam assim, temendo o que poderiam ver na chácara e por vergonha de dirigir-se a um local que abrigava aquele tipo de doentes. Porém, aquele homem nunca estivera lá. Quem seria?

— Providenciarei que lhe seja trazida água fresca. Mas, se possível, diga-me a quem devo anunciar — indagou Jean.

— Bem, o doutor não me conhece, mas diga-lhe que sou familiar de um de seus pacientes. Meu nome é Francisco Colavida. Venho de Cádiz.

Assentindo com a cabeça, Jean retirou-se para as providências necessárias. Dirigiu-se aos fundos do casarão, à procura de Guilhermina.

— Guilhermina, onde está o doutor?

— A última vez que o vi, estava no jardim, lendo.

— Muito bem. Há um senhor que deseja falar com ele; veio de longe, está na sala e pediu um pouco de água. Providencie isso para o visitante enquanto vou à procura do Dr. Georges.

— Sim, Jean. Vou atender o visitante. É pessoa conhecida dele, Jean? — perguntou com curiosidade Guilhermina.

— Não que eu saiba. Disse ser familiar de um paciente. Mas vamos lá, atender o homem.

— Claro! E você procure o doutor.

Cada um foi cuidar de sua tarefa, envolvidos, ambos, pela mesma curiosidade sobre quem seria aquele estranho. Jean logo encontrou Georges e, falante como era, relatou toda ocorrência — até mesmo a conversa e a curiosidade da companheira. Georges ouvia tudo sorrindo; confiava cegamente em Jean. Sabia que o colaborador, justamente por falar muito, jamais seria capaz de uma traição, pois dizia sempre o que pensava, não se prendendo a convenções. Obviamente era muito eficiente nas suas funções e sabia portar-se diante de estranhos, mas no convívio diário esquecia seu papel socialmente menor, como todos naquela chácara. Lá vigiam outras regras: eram amigos, falavam francamente. E Jean era tão curioso quanto uma criança e, como uma criança, era tagarela. Tudo o que sentia ou pensava expressava em palavras, não escondia nada. Por isso Georges aprendera a confiar tanto nele.

— Muito bem, Jean, você também já me deixou curioso, aliás, esse seu mal é contagioso. Vamos lá receber este senhor Francisco Colavida.

Georges, bem-humorado, levantou-se abraçando o empregado e rindo da pressa com que ele caminhava.

— Devagar, Jean. Assim o visitante pode descansar um pouco mais, enquanto nós trocamos uma idéia: você se lembra de algum de nossos pacientes com esse nome de família — Colavida?

— Não, doutor. Isso foi a primeira coisa que pensei quando ele se apresentou. A bem da verdade, fiz com que se apresentasse. Ele não estava disposto a dizer quem era. Misterioso... Mas de fato não me lembro de nenhum doente com esse nome desde que estamos em Espanha. Ah! Ele disse que vinha da cidade de Cádiz — isso ajuda?

Georges ria. Podia imaginar Jean desconversando até que obtivesse do visitante as informações que queria.

— Tanto pior, Jean. Nunca estive em tal cidade. Vou lá. Nada nos resta a fazer senão atendê-lo.

Apressou o passo para acompanhar a rápida marcha do outro. Chegando ao interior da casa, Georges arrumou os trajes, lavou as mãos e o rosto.

— Estou bem, Jean? — Georges gostava de brincar com a aflição que a curiosidade causava no empregado, por isso propositalmente demorava.

— Sim, doutor. Posso dizer ao visitante que irá recebê-lo agora?

— Faça isso, Jean. Acomode-o em meu consultório. Vou tomar um chá com Guilhermina e sigo para falar com o Sr. Francisco.

Jean desapareceu nos corredores em direção à sala, pronto para cumprir as determinações do médico.

Passados alguns minutos, Georges dirigiu-se ao encontro da visita. Chegando à sala que indicara, encontrou o estranho visitante. Sua fisionomia não era completamente desconhecida, porém tinha certeza de não haver sido apresentado a ele. Lembrava-lhe alguém, mas naquele momento o médico não identificava quem era.

– Senhor Francisco Colavida? – perguntou Georges, dando início à entrevista.

– Sim, sou eu mesmo. Estou na presença do Doutor Georges de S...?

– Exatamente. É sempre um prazer conhecer novos amigos. – disse Georges, estendendo a mão para cumprimentar Francisco. Sentiu no aperto de mão e no olhar do visitante um gesto de sinceridade e boa disposição. Era sempre bom pressentir aquelas reações em um estranho.

– Por favor, sente-se, senhor Colavida. Jean, meu empregado, informou que o senhor é familiar de um de meus pacientes. Creio que seja esse o motivo de sua visita.

– De fato. Doutor de S..., sou um homem bastante ocupado, raramente viajo. Por isso acabei por afastar-me um tanto em demasia de minha família. Tenho apenas uma irmã e mãe já idosa. Minha irmã casou-se muito cedo com um comerciante aqui da cidade; era um arranjo ainda dos tempos de meu pai. Logo após o casamento, ela mudou-se para cá. Em seguida nosso pai morreu e tivemos nosso último contato há muitos anos por ocasião dos funerais, quando então ela trouxe minha mãe para residir com ela e o marido, pois esperavam o primeiro filho e assim seria bom para todos. Após isso, não tive mais notícias delas.

Georges notou que Francisco queria desculpar-se pelo distanciamento da família, por isso nada disse, aguardando que ele prosseguisse a narrativa e dissesse a que tinha ido procurá-lo.

– Doutor, o senhor sabe como muitas vezes o trabalho nos ocupa todos os momentos da vida. Foi o que aconteceu comigo: entreguei-me ao trabalho. Meu pai estava arruinado quando morreu, deixou muitas dívidas e eu desejava muito reconquistar a posição da família. Venci, consegui à custa de muito empenho realizar meu objetivo. Mas então contraí núpcias e dediquei-me a construir minha família. Perdoe-me lhe dizer tudo isso. – Naquele momento notavam-se lágrimas nos olhos do interlocutor de Georges.

– Por favor, não se constranja. Tenho o resto do dia para atendê-lo, se necessário for. Continue sua história. Se julgar necessário contá-la, estou ouvindo – incentivou Georges.

– Fui muito feliz com minha esposa e por isso não me preocupavam a irmã e a mãe. De outra sorte, também elas nunca me deram notícias. Mas, há três anos minha esposa faleceu no parto, juntamente com nosso filho. A solidão tem me ensinado muito. E, após meditar longamente, resolvi empreender esta viagem para reencontrá-las.

Francisco interrompeu a narrativa e Georges, que o ouvira com atenção, comentou.

– A vida tem estranhos métodos de ensino; no seu caso, bastante doloroso, porém válido. Seus sentimentos ressurgiram. E o senhor veio a Madri em busca de sua família. Recordou que não está só. Apesar de compreender a dor que ainda deve sentir, felicito-lhe a iniciativa de buscar reatar afetos esquecidos. Muitos no seu lugar entregam-se ao desânimo, à descrença, alguns até mesmo a vícios que os destroem. Mas ainda não entendi o que tudo quanto relatou tem a ver com meus pacientes. Desde que Jean anunciou sua visita tento recordar algum paciente com este nome, Colavida, e minhas tentativas são frustradas.

– Obrigado por suas palavras de ânimo. Mas devo confessar que atravessei dias muito difíceis, de irresignabilidade e descrença nos dias que sucederam ao falecimento de minha Alice. Mas, graças ao bom Deus, um grupo de amigos me resgatou do que seria um naufrágio moral. E é também em função disso que estou aqui.

172

Vou ser direto, pois realmente o doutor não teria pelo meu nome como identificar a pessoa a quem procuro; somos irmãos e ela foi entregue a seus cuidados sob o nome do marido. Doutor Georges, eu procuro por Joana Colavida Lopez. Meu cunhado Pedro disse-me que há alguns meses ela esta sob seus cuidados.

Georges estava surpreso. O marido de Joana procurara notícias da mulher apenas nos primeiros dias do tratamento; passado o primeiro mês, não havia mais sequer mandado alguém perguntar por ela ou remetido alguma notícia das filhas e da mãe. Praticamente a abandonara inteiramente a seus cuidados, inclusive no aspecto econômico. Como já estava habituado a esse tipo de atitude dos familiares dos pacientes que conduzia para a chácara, não procurara por Pedro Lopez, como não procurara por nenhum outro. Simplesmente, quando ocorria a morte de algum daqueles pacientes, ele enviava uma carta informando a ocorrência. Até mesmo providenciava os sepultamentos. Era inusitado alguém se abalar de Cádiz a Madri em busca de familiares que se haviam distanciado e, mais ainda, chegar ao destino, ser informado de que a irmã estava enferma e ainda assim prosseguir. Francisco era uma grata surpresa.

– Veio ao local certo, Sr. Colavida. Sua irmã é minha paciente. Fui chamado pelo Sr. Lopez para atendê-la e, verificando a situação, propus seu tratamento nesta chácara. Portanto, ela está aqui. Passa bastante bem, em se comparando ao início – esclareceu Georges.

– Folgo em saber que esteja bem. Muito me preocupou seu estado quando Pedro contou o que acontecia com ela. Poderei visitá-la?

– Antes de autorizar a visita, poderia me dizer o que lhe informou o Sr. Pedro acerca da doença de D. Joana?

– Doutor Georges, já deve ter percebido que costumo ser muito franco. Pedro disse-me que minha irmã está louca. Quando indaguei com base no que ele fazia essa afirmativa, narrou diagnóstico de vários médicos e as crises de alucinações que ela tinha. Depois de tudo que a vida me tem ensinado, como o doutor mesmo disse, usando estranhos métodos por vezes, preciso ver com meus próprios olhos. Se for verdade, quero saber que tipo de tratamento o senhor está lhe dando e em que posso auxiliar.

Georges exultou ouvindo aquelas palavras. Eram tão raros familiares interessados em seus doentes mentais... Regra geral, queriam a cura – não sendo esta possível, nada mais lhes importava. Era como se a pessoa já houvesse morrido, somente não fora enterrada e por isso o corpo vagava a esmo, indigno de maior consideração. Os familiares geralmente julgavam que seus doentes eram desprovidos de sentimentos e insensíveis ao sofrimento, o que Georges sabia ser uma grande mentira.

– Logicamente poderá visitá-la. Inclusive, se aceitar, será para mim um imenso prazer hospedá-lo por quanto tempo desejar ficar com sua irmã. A convivência com a família – reatar esse vínculo – será muito benéfica a Joana – declarou Georges.

A conversa fora longa, já caía a tarde. Francisco não tinha local onde se hospedar em Madri. Após a visita ao cunhado e as péssimas notícias que dele recebera, ficara bastante claro que não era bem-vindo; deveria procurar uma hospedaria. O convite do doutor era tentador e vinha ao encontro dos interesses de Francisco.

– Doutor Georges, vejo que tem uma alma generosa. Aceito seu convite de bom grado. Realmente não tinha destino em Madri. Minha bagagem está na carruagem alugada à entrada de sua chácara.

– Não se preocupe. Pedirei a Jean que providencie para que busquem sua bagagem. Guilhermina virá para conduzi-lo a um dos quartos. Enquanto descansa um pouco, falarei com Joana a seu respeito. Assim, antes do jantar já poderá vê-la.

– Doutor, não tenho palavras para agradecê-lo pela gentileza e atenção para comigo.

Minutos depois, Georges dava as orientações a Jean para acomodar o Sr. Francisco, que seria hóspede pelo tempo que desejasse permanecer na chácara, e seguia em busca de Joana.

Encontrou-a na cozinha ajudando Guilhermina na preparação do jantar.

– Joana, preciso urgentemente lhe falar.

Sem maiores explicações, Georges tomou-lhe a mão e conduziu-a para o pátio onde estivera antes da entrevista. Jean e Guilhermina entreolharam-se; a movimentação na chácara não era habitual. Pela primeira vez tinham um hóspede, e ainda não sabiam nenhum motivo oficialmente. Teria Joana algo a ver com tudo o que se passava? O que seria? Fervia-lhes o cérebro com perguntas.

À Joana também a situação causava estranheza. Estivera no quintal a maior parte do dia. Quando retornara, já para auxiliar na elaboração da refeição, tivera notícia da estranha visita que ocupava Georges há algumas horas.

– Calma, Georges. Por que tanta pressa? Não podemos conversar após o jantar como sempre? Guilhermina está só e como sabe temos mais pacientes a alimentar.

Joana ponderava enquanto era literalmente puxada pelo médico. Chegando ao banco onde estivera anteriormente, sentam-se lado a lado e ela observou que havia uma alegria incontida em Georges.

– Muito bem, já que tudo quanto disse não foi ouvido, pode me dizer qual a urgência em conversarmos? – Joana fazia-se de indignada, pois em verdade a simples felicidade no olhar do homem a quem profundamente admirava era motivo suficiente para alegrá-la.

– Joana, estou muito feliz por você. Não mereço essa repriminenda. Não podia esperar até o jantar para lhe contar as novidades – conciliou Georges.

– Eu sou a causa de sua felicidade!? Como?

– Vou contar-lhe tudo. Promete ser paciente e manter sua serenidade?

– Se está feliz, devo supor que as notícias que tem a meu respeito sejam boas. Então, não vejo motivos para temer por minha "serenidade". Portanto, fale.

Joana sabia que Georges não gostava de usar com ela qualquer expressão que pudesse lembrar doença e adotara a expressão *serenidade* como sinônimo de saudável, normal. Georges passou a relatar toda a longa entrevista que tivera com Francisco, omitindo-lhe o nome. Somente ao fim da narrativa de todas as desditas do pobre visitante e de sua busca pela família foi que lhe declinou o nome. Joana, porém, já quando tomava conhecimento dos problemas que afligiam o desconhecido, seu afastamento após o sepultamento do pai, a entrega sem restrições ao trabalho para recuperar o nome da família, começou a encontrar muitos elementos identificadores da própria situação de sua família – que sabia ser desconhecida do médico – e a desconfiar de que o visitante era seu irmão. Quando declarado o nome do forasteiro somente houve a confirmação de uma certeza íntima. A felicidade explodia em seu peito. Apesar de todo carinho que recebia na chácara, doíam, e muito, o abandono da família, a exclusão social, a não-aceitação de conviverem com sua "doença", se assim a quisessem chamar. Então, saber que o irmão que não via há mais de uma década estava à sua procura era um alento profundo. Um copo d'água servido a um sedento no deserto.

– Georges, onde está Francisco? – indagou, ansiosa.

– Ele está em um dos quartos vagos que Jean lhe preparou. Convidei e ele aceitou ser nosso hóspede, por isso não se aflija. Terá muito tempo para conviver com seu irmão.

Georges acariciava calmamente a mão de Joana, analisando todas as emoções que transpareciam em seu rosto enquanto falava.

Era uma mulher de força invejável, no seu conceito. Ele temera lhe dar a notícia, não sabia como ela reagiria, por fim havia deixado seus sentimentos agirem e sentia-se gratificado agora. Joana não guardara qualquer mágoa do afastamento do irmão. Recebia-o com o coração em paz, satisfeita pelo interesse.

Joana levantou-se e, sem dizer uma palavra, dirigiu-se aos poucos dormitórios que sabia disponíveis – em um deles encontraria o irmão. Somente quando ela já entrava na residência, Georges percebeu o que ela fazia. Compreendendo que aquele momento era de intimidade familiar, deixou que ela se fosse e silenciosamente, em contato com as primeiras estrelas que surgiam no céu, agradeceu a Deus a dádiva daquele dia.

Como é lindo presenciar o amor entre os homens!

Francisco permaneceu na chácara por uma semana, ao longo da qual conversaram sobre diversos assuntos, conheceram-se, estreitaram-se laços de amizade. Inteirou-se do tratamento de Joana, inclusive das novas idéias de Georges, as quais julgou muito oportunas. Comungava da idéia de que Joana não era portadora de uma enfermidade mental.

*. *. *

Napoleão espreguiça-se e movimenta-se no colo do médico, trazendo-o de retorno de suas divagações. O relógio assinalava meia-noite. Era preciso descansar – no dia seguinte deveria retornar à chácara e continuar seu estudo e trabalho.

Francisco deixara-lhe abertas indagações. Apreciara seu interesse pela irmã, inclusive dissera conhecer outras pessoas com as quais ocorriam fenômenos idênticos – também tinham alguma forma de contato sensorial com um mundo paralelo. Tinha amigos que há algum tempo dedicavam-se a pesquisar aquele universo novo e não somente em jogos de salão, modismo em toda a Europa – inclusive nas cidades do interior –, mas em sessões sérias, onde se obtinham resultados extraordinários.

Afirmara que somente tinha conseguido forças para prosseguir a existência e vencer a tristeza da perda da esposa quando um amigo, que freqüentava um desses grupos, fora visitá-lo e, vendo seu abatimento, resolvera lhe falar sobre as pesquisas que se desenvolviam na cidade e sobre a grande confirmação de que a vida prossegue após a morte, de que a morte não significa mudanças drásticas – é apenas uma continuidade do que vivemos, que continuamos a ser os mesmos indivíduos, e que, portanto, é possível comunicar-se com os "mortos" por meio de pessoas como Joana, capazes de perceber esse mundo sutil.

Francisco recomendara ao médico analisar mais detidamente esses fenômenos. Ele estava convencido de que a irmã não era louca como dizia seu cunhado, mas sim uma sensitiva. Desde então,

Georges vinha analisando ainda mais as "crises" de Joana. A ocorrência com Combatente chamara-lhe a atenção – ainda mais quando, dialogando com o velho, este relatara o pesadelo com soldados irlandeses que o acusavam de traição e queriam julgá-lo. Como Joana teria visto o pesadelo do outro paciente? Isso era ainda mais difícil de explicar. Aceitar a teoria de Francisco de que eram os espíritos de homens que já haviam vivido na Terra que Joana via e ouvia era viável, especialmente quando este lhe oferecera provas. Tudo isso resultara no convite para que ele e Joana fossem a Cádiz conhecer os amigos de Colavida pertencentes ao grupo de pesquisa.

Por fim, Georges recolheu-se, encerrando as recordações daqueles últimos tempos. Em sua avaliação, muito agradáveis.

"Retardarei a viagem a Cádiz somente para poder despedir-me de Maria Helena, que retornará à ilha. Como isso ocorrerá em três dias, logo partiremos ao encontro de Francisco", pensava Georges, ao deitar-se.

Dias depois, os Alvarez e Rodrigo de M... partiam.

Georges e Maria Helena despediram-se, emocionados, prometendo manter contato por correspondência até que um pudesse empreender viagem para visitar o outro. Elizabeth não compareceu às despedidas. Como cada viajante tinha um interesse distinto, encontrou-os em separado. Rodrigo, durante o período em que estivera em Madri após o casamento, voltara a sucumbir à tentação dos prazeres que vivia com a amante; assim, despediram-se em sua alcova e, como era esperado, combinaram remessas de dinheiro em favor dela. Ele partia buscando tranqüilidade e um novo começo para sua vida. D. Antônio passara com ela o último final de semana na propriedade rural que lhe dera de presente, entre muitas juras de amor e saudade, regiamente remuneradas. Maria Helena não mais lhe trazia interesse. Somente por questões sociais foi visitá-la rapidamente, sempre com a alegação de cuidar da mãe idosa e doente, rapidamente dando por encerrada a tarefa.

Assistiram à partida Georges e a família de M....

O Segredo Revelado
Capítulo XVI

"Porque não há coisa oculta que não haja de manifestar-se, nem escondida que não haja de saber-se e vir à luz." [1]

Após a longa viagem, finalmente D. Antônio e o jovem casal aportam de regresso à ilha, novo lar de Rodrigo de M.... Já a longa estada no mar fora para ele um período benéfico – devolvera-lhe a paz íntima.

A beleza natural era estonteante. Para quem vinha de uma vida urbana tumultuada, avistar as praias tranqüilas, a vegetação luxuriantemente verde em contraste com o azul intenso do céu sem nuvens, cortado por grandes bandos de aves marinhas erguendo-se do mar, era uma visão do paraíso. E daquele paraíso jorrava ouro em abundância. E o vil metal atraía para ele suas serpentes. Rodrigo em breve descobriria a real natureza do sogro e entenderia que aquela visão magnífica tinha suas máculas.

Aguardava os viajantes uma charrete conduzida por um homem negro, elemento humano muito utilizado por D. Antônio no cultivo das lavouras e no preparo dos vinhos. Eram ex-escravos

---

[1] Jesus. Bíblia Sagrada, *Luc 8:17*. Trad. João Ferreira de Almeida. Barueri, Sociedade Bíblica do Brasil.

fugitivos ou libertos que aportavam em embarcações comerciais e acabavam ficando. Sua condição pouco diferia da escravidão: recebiam casa e comida em troca do trabalho. Não eram submetidos a maus-tratos – uma das tradições da família Alvarez era não empregar violência jamais, fossem quais fossem as circunstâncias. Além disso, a população negra da ilha lá se encontrava livremente, havendo se organizado em uma pequena aldeia ao norte da vila dos Alvarez. Dificilmente aquela aldeia era visitada.

– Buenas-tardes, D. Antônio – cumprimentou o trabalhador, levantando o chapéu. Em seguida, dirigindo-se ao casal, estendeu o cumprimento abaixando a cabeça descoberta. – Senhores...

– Buenas-tardes, Joaquim. Como estão as lavouras? – indagou D. Antônio, continuando a conversa com o homem a seu lado e ignorando completamente a filha e o genro. Já reassumia a real personalidade. Ali não era local de diversão para ele e sim de trabalho e por isso nada o demovia desse interesse maior.

Rodrigo, estranhando a atitude do sogro, demonstrou tal surpresa na expressão do rosto, que a esposa, atenta, sorriu.

– Rodrigo, meu pai era um homem que só existia para trabalhar antes de viajarmos para a Espanha. Produzir e comercializar eram o centro de seu mundo; pouca atenção dava às pessoas, especialmente a mim e à mamãe. O tempo em que estivemos fora me fez conhecer outro homem e espero que ele continue gentil e alegre como era lá.

Maria Helena desejava que o marido compreendesse a advertência embutida em suas palavras quanto ao que esperar de D. Antônio em seus domínios produtivos.

– A cidade oferece idéias novas a todo momento. Talvez seu pai tenha ficado tempo demais aqui e por isso a mudança verificada na estada em Madri. Esperemos que ela seja permanente, pois, pelo que disse, deduzo ter sido para melhor – gracejou Rodrigo, sem dar maior importância ao episódio.

Seria necessário aprender rapidamente o funcionamento daquilo tudo, e o trajeto até a sede da vila Alvarez oferecia-lhe a apreciação de alguns cultivos. A quantidade de trabalhadores chamou-lhe a atenção; assim, foi informado pela esposa sobre a aldeia de trabalhadores negros ao norte da ilha, as diversas culturas cultivadas, sendo algumas para subsistência da ilha, outras para comércio. Impressionou-lhe muitíssimo a sede da vila – não contava encontrar uma construção tão luxuosa e confortável. À porta esperava D. Maria, ao lado do padre e de algumas empregadas. O traje severo conferia idade muito maior do que realmente tinha; a vida de sacrifícios e privações a que se submetia a Sra. Alvarez rapidamente havia dado fim à beleza que um dia ostentara. Seus cabelos precocemente grisalhos estavam presos em um coque com um pente donde se desprendia uma renda negra que lhe cobria a cabeça e parte das costas; a pele pálida chegava a ter uma cor macilenta em decorrência dos jejuns e longos dias trancada em retiros piedosos, que também eram responsáveis pela extrema magreza de sua compleição física. Restavam-lhe ainda os belos olhos castanhos semelhantes aos da filha, mas mesmo estes eram tristes. Era quase um fantasma habitando a vila – muito pouco falava.

D. Antônio cumprimentou a todos, apresentando o genro, nomeando-o seu novo auxiliar, mas, ao aproximar-se da mulher, não conseguiu dominar um pensamento de repulsa. Ao vê-la, recordou a graça e a vivacidade de Elizabeth, e já as saudades começaram a atormentá-lo, pois viver com D. Maria na condição de marido era algo que há muitos anos abandonara e sabia que ela sentia-se bem mais satisfeita assim. De que lhe valera aquela mulher? – pensava, e seu olhar transmitia toda a dureza de seus sentimentos.

Maria Helena acostumara-se a conviver com a estranha personalidade da mãe. Reconhecia que a mãe dedicava-lhe afeto. Lembrava a felicidade e o orgulho dela quando fizera os sacramentos e nas vezes em que a acompanhara às missas – de resto, pouco se falavam. Por isso, quando crescera, jurara não deixar que sua vida se transformasse em algo semelhante à vida que levava D. Maria.

Acreditava que tivera êxito: estava casada com um homem belo e jovem, de seu agrado, e a uni-los havia amor. A piedade que sentia pela mãe aumentara conforme amadurecera e, desde o casamento, várias vezes se lembrara da mãe e da lastimável vida que tinha. Nem para D. Eleonora tivera coragem de falar a verdade, preferindo ouvi-la sobre a juventude que havia usufruído ao lado da prima.

Agora, defrontando a mulher envelhecida e triste à sua frente, profundamente comovida, Maria Helena abraçou a mãe, e lágrimas escorreram silenciosas de seus olhos. D. Maria, pouco afeita a demonstrações de carinho, constrangeu-se com o gesto da filha e afastou-a, dizendo:

– Minha filha, seu pai informou-me de seu casamento. Onde se realizou a cerimônia religiosa? Espero que tenha sido bela. Preste muita atenção aos sagrados votos que professou! O casamento é um importante sacramento, você agora está indissoluvelmente ligada a seu marido, obedeça a ele para glória de Deus! Dê-lhe herdeiros. Para isso é permitido o casamento, para que os filhos de Deus possam crescer e multiplicar-se. Construa sua família sobre os fortes pilares da Igreja e lembre-se de confessar seus pecados para continuar tão pura aos olhos de Deus como o era antes de casar-se. Isso lhe dará o paraíso celeste e a companhia de anjos amorosos.

Praticamente mais de dois anos haviam se passado, entretanto D. Maria em nada mudara. Como sentiria saudades de Georges e das longas e carinhosas tardes que passara em passeios e diálogos com ele, constatava Maria Helena, pois o marido por certo teria ocupações junto de D. Antônio que o manteriam afastado dela boa parte dos dias futuros. Os dias sem dúvida seriam longos e lentos. A menos que seus filhos viessem logo, assim teria a quem se dedicar.

Rodrigo espantara-se com a sogra, comparando-a com a própria mãe, pois deveriam ter a mesma idade. Não entendeu como ocorria aquele estranho fenômeno. Aquela ilha era uma caixinha de surpresas, mas admitia que ver a sogra todos os dias à mesa de refeições seria deprimente. Disfarçando seus sentimentos, beijou-lhe a mão quando foi apresentado formalmente por D. Antônio e recebeu-lhe somente a bênção, sem qualquer outra palavra.

* * *

Impusera-se a todos a rotina de trabalho que a vida na ilha exigia. Rodrigo aprendia rápido e fascinava-se com o comércio. Na seqüência dos dias, porém, D. Antônio retomava acentuadamente as características conhecidas de sua personalidade, afastando-se drasticamente do homem que dera a conhecer em Madri. Apesar da boa adaptação do genro aos labores que desenvolvia, exigia sempre mais, e o jovem, que nunca fora dado ao trabalho, ao cabo de algum tempo sentia nascer em seu íntimo um sentimento de revolta, pois compreendia as vultosas quantias gerenciadas pelo sogro, das quais nada percebia. Resolvido, abordou o assunto durante as intermináveis tardes em que trabalhavam no escritório da sede da vila. Muito pensara em como fazê-lo e aquele lhe parecia ser o momento ideal. D. Antônio, sentado à sua mesa de trabalho, onde em frente mandara instalar uma menor para seu auxiliar, concentrado na análise das contas, nem ao menos lhe dirigira a palavra. Assim, ao fim de algumas horas, Rodrigo levantou-se e, dirigindo-se à porta, solicitou a um dos criados que mandasse trazer um bule de café até a sala onde trabalhavam.

A movimentação do rapaz atraiu a atenção de D. Antônio.

– Bem lembrado, meu filho, uma pausa nos fará bem. As alterações que sugeriu em nossas despesas com as lavouras acabaram por mostrarem-se positivas. Houve um aumento de produtividade, o que significa mais lucro e isso é muito bom.

– Ótimo! – respondeu secamente Rodrigo.

– Você tem talento para os negócios. Fizemos uma excelente aliança, não acha?

– Não estou arrependido, se é isso que deseja saber. Porém, se me perguntar se estou plenamente satisfeito, também lhe respondo: não.

— Como, meu filho? Não compreendo essa sua atitude. Minha filha não o tem feito feliz? Não é boa esposa?

— Maria Helena nada tem a ver com os sentimentos que expressei. Estamos bastante bem. Referia-me à minha insatisfação com os negócios, D. Antônio. Há quase seis meses estamos trabalhando juntos e o senhor acaba de reconhecer que minha colaboração tem dado bons resultados, mas eu nada aproveito disso. Até o presente, nada recebi e gostaria de discutir isso. Não considero justo continuar dessa forma.

— Mas como não recebeu nada?! Você sabe muito bem que é meu herdeiro universal, portanto tudo que tenho será seu um dia, pertence a você. Está trabalhando em seus próprios negócios.

D. Antônio enfurecera-se visivelmente e a custo mantinha o controle. Dinheiro e poder eram, em seu ponto de vista, inseparáveis entre si e principalmente de seu legítimo proprietário, que no caso era ele. A conversa era desagradável. Após bater na porta, recebendo a devida autorização, ingressou na sala a criada com o café, que serviu em clima de absoluto silêncio e retirou-se. Enquanto a criada executava suas tarefas, os homens mediam forças com o olhar e nenhum recuava. Haviam aprendido a se conhecer, a se respeitar e até mesmo a desenvolver uma amistosa camaradagem. Era o primeiro confronto.

— Sou seu herdeiro universal desde o dia em que me casei com Maria Helena. A união conferiu-me esse título por extensão, D. Antônio, mas não faz de mim seu empregado, ou melhor, "trabalhador", como denomina aos negros que trabalham nas plantações. Em troca de meu trabalho recebi até agora casa e comida, tal qual eles, e isso não me satisfaz.

— De que mais precisa, rapaz? Nesta ilha não há onde gastar dinheiro com diversões. Se desejar comprar alguma coisa, bem sabe que temos de encomendar, e nunca proibi qualquer de seus pedidos.

Nada escapava ao rigoroso controle de D. Antônio. Ele sabia exatamente das exigências do genro quanto a bebidas, comidas, perfumarias e roupas que haviam sido incluídas nas encomendas de compras dos Alvarez. Mas como ele ainda se adaptava à nova rotina, D. Antônio julgara que não chegara o momento de serem-lhe ensinados os benefícios da economia. Entendendo a indireta, Rodrigo percebeu até que ponto chegava a avareza do homem à sua frente.

– De fato, nada me faltou até o presente, mas fiz por merecer cada uma das coisas que passaram a ser encomendadas e o senhor apreciou as mudanças. Com a situação de D. Maria, minha esposa assumiu a direção da vila e está lhe dando outras características bem mais agradáveis. Procurei auxiliá-la quanto possível e insisto, meu trabalho já lhe rendeu muito mais dinheiro do que o pouco acréscimo que representam essas exigências na contabilidade da família Alvarez.

– Seja claro Rodrigo! O que lhe falta?

– Gostaria que fosse fixada uma renda mensal calculada, se achar conveniente, sobre o faturamento das lavouras e dos negócios que estou gerenciando. Isso me permitiria investir em outros interesses, criar algo exclusivamente meu, assim como o senhor criou este pequeno império. Acredito que um homem deve orgulhar-se de construir seu patrimônio e não de somente recebê-lo por herança.

Observando o sogro, Rodrigo percebera que a melhor estratégia para atingir seu fim seria afagar-lhe o ego. Homem orgulhoso e vaidoso da fortuna que possuía, D. Antônio não resistiria ao ser guindado à condição de ser exemplo para alguém.

– Muito bem, meu filho, sábias palavras. De fato é um grande mérito construir uma fortuna como tem a casa Alvarez. É preciso muito trabalho, esforço, dedicação, economia – e esta última somente se aprende quando se reconhece o sacrifício que gera o dinheiro. Pensarei em seu pedido e mais tarde lhe darei a resposta.

Rodrigo sorriu intimamente, satisfeito. O velho poderia ser

esperto, mas ainda assim não conhecia a malícia do interesseiro. Rodrigo interessava-se pelos negócios e trabalhava, mas não por amor ao trabalho nem por vontade de ser útil, e sim porque precisava saber exatamente a extensão do que julgava ter adquirido com o casamento. Além disso, o seu enfrentamento com o sogro fora antecipado em razão da carta que recebera de Elizabeth cobrando-lhe a parte do acordo, em meio a demonstrações de afeto e saudade que vinham a atormentá-lo, toldando-lhe a alegria da convivência com a esposa, lembrando-o dos prazeres e diversões que abandonara.

À noite, durante o jantar, D. Antônio comunicou sua concordância com o pedido do genro, bem como o quanto lhe seria concedido a título da renda pleiteada, não admitindo mais qualquer outra argumentação. Considerando a opinião que tinha a respeito de dinheiro e poder, somente aquiescera por considerar que seria educativo o genro gerir seus próprios recursos, e esperava acompanhar aquela gestão muito de perto, verificando a sua a real aptidão para os negócios.

* . * . *

Em Madri, as mudanças eram várias nas vidas de nossos personagens...

Franz, premido pelo agravamento do estado de saúde da mãe, retornara da Inglaterra. Custou-lhe grande esforço crer que Rodrigo, o parceiro de boêmia e jogos, havia transferido residência para a longínqua ilha de domínio da família Alvarez. A irmã, ao dar-lhe a notícia por carta, fora sucinta e dramática, dizendo-se só entre estranhos, pois todos os conhecidos tinham deixado a cidade e, dado o grande período em que vivera longe de Espanha, lá realmente não possuía amigos com quais contar em hora difícil. Com a mãe às portas da morte, temia não ser capaz de suportar as dificuldades e rogava-lhe esquecesse os desentendimentos entre ambos e voltasse o mais breve possível, também em atenção à enferma que solicitava a presença do filho. Ao tomar ciência das notícias, Franz providenciara o retorno e, já em Madri, ainda não se convencera de que Rodrigo e Maria Helena estavam agora casados e vivendo em companhia de D. Antônio. De certo modo os malfadados planos da irmã não se haviam realizado a inteiro contento. Vira que, financeiramente, Elizabeth progredira muitíssimo; surpreendera-se ainda mais quando, ao chegar ao apartamento da família, lá encontrara somente os criados e uma enfermeira tratando a doente e fora por eles informado do seu novo endereço, o qual reconheceu de imediato como sendo a Mansão Alvarez. Passara o primeiro dia após a chegada ao lado do leito da mãe. Esta, em meio ao delírio, reconhecera-o e puderam trocar algumas palavras. Nessa conversa ficou claro para Franz que a doente não calculava o tempo de afastamento do filho, não desejava mais viver, buscara a morte e a ela entregava-se feliz, esperando fosse a porta de reencontro com o amado marido. Ao cair da noite, como Elizabeth não viera visitar a mãe, Franz tomou o destino da Mansão Alvarez a fim de informar-se a respeito de todos os acontecimentos sucedidos desde que deixara o país.

Ao chegar à mansão, fez-se anunciar e foi conduzido até a sala onde estava a irmã. Ela vestia-se primorosamente e ostentava belíssimas jóias. Elizabeth recebeu-o afetuosamente, porém um tanto temerosa de enfrentá-lo, pois ainda se lembrava da última conversa que tivera com o irmão antes de sua partida para a Inglaterra.

– Meu irmão, vê-lo aqui me diz que não há ressentimentos entre nós e isso me dá muita alegria. Obrigada por ter atendido ao pedido.

– Elizabeth, embora não tenha concordado com os seus "planos" e de Rodrigo, nada tenho a ver com a vida de ambos. Você é minha única irmã, e apesar de nossa família nada ter de convencional, a forte união entre papai e mamãe nos tornou bem mais próximo. Não poderia permanecer na Inglaterra sabendo das dificuldades que enfrentava aqui. Mas, afora a gravidade da doença de mamãe, pude constatar que de resto você progrediu rapidamente.

Franz observava a mansão, que se já era luxuosa, agora se revestia de obras de arte. Pinturas, esculturas, tapeçarias, cristais e prataria adornavam ricamente os ambientes em muito maior quantidade do que vira antes. Até mesmo o uniforme dos criados fora substituído e assemelhava-se aos usados em Londres.

– Explicarei tudo isso com calma. Os "planos" sofreram modificações e foi necessária uma adaptação de última hora, porém nada que tenha comprometido o resultado almejado; entretanto, é de certa forma um exílio tanto para mim quanto para Rodrigo. Ele foi obrigado por D. Antônio a partir, acompanhando-os para a ilha, fato com o qual não contávamos. Pensamos que bastaria apenas a garantia de uma boa aliança matrimonial, mas, ao que tenho sido informada, ele tem exigido que o genro trabalhe em igualdade de condições com ele. Não creio que Rodrigo, se bem o conheço, vá suportar tal estilo de vida. Da mulher, nada fala – tolera-a, por certo. Mas tem sido fiel à nossa sociedade, e eu, por minha vez, aqui fiquei só todos estes meses, já que não conto com amigos na sociedade madrilena. Às casas de jogos não mais me atrevo a ir, especialmente sem você. Como vê, sou uma quase eremita em uma grande cidade.

Elizabeth sorria candidamente para o irmão. Talvez ele fosse seu real e único afeto, apesar de todas as desavenças de opiniões que existiam entre eles. A explicação era incompleta e Franz insistiu:

– Uma eremita diferente, não, irmãzinha? Que não vá a festas e clubes noturnos, compreendo. Mas como explica este novo endereço e o luxo que vejo?

– Bem, Franz, D. Antônio foi, ou melhor, é, extremamente generoso comigo. A amizade que o une a mim é significativa. Apesar de sua oposição ao casamento de Maria Helena, a família Alvarez é muito grata à minha interferência na realização da aliança com os de M... que, afinal, rendeu bons resultados, não só sociais e familiares mas também financeiros para os negócios dele. Com justiça, me fez alguns presentes e além da parte de Rodrigo, recebo de D. Antônio uma renda mensal para manutenção das despesas.

Franz sentiu um certo nojo ao ouvir a explicação da irmã, porém silenciou, lembrando as próprias palavras que dissera minutos atrás: nada tinha com a vida da irmã. Assim, passado o impacto inicial, aceitou a nova situação. Somente não se instalou de imediato na mansão, conforme sugerira Elizabeth, por uma questão de consciência – estivera tantos meses afastado da mãe agora moribunda que desejava permanecer no apartamento ao lado dela, até o dia de sua morte.

Por um mês arrastou-se a agonia da enferma. Durante esse período, os irmãos visitavam-se diariamente, trocando impressões sobre o estado da mãe, e Franz inteirava-se da fortuna que sua irmã já tinha em mãos e da qual usufruía por extensão.

Os negócios da família agora estavam sanados. Elizabeth contratara um eficiente guarda-livros, que também fazia as vezes de um gerente. Homem honrado e competente, em pouco tempo solucionara a situação das hipotecas sobre o pequeno patrimônio que haviam herdado e administrava a propriedade rural extraindo bom rendimento da terra.

Rapidamente Franz tomou gosto pelo dinheiro da irmã, esquecendo a sua duvidosa origem. A morte da mãe não foi surpresa, apesar de ser sentida pelos filhos, em bem maior expressão por Franz. Mas, passados alguns dias, ambos estavam recuperados e empreendendo os preparativos para viajarem à Inglaterra em visita a amigos e outros. E para lá rumaram, sendo que Elizabeth tomou o cuidado de deixar a uma empregada de sua confiança o endereço em que se encontraria para que esta remetesse as cartas que chegassem da ilha.

*. *. *

A temporada em Cádiz revelara-se um marco na existência de Georges e Joana.

Viajaram ao encontro de Francisco logo após a partida de Maria Helena. Joana apresentava melhoras inacreditáveis por aqueles dias.

As "crises" prosseguiam, porém ela – confiante nos recentes conhecimentos adquiridos e nas experiências que mantinha com o médico – passara a lidar de forma equilibrada com o fenômeno. Aquilo não mais abalava seu sistema nervoso. A aceitação e a compreensão haviam sido medicamentos poderosos, tanto por representarem a pacificação de seu íntimo quanto por representarem a aceitação do meio social em que vivia. Deixara de temer maus-tratos e agressões de toda sorte. O carinho do médico, dos empregados e dos demais pacientes a recuperara para as relações sociais. Era a comprovação do ensino de Pedro: "O amor cobre uma imensidão de pecados". O afeto que Joana recebia transmitia-lhe tamanho bem-estar que a fazia apagar da memória recente os traumas vividos anteriormente.

A necessidade de amor e atenção é intrínseca ao ser humano. Essa necessidade nos distingue de um bom número dos chamados irracionais. É por meio dela que constituímos família e somos definidos pela filosofia, desde há muitos séculos, como um animal social. O poder do amor é tão grande e sua aplicação tão extensa que Jesus o proclamou como o resumo de toda uma era da humanidade e como divisa para um imortal destino quando disse que toda lei e os profetas se resumiam ao ensinamento do "amar a Deus sobre todas as coisas e ao próximo como a si mesmo".

A paciente de Georges era exemplo vivo do poder do carinho. Era uma flor que desabrochava ao calor do sol. Redescobrira a alegria de viver, aprendera a valorizar as coisas mais simples – aquelas que tantas vezes nos passam despercebidas e que achamos destituídas de encanto. Para ela, nada era desprovido de encantamento – as mudanças climáticas, o canto dos pássaros, as cores, os indivíduos feios ou bonitos, sãos ou doentes, em tudo havia motivos de alegrar-se. Era alguém que estivera morta e revivera.

A viagem foi para ela motivo de júbilo redobrado. Sua experiência como viajante resumia-se à sua mudança de Cádiz para Madri, quando se casara com Pedro Lopez, e ao acompanhamento do funeral do pai. Georges cercara a jornada com paradas estratégicas em pequenas cidades ao longo do caminho para descanso e adaptação de Joana – afinal, ela estava reclusa de um meio social chamado "normal" há um longo tempo.

Descansavam após um dia exaustivo em uma simpática hospedaria num vilarejo pequenino, mas muito alegre e ruidoso, próximo a um acampamento cigano. Os olhos escuros de Joana brilhavam cheios de vivacidade; ela tinha sede de voltar a viver em contato com outras pessoas, o que à observação de Georges não passou despercebido.

– Joana, noto em seu olhar uma inquietação. Quer me revelar por quê?

– Ah! Georges – as formalidades entre eles haviam perdido sentido e naturalmente cedido lugar a uma maior intimidade –, será que algum dia terei segredos a seus olhos? Realmente, sinto-me inquieta, se assim quer denominar meus sentimentos. Mas é uma inquietude alegre... A agitação desse povo na rua me contagia. Veja o colorido dos trajes: eles têm a expressão de excitação e pressa, mas me transmitem bons sentimentos. Parece haver preparativo de festa, mas verifiquei o calendário e não há nenhuma festa por estes dias. Sinto vontade de me misturar a eles e ver para onde seguem. Vai dizer que agora sim estou louca, não é, meu doutor? – brincou Joana, como ultimamente fazia com o longo período que vivera sob o estigma da loucura.

Georges sorriu benevolente. Apreciava a companhia daquela mulher, por isso perdoava-lhe a chacota amistosa.

– Você não é louca, acredito que já tenha se convencido disso. Mas, por outro lado – Georges entrava no clima de brincadeira proposto pela companheira –, há quem diga que viver é uma grande loucura; sendo assim, todos somos de alguma forma loucos. Conseqüentemente, ninguém nos pode censurar. E como eu, um médico interessado em loucos, poderei censurá-la?

– Que quer dizer, Georges?

Joana não acreditava na possibilidade que vislumbrava nas palavras do amigo. Após anos vivendo em péssimas condições e sob forte humilhação, julgara encontrar o paraíso na chácara e a oportunidade de viajar era valiosa, ainda que pudesse somente apreciar a vista e as pessoas pela janela da carruagem.

– Ora, Joana, considero-a uma mulher corajosa como poucas conheço. Não vai me decepcionar e recusar o convite de comparecer a um casamento cigano – provocou George

– É para lá que segue o povo do vilarejo? Deus, uma festa cigana? Nunca imaginei me aproximar de um acampamento, quanto mais assistir a uma festa! – Joana falava, perplexa.

– Basta! Eu lhe fiz um convite. Diga se o aceita ou não – insistiu Georges, fingindo-se de bravo.

Joana ria. Custava-lhe acreditar na proposta de Georges. Lembrava-se da educação recebida, segundo a qual os ciganos eram alvo de preconceito e medo e por isso fascinavam – tinham um charme de coisa proibida. Contendo o riso, forçou uma expressão grave e respondeu.

– Claro, senhor, mil desculpas. Não foi a atitude apropriada a uma dama em face de um tão gentil convite para festividade dessa importância. Por favor, aguarde apenas um minuto, vou buscar um xale para acompanhá-lo. – E fazendo uma mesura, continuou: – Será um imenso prazer aceitar seu convite, cavalheiro.

A festa cigana foi apenas o primeiro de muitos passeios até a chegada ao destino e em função deles houve atrasos e acréscimo de bagagem. Mas, no entender de Georges, tudo era válido se resultasse no bem.

* * *

A Joana que chegou a Cádiz era uma mulher equilibrada, feliz e capaz de conviver em sociedade.

A residência de Francisco localizava-se em uma região bastante movimentada da cidade. A chegada de estranhos logo foi noticiada e os amigos do anfitrião que já sabiam da importância da visita, não tardaram a apresentar as boas-vindas.

Reunidos na sala de visitas, Francisco e vários amigos – todos com o interesse comum nos fenômenos propiciados pelos espíritos – conversavam animadamente aguardando a presença do médico de Madri, cuja boa fama fora espalhada pelo irmão de Joana. Dialogar com alguém afora os integrantes do grupo era uma alegria, embora sempre cercada de muita prudência, pois a intolerância do clero espanhol era temida. Se as ameaças se restringissem à excomunhão do seio da Igreja isso não os afetaria, eis que de livre vontade há muito evitavam comparecer às chamadas obrigações religiosas, porém elas ultrapassavam os muros do bispado e, por isso, resguardo não era desaconselhável.

Mas ali, em casa de um amigo, a reunião poderia ser vista como mera atividade social e ninguém relataria as atividades ou assuntos que a cercaram.

Homens bem-postos, social e culturalmente, convencidos das descobertas que faziam e da felicidade que lhes advinha dos novos conhecimentos, unidos e ardorosos – essa foi a primeira impressão de Georges ao chegar à sala da reunião. Francisco, notando-lhe a presença, veio-lhe ao encontro, iniciando as apresentações.

– Georges, não cultivamos formalidades, aqui somos todos amigos, portanto será chamado pelo seu primeiro nome e assim se dirigirá aos demais.

E passou a apresentar-lhe os amigos: Manoel Oliva, homem baixo, moreno, olhos perspicazes, era o mais idoso membro; João e Felipe Gonzales eram irmãos – jovens, louros e altos, muito extrovertidos, logo cativaram a simpatia de Georges; Marcos, também médico, tinha aproximadamente 40 anos e fora quem, juntamente com Manoel, interessara-se em desvendar o que ocorria nas famosas brincadeiras de salão envolvendo as mesas dançantes.

– Como vê, não somos muitos, embora estejam ausentes hoje duas senhoras que contribuem para o nosso grupo: D. Teresa, esposa de Manoel, e Cândida, irmã de Marcos. – E, com um gesto, convidou a tomarem acento, oferecendo-lhes vinho.

– Então, Georges, está também às voltas com experiências que apontam a existência de um mundo espiritual, segundo nos relatou Francisco. Conte-nos a história – pediu Manoel.

Georges, sentindo-se muito à vontade, e percebendo a sinceridade do interesse dos presentes em suas vivências com Joana, relatou-lhes pormenorizadamente a situação da paciente, com destaque especial para as últimas experiências, quando resolvera interagir nas "crises", e os resultados que obtivera. Foi ouvido com atenção e sem sofrer qualquer interrupção pelos demais.

– Assim é que hoje deparamos com esta realidade, bastante viável no nosso entender, de que as ocorrências com Joana sejam motivadas por espíritos. As provas disso são, para mim que convivo com ela, irrefutáveis. As pessoas que ela vê são personalidades distintas, apresentam situações muito diversas – ora vagam alheias a tudo; ora estão próximas de pessoas dando a entender que mantêm uma ligação, como é o caso de meu paciente "Combatente" de que lhes falei; ora são familiares, como a situação da avó vista num período de doença e mais recentemente lá na chácara, transmitindo palavras de incentivo a Joana e nos dizendo claramente que a vida não termina após a morte, mas que é muito diferente da concepção que as pessoas fazem na Terra. Temos ainda a moça descalça, a "amiga", como a chamamos, que nos parece um ser de grande bondade. Poucas palavras ela nos trouxe até agora, mas reconheço que sua presença sempre facilitou meu trabalho e traz grande bem-estar a Joana. Temos lido muito e deparamos com vários pensadores que admitem a existência de um mundo espiritual, da reencarnação e há registros de relações de espíritos com os homens desde os tempos mais antigos. Não me considero mais um católico, pois desde que deixei Paris não mais freqüentei nenhuma igreja. Somente há alguns meses compareci à celebração de um casamento, mas entendo que isso não me faz menos cristão, e sou sincero admirador do pensamento de Paulo de Tarso e das suas epístolas. Mesmo nos Evangelhos encontramos referências a esses fenômenos. Em que pese tudo isso, poucas orientações de como lidar com eles encontrei. Tenho me servido da II Carta de Paulo aos Coríntios, porém careço de mais elementos e especialmente de experiências – e isso espero encontrar neste grupo. Francisco foi nosso intermediário, falou de mim para vocês e vice-versa, portanto sei que há algum tempo realizam pesquisas com esses fenômenos e o intercâmbio será valioso.

Com essas palavras, Georges expressava seus anseios que nem mesmo a Joana confessara.

– Partilho de seus dilemas de consciência em diagnosticar e tratar a loucura, Georges. E permita-me expressar como colega o meu respeito e a minha admiração pelo trabalho que realiza na chácara de repouso. Realmente, a convivência será valiosa, pois diviso com você que esses conhecimentos projetaram luz e solução sobre uma grande variedade de situações em que pessoas, como D. Joana, eram encarceradas e tratadas como dementes, coisa que de fato não o eram. Vimos hoje quão bem Joana se encontra. Felicitações, Georges. Belo trabalho.

As palavras de Marcos eram cheias de admiração e simpatia pelo trabalho do colega francês.

– Agradeço a gentil opinião sobre nosso trabalho. Nem sempre encontrei colegas tão compreensivos, e saiba que amarguei maus dias em França por minhas formas de tratamento e idéias sobre a saúde mental. Não é somente para pessoas como Joana que vejo uma explicação e um "tratamento". Desde a ocorrência com o combatente tenho pensado se não haverá uma ação de espíritos infelizes sobre as pessoas. A cena que Joana narrou-me descrevia uma atitude de perseguição e violência, uma constrição à vontade dele. Em caso positivo, temos mais uma explicação. Mas como tratar situações como essa se a origem está no mundo espiritual?

– Muito acertada sua colocação, Georges. Imagine a que belos outros resultados como o de D. Joana poderemos chegar no futuro. Proponho que participe de nossa reunião com os espíritos que auxiliam nosso grupo e submeta suas perguntas à apreciação deles – interveio Manoel.

– Por certo, terei imenso prazer em participar. Permitam-me dizer que mesmo que esse convite não me fosse feito, ainda assim eu iria, pois vim de Madri para esse fim. Lá, vi algumas dessas reuniões feitas em saraus; não me interessei, na ocasião, sequer em desvendar o móvel dos fenômenos das mesas dançantes. Julguei obra de ilusionismo e as perguntas eram tão frívolas que as respostas não poderiam diferir.

– Como já temos algum material acumulado, seria conveniente que o amigo tomasse ciência do teor do que já obtivemos em nossas reuniões, especialmente das orientações do espírito que com muita benevolência nos tem auxiliado. Marcos tem esse material todo ordenado, e poderá mostrar para que se inteire dos assuntos – propôs Manoel.

– Como? Vocês têm feito apontamentos dessas reuniões? – Georges estava encantado com o grupo. A proposta séria de investigação que os motivava era experimentação quase científica.

– Caro Georges, crê que somente a você ocorreu a idéia de tomar apontamentos acerca dos fatos? Nós estamos estudando o mundo dos espíritos, e são fascinantes as observações que temos tido oportunidade de realizar. À medida que estabelecemos um canal de diálogo com os espíritos que vêm até nós, vamos modificando as idéias que tínhamos acerca da vida, do futuro. Tantas dúvidas sobre as aparentes injustiças da vida nos têm sido explicadas de forma tão lógica e clara que o mínimo que podemos fazer é nos conduzir com interesse e recolher esse valioso material para aprofundarmos nossas discussões posteriores. Varamos horas discutindo as opiniões e as experiências que o mundo espiritual nos traz e anotamos a participação dos espíritos e nossas conclusões sobre o assunto. Assim, vamos acompanhando o progresso e também podemos confrontar opiniões e catalogar as diversas situações dos espíritos que vêm a nossas reuniões. Já há algum tempo apresentou-se um espírito que se deu a conhecer como Odiuz. Ele sempre se manifesta ao final de nossas reuniões, às vezes trazendo algum assunto para refletirmos, outras vezes esclarecendo dúvidas. Por suas palavras sempre coerentes, lúcidas e bondosas, vê-se que deseja nos auxiliar. Aliás, ele mesmo nos ensinou que os propósitos dos integrantes de uma reunião de evocação aos espíritos é que determinam a companhia espiritual que terão. Como desejamos estudar seriamente o tema, ele e outros espíritos sérios se predispuseram a cooperar conosco – esclareceu Marcos.

– Quando poderei começar a ler essas anotações? Antes e independente de lê-las desejo dizer que sou já um admirador de todos, pelo espírito de pesquisa e livre pensamento que me provam e demonstram com esse trabalho.

– O livre pensamento deve ser a bússola de todo aquele que se proponha a conhecer, a investigar. Não é possível buscar o novo, o passo à frente na jornada, se estamos carregados de preconceitos – disse Marcos. – Por isso, aceitamos suas palavras como estímulo, e reconhecendo que seu pensar se assemelha ao nosso, com alegria o recebemos. Amanhã, ao chá da tarde, irei à casa de Francisco levando o material para analisarmos. Verá que são muito interessantes os temas.

– Já o aguardo ansiosamente – respondeu Georges. E a conversa prosseguiu até que o cansaço viesse cobrar dos participantes o recolhimento necessário ao descanso noturno.

Na tarde seguinte, à hora aprazada, apresentava-se Marcos à casa de Francisco. Atendido pela criada, foi logo conduzido à sala de refeições onde se encontravam seus anfitriões.

– Mas em que boa hora chego! Encontro-os alegres e cercados das melhores iguarias.

Sorrindo, Francisco respondeu-lhe:

– Seja bem-vindo, caro amigo. Sente-se conosco e desfrute das habilidades de nossa criada.

De pronto o convite foi aceito por Marcos e prosseguiram a refeição, tratando de assuntos do cotidiano. Findo o chá, Francisco convidou que passassem à sala de estar ao lado, e Georges, sem mais conter a curiosidade, fazendo expressões de sofrimento, pediu:

— Por favor, Marcos, não torture mais um pobre colega francês cujo maior "pecado" é ser um curioso incorrigível. Mostre-me logo o material das pesquisas.

Joana riu e, sacudindo a cabeça, advertiu Marcos:

— Bem conheço a conversa de Georges. Tenta ganhar-lhe a simpatia para conseguir tudo o que deseja. Mas, verdade seja dita: estou também curiosa. — E, olhando para Georges, completou: — Talvez seja contagioso, doutor, pois foi após conviver com o senhor que me tornei assim.

Georges olhou enternecido para sua paciente, e quando ia responder-lhe Marcos tomou a palavra:

— Não se preocupe, D. Joana, ainda que tal mal fosse contagioso, só poderia trazer-lhe benefícios o desejo de conhecer o novo. — Abrindo a maleta que trazia consigo, dela retirou várias folhas repletas de apontamentos e estendeu-as a Georges. — Aqui estão. Não são tantas, posso aguardar que façam uma leitura rápida para discutirmos sobre alguns pontos, caso desejem.

— Venha, Joana! — convidou Georges. — Sente-se ao meu lado para conhecermos o trabalho de nossos amigos e curar o mal que nos aflige.

Joana aproximou-se de Georges para compartilhar a leitura dos papéis. Sentindo seu interesse, ele sorriu, encorajando-a; em seguida, voltando seu olhar para Marcos, prosseguiu:

— Claro que conversaremos, Marcos. Nem pense em deixar-me sem que possamos discutir os assuntos que por certo contém este trabalho.

Enquanto Joana e Georges liam atenciosamente o conteúdo das comunicações recebidas, Francisco e Marcos, a um canto da sala, conversavam em voz baixa, para não atrapalhar a concentração dos leitores, até que foram surpreendidos pela exclamação de Georges:

— Magnífico! — Georges estava encantado com a leitura e isso era visível em sua expressão. — Ouçam isso: "Nós temos a natureza que reflete as leis que precederam a criação. A seguir vem o espírito humano que analisa a natureza, para descobrir estas leis, interpretá-las e compreendê-las. Esta análise é para a luz espiritual o que é a refração para a luz física, porque a humanidade inteira forma um prisma intelectual, no qual a luz divina única se refrata de mil maneiras diferentes".[2] — Levantando o olhar para os companheiros, prosseguiu: — É toda uma nova forma de encarar a nós mesmos, a nossos semelhantes e o que estamos fazendo na Terra. É um universo novo com mil possibilidades de renovação para o pensamento.

— Vejo que percebe com facilidade a profundidade desses conceitos — disse Marcos.

Georges, mal registrou a intervenção do amigo, voltou-se para Joana e falou:

— Quanto bem faria a muitos de nossos pacientes tomarem contato com essa filosofia. São inúmeras as ocasiões que recebo pacientes que nenhuma doença física apresentam, mas estão prostrados, abatidos, parece que carregam mil culpas e dores que nada é capaz de aliviar. — Voltando-se para Marcos, continuou, entusiasmado: — Às vezes me faltava o que lhes dizer, doravante não mais. A compreensão que me abrem essas palavras é vasta. Tenho muito sobre o que refletir e disso extrair novos conceitos.

Marcos acercou-se do casal e, tomando assento na cadeira à sua frente, disse:

— Tenho realmente usado com alguns de meus pacientes esses conceitos. Também enfrento essa realidade e vejo que aqueles que acatam uma nova mentalidade de aceitação das diferenças, e aí in-

---

[2] *Espírito Odiuz. "O Espiritismo em Cádiz em 1853 e 1868"*. Revista Espírita. *Abril de 1868. Trad. Julio Abreu Filho. Sobradinho, Edicel.*

cluo diferenças emocionais em relação ao padrão aceito como normal, têm tido grandes progressos e até mesmo posso considerar alguns curados. Recomendo-lhes que conheçam seus sentimentos, encontrem suas razões e trabalhem esse vasto mundo desconhecido e selvagem para a grande maioria de nós. Ao contrário, aqueles que negam suas vivências e emoções acabam por piorar.

– Marcos, há muito que defendo a idéia da origem das doenças e das problemáticas mentais nas emoções, nos traumas e nas repressões que geram culpas e estados mórbidos de apatia e tristeza, muitos alimentados por preconceitos sociais e religiosos. Concordo com essa visão de mundo: somos seres espirituais destinados a analisar a natureza, descobrir suas leis, interpretá-las e – veja bem o belo significado do conceito – *compreendê-las.* – Georges deu ênfase especial à última palavra. – Compreender a existência e a sabedoria de Deus e suas leis: é para esse aprendizado que existimos. Veja, isso retira toda a carga de culpas, de pecados, de fantasias; dá objetividade, realidade e sentido superior à vida. A diversidade se nos apresenta não como aberração, mas como mais uma forma da manifestação divina.

Georges fez uma pausa e, notando que seus companheiros comungavam do mesmo pensamento que desenvolvia, continuou:

– Você nota, Marcos, o quanto esse pensamento pode libertar de sofrimento muitas vidas?

– É claro, Georges. Inclusive ajuda a perceber de outra forma as nossas próprias oscilações emocionais, ou diversidades de sentir. São naturais e divinas porque nos mostram um outro prisma de existência a ser compreendido. Meditei sobre isso e notei que a própria natureza nos ensina e prepara para as diversidades e o quanto isso é útil. A gestação prepara a mãe e a família para a chegada de um novo ser, é lenta, cheia de preparações, ansiedades, carinho, preocupação, afeto, que vão se somando mês a mês até o nascimento. É uma preparação para a alegria. A adolescência prepara a fase adulta. Na velhice, nossas forças vão lentamente cedendo espaço, o corpo declina, a doença se instala, vamos nos afastando aos poucos da vida de relação, por fim vamos ao leito – é tudo uma preparação para a morte. Para o desligamento da vida física. Somos preparados. As leis de Deus expressas na natureza são sábias.

– Tudo tem uma utilidade no aprendizado que devemos fazer. Emocionalmente também é assim. É isso o que você diz?

– Em parte, sim. Mas é preciso reconhecer que temos pacientes que se entregam aos momentos naturais de tristeza com desmedida intensidade e nele permanecem – respondeu Marcos.

– Creio que mesmo a estes a compreensão dessa visão libertadora é benéfica. Somos parte do divino. Caro Marcos, sempre tive uma visão pouco católica do Cristianismo e esse pensamento ditado pelos espíritos a mim soa como perfeito complemento do "somos filhos de Deus", dito por Jesus ao nos ensinar a chamar Deus como "Pai Nosso". Aliás, lembro também da frase "Vós sois deuses". Pensar em nós mesmos dessa forma – viver a vida com o objetivo de compreender as leis divinas – só pode fazer com que sintamos um tanto mais de amor por nós mesmos.

– Georges! – chamou Joana. – Nessa outra passagem das anotações de Marcos está o complemento do que você falava. Ouça: foi perguntado: "qual a verdadeira religião?". E vejam a resposta: "Amai-vos uns aos outros". Se vivenciarmos esses ensinamentos, nosso mundo interior e exterior se modificará.

– As relações todas se modificam, Joana. Dessas palavras, meus estudos recebem nova luz.

O encontro prosseguiu com animada conversação. Os horizontes antes tateados por George se abriam agora à sua plena compreensão.

A reunião dos membros de Cádiz ocorreria dois dias depois, na residência de Manoel. Georges decidira primeiro conhecer a atividade para depois, em julgando conveniente, permitir a presença de Joana. Expusera a ela e Francisco sua intenção e contara com o apoio de Francisco. Joana discordara dizendo que, tanto quanto

Georges, viajara também para conhecer as experiências do grupo do irmão. Alegara que, após participar das tardes anteriores em companhia de Marcos, discutindo os temas estudados, vibrava como as novas revelações e a perspectiva de realmente ter encontrado respostas para o grande dilema dos últimos anos na sua existência. Entretanto, submeteu-se à decisão do médico.

À hora combinada, todos estavam presentes e Georges conheceu Cândida e D. Teresa.

A jovem e pequena Cândida condizia em tudo com o nome que seus pais lhe haviam dado. A candura se exprimia em seu olhar, nos gestos e nas palavras. Tipo físico delicado, pálida e franzina, sobressaíam os longos e lisos cabelos negros trançados que alcançavam a altura da cintura. D. Teresa, mulher decidida, dinâmica, beirava os 50 anos; temperamento alegre, conservava na expressão do rosto a jovialidade tranqüila típica daqueles que possuem uma fé segura.

O grupo caracterizava-se por uma sincera amizade e um forte laço de identificação de propósitos sérios. Todos indistintamente haviam primeiro tomado contato com os fenômenos espirituais nas brincadeiras de salões, porém, espíritos libertos dos preconceitos religiosos da época, haviam divisado algo além da simples novidade. Amigos que eram, haviam discutido e amadurecido idéias em torno daquelas insólitas ocorrências, divisando o limiar de um mundo novo e talvez de explicações a questionamentos sobre o que espera o ser humano além das portas do túmulo. Com esse intuito, suas reuniões pautavam-se na seriedade; delas participavam somente pessoas imbuídas do mesmo ideal; jamais as realizavam por mera curiosidade. O desejo de divisarem aquele mundo novo que os chamava era tanto que não mediam esforços e dedicavam não menos do que cinco noites da semana ao seu estudo.

Reuniam-se em torno de uma pequena mesa de três pés, sob a qual dispunham um alfabeto dividido em três séries, correspondendo cada série a um pé da mesa. Todos participavam fazendo perguntas que eram dirigidas aos espíritos pelo Sr. Manoel. As respostas eram obtidas montando-se as palavras letra a letra, conforme indicasse o pé da mesinha. A Marcos cabia fazer essas anotações. O processo era lento. Para se obter resposta a algumas perguntas demandava a utilização de mais de hora e meia. Em face de tais dificuldades, as respostas também eram breves. Por orientação do espírito Odiuz, as reuniões iniciavam-se e encerravam-se com uma prece dirigida ao Criador.

As semanas passadas em Cádiz marcaram profundamente Georges. Nas reuniões noturnas em casa do Sr. Manoel, vira espíritos em sofrimento narrarem suas experiências na matéria e dizerem do estado em que se encontravam no além. Fácil era ao grupo perceber que a morte não traz surpresa e que as condições boas ou más de existência no além têm ligação direta com a vivência, as crenças, os pensamentos e as atitudes que os espíritos manifestam enquanto estão no corpo carnal. O grupo descobriu que a distância que separa os chamados mortos dos vivos é meramente uma ilusão e que esses mundos não são paralelos, muito ao contrário, estão inteiramente permeados um ao outro, interagem, e isso explica uma grande gama de fenômenos.

Após assistir à primeira semana de reuniões, Georges julgou conveniente a participação de Joana, ainda que isso o cercasse de aflição, pois tinha consciência de que os fenômenos que com ela ocorriam iam além do que ele presenciara no grupo. Inteirada dos procedimentos que adotavam naquelas reuniões, Joana passara a assisti-las regularmente. As apreensões de Georges, por um lado, tinham razão de ser: ela, de fato, desde a primeira reunião, narrou aos participantes que via com exatidão os espíritos que se comunicavam e disse-lhes que, ao contrário do que pensavam até então, eles não tomavam a mesa nas mãos e a movimentavam – não sabia explicar-lhes, mas os espíritos não executavam a tarefa de mover os objetos da forma imaginada. Joana descreveu-lhe a fisionomia de cada um deles e para todos isso foi uma novidade recebida com grande júbilo, pois, com base nas informações que ela lhes dava, despertavam outras questões que os auxiliavam a progredir na compreensão do mundo espiritual que nos envolve. Para Joana, poder ver, naquelas respostas dos espíritos – que prosseguiam com a forma usual da mesinha, sem a interferência direta de ninguém –, a explicação para suas visões era o coroamento de uma descoberta que iniciara com a leitura da obra de Davis e que tinha agora encontrado seu canal de utilidade. Manoel soubera compreender o quanto Joana poderia contribuir para o andamento das pesquisas e a estimulara, com muito carinho e atenção, a narrar-lhes tudo quanto presenciasse. As anotações de Marcos cresceram em detalhes e os temas aprofundavam-se ainda mais, dadas as perguntas de Georges, sempre questionando os motivos do comportamento humano e desvendando por fim que, de fato, muitas vezes os espíritos menos felizes eram causadores de transtornos na vida das pessoas, como o caso de seu paciente Combatente e muitos outros.

* * *

Apesar das ricas instruções que tivera em Cádiz e da amizade que o unia ao grupo de pesquisa espiritual, Georges tinha ciência dos deveres que o aguardavam em Madri e que deveria retornar, mas ao mesmo tempo sabia que o melhor para Joana seria permanecer com Francisco e prosseguir as atividades com os demais. As reuniões haviam consolidado todo o processo que se iniciara na chácara e hoje ele sentia-se confiante em considerá-la curada de seus males, pois que os compreendera, e apta a viver socialmente. A bem da verdade, precisava admitir que seria egoísmo querer levá-la de volta, e além do mais, nenhum direito possuía para tanto, senão os que o coração conferisse e estes também lhe estavam negados. Quando ela era tida como uma louca e a sociedade a execrara, a ele tudo fora permitido, já que o marido a abandonara a seus cuidados, nunca mais retornando para pedir notícias. Mas a situação mudara. Esses pensamentos o deixavam preocupado e triste, um tanto quanto diferente de sua habitual personalidade.

Passeava pelas ruas de Cádiz com Joana, buscando sufocar as emoções que o consumiam nos últimos dias e por isso pouco falava. Joana, inteligentemente notara a transformação do amigo tão querido, e convidara-o ao passeio na intenção de a sós fazê-lo confessar o mal que o afligia. Conduziu-o a um café, e assentaram-se em uma mesa bem afastada e reservada. Feitos os pedidos, saboreavam um forte café com biscoitos.

– Georges, eu menti para você hoje e desejo lhe confessar meu erro – começou Joana. Ele levantou o olhar e fitou-a, sem entender no que poderia ela ter-lhe faltado com a verdade.

– Joana, em que terá faltado com a verdade para comigo justamente no dia de hoje? Não me recordo nenhum fato que justificasse uma atitude assim. – E, tentando brincar, acrescentou: – Será que foi a promessa de que no jantar teríamos meu prato preferido? Você mentiu dizendo ter orientado a cozinheira de Francisco de como fazê-lo?

Joana sorriu, mas o sorriso não brilhou em seu olhar no qual também se notava uma expressão de tristeza.

– Não, Georges, eu cumpri o que lhe prometi e o jantar de hoje será especial e em sua homenagem. Nada de cozinha espanhola. Dei a Inácia as receitas francesas que Guilhermina me ensinou.

– Sinto-me aliviado, Joana. Bem sabe que tenho adorado estes dias em casa de seu irmão, porém, sinto saudade dos pratos franceses de Guilhermina.

– Será, Georges, somente essa saudade a causa de sua tristeza dos últimos dias?

Georges deixou pousar a xícara que levava aos lábios e entendeu que Joana pressentira o que lhe ia à alma.

– Não. Tenho que ser honesto e dizer-lhe que é bem mais do que isso o que realmente me faz triste. – Tomando as mãos de Joana entre as suas, Georges beijou-as enquanto a fitava nos olhos. O brilho do olhar que o médico pousou sobre Joana falava de um amor sem esperança e de uma saudade de alguém presente. – Conviver com você foi a mais doce alegria que tive, Joana. Desde que a vi pela primeira vez, um ser humano em tão mal estado como estava, até a mulher que tenho à minha frente agora, em cada momento eu apreciei a força e a ternura do seu caráter. Eu aprendi muito com você e tenho muito a agradecer. Como amigo e médico, sinto-me orgulhoso de vê-la bem integrada na sociedade, com outros amigos, novos interesses, mas sou obrigado a confessar meu egoísmo como homem que aprendeu a amar uma mulher que o mundo desprezava, uma mulher que dependeu de mim, que enquanto era tida como louca, ninguém questionou sua relação comigo e sua presença em minha casa... Uma mulher que, perdoe a dureza das minhas palavras, Joana, mas que também não tinha família. E por isso talvez eu tenha inconscientemente sonhado que você ficaria comigo na chácara e que continuaríamos nossas vidas sem alterações e talvez, quem sabe, pudéssemos vir a ser bem mais que amigos.

Continuavam com as mãos unidas e uma lágrima escorreu e caiu sobre elas. Georges percebeu que Joana chorava silenciosamente, mas a expressão de seu olhar dizia que aguardaria para ouvir tudo o que ele tinha a dizer. E ele prosseguiu:

– Mas tudo mudou. Seu irmão apareceu e deseja lhe dar um lar. Acima de tudo ele compreende a sua sensibilidade e aqui ela é extremamente útil. Você foi aceita e é querida por todos. E não poderia ser de outra forma. Porém, você tem marido e filhas que, mesmo agindo de forma abominável, têm direitos sobre a sua pessoa que eu não tenho. O que eu tenho são poucos amigos, meus pacientes, o trabalho na chácara e as novas revelações para estudar. O que eu sinto por você não me permite desejar que viva uma vida escondida na chácara junto com meus pacientes, ainda que meu coração se satisfizesse por algum tempo com essa felicidade. Por isso vou partir. Tenho falado muito com Francisco a seu respeito e sei que ele espera que você permaneça em Cádiz na companhia dele, auxiliando as pesquisas do grupo. Acredito que ele tenha percebido o que se passa comigo, mas, como bom amigo, nada comentou. Pensei muito e cheguei à conclusão de que isso é o melhor. Mas não poderia viver sem ter tido a coragem de dizer que amei cada momento que vivi a seu lado e que eles permanecerão sempre comigo. A cada paciente que eu tratar daqui para frente eu me lembrarei de você e a cada um darei uma parte desse afeto.

As lágrimas de Joana continuavam a cair, uma após outra, banhando as mãos de Georges que cobriam as suas. Imitando-lhe o gesto, tomou-lhe as mãos e beijou-lhe as palmas, demorando-as de encontro ao rosto. E ela disse:

– Com você eu aprendi que gestos falam de amor muito mais que palavras. Também não percebi quando foi que deixei de considerá-lo um médico estranho – que me havia salvado de uma vida de cárcere e maus-tratos e que me oferecia a dignidade de volta como remédio para uma doença tida como loucura – para considerá-lo um grande amigo que estava curando as feridas do meu corpo e da minha mente e por fim para considerá-lo o homem que, se eu pudesse, escolheria para viver com ele todos os meus dias. Gratidão, amizade, amor – palavras que exprimem pouco do que eu gostaria de fazer em gestos a cada dia a seu lado. Mas compreendo a lógica do que disse. Este não é o momento para vivermos esses sentimentos juntos. Assim, da mesma forma que você vai dedicar o afeto que tem por mim a seus pacientes, eu vou dedicar o afeto que tenho por você a esses seres infelizes que vêm às reuniões do grupo. Muitos deles sofrem, e eu sei o poder curativo que tem o amor.

– Joana, a vida por vezes escolhe estranhos caminhos para nos despertar. Ela nos uniu e nos fez descobrir uma força muito grande e nos exige que prossigamos separados. Se, apesar do que eu lhe disse, você concordar em manter contato comigo, creio que será bem mais fácil partir.

Georges estendeu a mão e secou as lágrimas que ainda escorriam pelas faces da antiga paciente. Ante o gesto carinhoso, ela voltou a sorrir.

– Concordo, se me fizer uma promessa.

– Mulheres... Nunca podemos admitir que elas têm algum poder sobre nós, caso contrário já começam as imposições e os pedidos. – Georges falou primeiro em francês e depois em espanhol, esclarecendo: – Isso já me havia ensinado meu pai e hoje eu esqueci essa lição. Portanto, estou sujeito a seu jugo, querida dama. Faça sua imposição!

– Ah! Georges! Como vou sentir sua falta... Ninguém conseguirá me fazer rir como você. Mas minha imposição é muito simples: quero que me conte tudo sobre seus pacientes, destinatários do afeto que queria para mim, sendo justo que os conheça. Portanto, escreverá semanalmente contando-me todas as ocorrências e pedirá o mesmo a Jean e Guilhermina.

– Farei então um diário. Ao final de todos os dias escreverei, como se estivesse conversando com você como fazíamos lá na chácara após o jantar. Ao fim de cada semana lhe enviarei todas as anotações. E transmitirei, sim, seu pedido a Jean e Guilhermina.

– Eu farei o mesmo. Relatarei todos os meus dias, as nossas reuniões, e remeterei para você. Vou ler uma carta a cada dia, sempre após o jantar, como se você estivesse comigo.

O café esfriara e os biscoitos haviam perdido completamente o sabor. O motivo daquele passeio chegara ao fim. Ambos compreenderam isso sem palavras. Entardecia e os últimos raios de sol lançavam uma luz fraca nas ruas quando eles se encaminharam à residência de Francisco.

..*

Dias depois, Georges empreendia, solitário, a viagem de retorno a Madri. Na bagagem, conhecimentos novos sobre o mundo espiritual que nos cerca eram fascinante matéria de estudo e alento para sua vida, bem como o conhecimento de uma nova dimensão de si mesmo.

Apesar da idade madura, Georges vivia pela primeira vez a experiência do amor, de sentir paixão por outro ser humano; descobrira alegrias e amarguras, a mágoa de não realizar um sonho que inconscientemente acalentara. Porém, sua índole sempre alegre e dedicada às causas humanas, logo o fez reagir e retomar o trabalho e os interesses com o mesmo vigor de antes. Ele dedicava suas noites a longas conversas mentais com Joana. Seus espíritos mantinham-se em contato intelectual e sentimental pela união de pensamentos. A leitura das cartas com os relatos do dia-a-dia em Cádiz e dos avanços do grupo de dedicados espiritualistas o enchia de ânimo, fazendo-o aguardar para breve um tempo em que inúmeras mazelas, que desde então identificava como de procedência espiritual, pudessem enfim encontrar tratamento e solução. Mantinha também correspondência com os outros membros do grupo e assim sentia-se parte atuante das novas descobertas, pois contribuía com perguntas e comentários que eram submetidos à apreciação nas reuniões mediúnicas na casa de Manoel e depois recebia as respostas juntamente com o restante do material.

Recebera uma longa e carinhosa carta de Maria Helena, relatando a felicidade que encontrava na vida de casada, a adaptação de Rodrigo à ilha e o interesse dele pelos negócios da família. Esse interesse, segundo Maria Helena, tornava seu marido quase inseparável de D. Antônio. O pai, por sinal, contava ela, recobrara a personalidade anterior da estada em Madri, com algumas nuanças acentuadas de mau humor e certa dose de amargura. Como tanto Maria Helena quanto Georges gostavam de debater o comportamento humano, a jovem expunha questionamentos ao amigo, concluindo por não encontrar respostas satisfatórias ao que se passara com o pai. Falava da imensa saudade que sentia das tardes e dos passeios que faziam, aguardando para breve a oportunidade de recebê-lo na ilha, bem como de poder noticiar que seria mãe. Encerrava a missiva dizendo ser essa a alegria que lhe faltava para se declarar uma mulher absolutamente realizada.

*. *. *

Elizabeth e Franz, de regresso a Madri, usufruíam uma vida

digna de ricos nobres. Tinham recobrado as antigas amizades que deles haviam se afastado pela ruína financeira do pai. A má fama e a moral duvidosa da bela mulher eram publicamente ignoradas pela sociedade, sendo comentadas, como convinha, nos bastidores das festas e nos salões. As reuniões sociais multiplicavam-se na Mansão Alvarez e os gastos seguiam na mesma proporção. Isso fazia Elizabeth enviar freqüentes mensagens a Rodrigo, lembrando-o do pactuado em meio a palavras que tinham o nítido propósito de não deixar fosse esquecido o tórrido passado em comum.

As secretas e estranhas mensagens recebidas por Rodrigo começaram a despertar a desconfiança de D. Antônio. O velho notara que o rapaz aguardava com certa ansiedade a chegada da correspondência e procurava sempre ser ele mesmo a efetuar seu recebimento. Mais de uma vez o sogro o vira guardar apressadamente aquelas que lhe eram dirigidas, pretextando ser de familiares, porém descobrira não ser verdade, pois Maria Helena recebera as cartas dos sogros dirigidas ao casal.

D. Antônio suspeitava que Rodrigo mantivesse negócios secretos em Madri, talvez com algum comerciante seu concorrente, e, assim, pediu ao seu agente bancário, devidamente remunerado pelo favor solicitado, que lhe informasse todas as operações realizadas pelo genro envolvendo valores. Não tardou a descobrir constantes remessas de dinheiro feitas a Franz. Estavam, como de costume, no escritório que dividiam na sede da vila, quando D. Antônio, em meio à análise das contas das transações comerciais, indagou diretamente ao genro:

– Rodrigo, por que há tão freqüentes e consideráveis somas repassadas por você a seu antigo amigo Franz em Madri?

O rapaz empalideceu ante o inusitado da pergunta e a dificuldade de dar-lhe resposta satisfatória. Nunca pensara que D. Antônio desse acompanhamento a suas operações financeiras, que julgava secretas, e isso o incomodou.

– De onde o senhor tirou tal idéia, meu sogro? – Rodrigo tentava ganhar tempo para analisar as melhores respostas a serem dadas.

– Você ainda tem muito a aprender comigo. Seu pai pode ser um nobre conceituado na corte, mas não lhe ensinou como ocorrem as coisas na realidade, no cotidiano. Eu não criei nenhuma idéia, eu sei que você tem agido assim e desejo saber o motivo. Pode me contar ou aguardar que em mais alguns dias eu mesmo saiba o porquê? – replicou D. Antônio, demonstrando, na expressão carregada, que falava com muita seriedade sobre seus propósitos.

Urgia criar uma história aceitável, e Rodrigo, que sempre fora bom em convencer e encantar as pessoas, sem outra alternativa lançou mão desse recurso. A vaidade do sogro era uma fraqueza conhecida e um bom caminho.

– Sou apenas um iniciante de aprendiz junto do senhor. Reconheço a verdade e a oportunidade de suas críticas à educação que meu pai me ofereceu. Primou pela formação cultural, mas pouco de utilidade na vida prática me foi transmitido. E nisso o senhor é um dos melhores mestres que tive a honra de conhecer. Espero um dia poder igualá-lo. – Já notava que D. Antônio relaxava e cedia, tornando-se receptivo à aceitação da história que pretendia contar-lhe. Continuou:

– Não somente eu fui vítima dessa má orientação, mas também meu grande amigo Franz, irmão de D. Elizabeth – de quem deve estar lembrado, pois freqüentava a mansão em Madri –, sofreu o mesmo mal. Na verdade, teve pior sorte o pobre amigo: o pai arruinou os negócios da família, como bem sabe, morrendo em seguida. Deixou aos filhos a falência, e a mãe aniquilou-se após a viuvez, deixando-os em péssima situação. Pois bem, como também deve lembrar-se, na ocasião de meu casamento Franz estava tentando reorganizar a vida na Inglaterra, onde tem alguns parentes, mas a tentativa não obteve êxito no tempo esperado e o agravamento da doença materna o fez regressar a Madri. Aliás, na última carta que me escreveu noticiou o seu falecimento. Sabedor das dificuldades do meu amigo, tenho remetido algum auxílio em troca de serviços que ele nos tem prestado em Madri, onde conhece muita gente e vem atuando a meu pedido na colocação de nossos produtos em diversos mercados.

A mentira do trabalho de Franz não poderia ser mais deslavada, porém, como era convincente na arte de seduzir as pessoas, Rodrigo percebeu que o sogro interessara-se pelos fatos narrados.

D. Antônio tivera poucas informações de Elizabeth desde que regressara à ilha, e as lembranças e saudades dos tempos compartilhados com a amante começavam a perturbá-lo. Assim, interessou-se de imediato pela ligação do genro com Franz.

– Não me diga? Então estão órfãos os jovens amigos de Maria Helena? Conte-me mais sobre o trabalho de Franz.

Rodrigo, sem alternativas, atribuiu a Franz a abertura de alguns mercados que em verdade devia a seus próprios familiares e à influência do nome da família de M... Impressionado e profundamente interessado, vislumbrando uma oportunidade de atrair para a ilha a amante que estava distante, D. Antônio propôs a Rodrigo que enviasse imediatamente um convite aos irmãos para que fossem passar uma temporada na ilha a fim de discutirem a ampliação dos negócios e a participação de Franz, acrescentando ainda que uma dama como D. Elizabeth, culta e preparada, seria de grande utilidade na comunidade local, além de ser excelente companhia a Maria Helena, já que D. Maria retirava-se a olhos vistos do mundo dos ditos "normais", dado o exagerado fanatismo a que se entregava em busca das glórias do paraíso na vida futura.

Naquela mesma noite, reunidos à mesa de jantar, D. Antônio, a quem a idéia encantava mais a cada momento, deu ciência à filha da possibilidade de receberem Franz e Elizabeth na ilha. A notícia foi recebida com extrema alegria. Apenas Rodrigo esforçava-se para participar das conversas sobre o assunto, e ainda assim na expectativa de dissuadir o sogro da idéia do convite. A atitude do genro em temer a vinda de Franz para a ilha reforçou as suspeitas de D. Antônio de que havia um envolvimento comercial escuso entre eles, portanto, pensava, nada poderia ser melhor do que tê-los sob suas vistas – e se junto de Franz viesse a sedutora irmã, tanto melhor...

– Rodrigo, entendo suas ponderações de que Franz pode ser útil contato na Europa, porém, como você mesmo admitiu à tarde, você ainda tem muito a aprender comigo e lhe afianço que quanto mais ele souber da produção tanto melhor poderá argumentar e mais facilmente abrirá mercados. Assim, só temos a ganhar trazendo-os para a ilha. Maria Helena terá boa companhia, nossos negócios serão beneficiados e os pobres jovens, agora órfãos, poderão recuperar-se da longa doença e da morte da mãe. Está decidido! Amanhã mesmo remeto o convite e as orientações para que Franz e sua irmã venham à ilha. Não falemos mais disso.

D. Antônio dera a pá de cal sobre o assunto. A Rodrigo restava esperar que Franz e Elizabeth recusassem o convite. No entanto, sabedor de que isso era impossível, tratou de tomar providências para cientificar Elizabeth das suspeitas do sogro e da fabulosa mentira que inventara envolvendo Franz.

Embora não interessasse a Elizabeth viajar até a ilha distante, compreendera perfeitamente a delicadeza da situação e os riscos intrínsecos e sabia que tinha poderes sobre D. Antônio para restabelecer a situação à normalidade. Com certa dificuldade, convenceu Franz a partir. Na verdade, apesar da declarada antipatia do irmão de Elizabeth pelo plano que ela traçara com Rodrigo, a vida boa que ambos desfrutavam na Mansão Alvarez desfizera boa parte da antiga intransigência de Franz.

Sob pretexto de ampliação dos negócios dos Alvarez e da necessidade do auxílio de Franz nos novos empreendimentos, os irmãos deixaram Madri com destino à ilha.

A Fuga
Capítulo XVII

"Dai delicadamente; acrescentai ao benefício o mais precioso de todos os benefícios: uma palavra, uma carícia, um sorriso amigo; evitai esse ar de proteção que fere de novo o coração que sangra, e pensai que fazendo o bem trabalhais para vós e para os vossos." [1]

Odiosa era a expressão exata para definir a viagem à ilha segundo a compreensão de Franz e Elizabeth. Se não bastasse o longo período no mar, os navios que para lá se dirigiam eram comerciais e pouco conforto proporcionavam aos eventuais passageiros. Isso representava um corte drástico nos hábitos que adotavam. De uma hora para outra cessara a glamourosa vida social a que se dedicavam, e eles se haviam visto cercados por mar, vento, e marujos pouco refinados. Nada de divertimentos; o tédio era absoluto. Assim, não tardou a chegarem os desentendimentos.

Aquela era mais uma tarde que passavam confinados em uma pequena cabine, pois o forte vento não convidava a ir ao convés e fazia com que a embarcação jogasse fortemente, provocando mal-estar nos passageiros. Extremamente aborrecido, Franz só conse-

---

[1] Allan Kardec. O Evangelho Segundo o Espiritismo, *cap. XIII, item 18.* Trad. Salvador Gentile. Araras, IDE.

guia lembrar do porquê de todo aquele martírio, esquecendo-se completamente dos gozos que usufruíra graças ao dinheiro de duvidosa origem da irmã.

– Quanto tempo mais suportarei estas loucuras? Veja onde fomos parar graças a seu mirabolante plano para enriquecer. Rumamos para o fim do mundo ou deveríamos esperar encontrar Darwin por estas águas? Há dias deixamos o último porto. O que era aquilo? Por Deus! Uma imundície! Algumas construções quase bárbaras, horríveis! E a alimentação? Não suporto mais peixe. O vinho, se é que assim devo chamar o que nos servem, causa náuseas e só é possível ingeri-lo porque a outra opção é água salobra. Por certo o nobre Rodrigo não se submeteu a este tipo de viagem, irmãzinha. Ele e a esposa devem ter vindo em algum iate da família e a nós, ou melhor, a você, deram isto! Quanta consideração!

Franz estava visivelmente arrependido de ter concordado em empreender aquela viagem. A sós com seus pensamentos, torturava-se pensando em como seria a "maldita" ilha para onde rumavam. Amaldiçoava os dias que passava e que teria de passar ainda até poder retornar à civilização e culpava a irmã de sua desdita e por havê-lo envolvido na situação.

– Cale a boca, irmãozinho. Usufruir o dinheiro dos Alvarez em Madri foi bom, não é mesmo? Pois tudo tem seu preço nesta vida – aprenda isso o quanto antes. Se pensa que me agrada esta viagem, fique sabendo que a detesto, que nada no mundo me faria percorrer estas milhas todas se não soubesse que disso dependem o conforto e a segurança financeira de que desfrutamos. E antes que me esqueça, é bom que nada do que você sabe seja revelado sequer a uma mísera gaivota que exista naquele fim de mundo. Por pior que seja, é uma mina de ouro. Pegue o que há de bom, suporte o ruim, não abra a boca, colabore com tudo que Rodrigo necessitar para convencer D. Antônio de "seu espetacular trabalho" e conte os dias para regressarmos à Espanha – respondeu, acidamente, Elizabeth, abanando-se com um fino leque de rendas para minorar as náuseas.

Aliás, a cena era hilária. Os irmãos vestiam-se com os primores da moda e se encharcavam de perfume, pois a higiene oferecida no navio era das mais precárias. O banho com água doce era possível somente quando aportavam em terra para reabastecimento. A cabine minúscula comportava apenas uma cama, um banco para uma pessoa e uma mesa – tudo muito rústico. Elizabeth e Franz destoavam completamente do ambiente. Discutindo com freqüência, repisando agressões e cobranças, os irmãos conseguiam tornar a viagem ainda mais difícil.

Enfim chegaram ao destino, e o que a outros que avistavam a bela ilha parecia a visão do paraíso, a eles era o próprio exílio. À chegada, em uma última conversa, firmaram propósitos de representar o melhor possível os papéis que necessitavam fazer, qual seja: Elizabeth, o papel da feliz amiga que reencontrava Maria Helena, e Franz, o do devotado amigo de Rodrigo, disposto a trabalhar pela expansão dos negócios da família Alvarez de M... na Europa e assim mais rapidamente restabelecer a solidez financeira da própria família.

– Esta será muito boa. Eu, você e Rodrigo interessados em trabalho! Não faço a menor idéia do que seja comerciar. E você, Elizabeth, pretende divertir-se recordando o passado com Rodrigo ou será que irá preferir a companhia de D. Antônio?

Franz aceitara o dinheiro quando encontrara a irmã sozinha em Madri, mas pensar que agora seria submetido a presenciar a farsa novamente o revoltava – principalmente por ter de tomar parte naquilo.

– Esqueça o que faço, Franz. Se se sentir incomodado ao perceber que estou me divertindo, seja com quem for, não se deixe corroer pela inveja. Faça o mesmo! Vi seu interesse por Maria Helena. Agora ela está casada, não poderá comprometê-lo, porém continua milionária e poderá ajudá-lo financeiramente se for uma "boa amiga". Aproveite! Garanto-lhe que Rodrigo não o convocará para um duelo por isso... Já deve estar cansado da esposa – sugeriu Elizabeth, arrogantemente.

Franz olhou espantado para a irmã. A frieza calculada de suas palavras deixava claro que viera para a ilha disposta a manter a mesma triangulação amorosa que tivera em Madri. Não pretendia apenas assegurar a continuidade do estilo de vida que conquistara, mas sim, tanto quanto possível, acrescer seus bens.

– Elizabeth, já discutimos suficientemente sobre essa forma de agir. Não concordo e você sabe que para mim é difícil vê-los executar essa representação. A distância, sem envolvimento entre vocês, deixando aquela jovem seguir seu destino com Rodrigo, até era aceitável, mas, por favor, façamos o possível para voltar o mais breve para a Espanha. Até lá, poupe-me de vê-los representando uma farsa bizarra demais – pediu Franz.

Elizabeth encarou o irmão com um olhar frio e nada lhe respondeu. Tomando a sombrinha, abriu-a para se proteger do sol inclemente e avançou para desembarcar na ilha, ignorando as palavras de Franz, a quem somente restou segui-la.

Aguardava-os Maria Helena, acompanhada por Joaquim e uma menina negra, agora sua criada particular, para recepcionar os visitantes.

Houve efusivos cumprimentos e calorosos abraços no reencontro. Após essas tradicionais saudações, tomaram acento na charrete e Maria Helena deu ordens a Joaquim para que acomodasse a bagagem. Seguiram imediatamente para a Vila Alvarez onde os hóspedes desfrutariam de descanso e conforto para mais tarde reunirem-se aos demais membros da família.

Franz deslumbrou-se com a atividade da ilha e muito especialmente com a sede da Vila Alvarez. Somente o excesso de figuras religiosas na decoração o desagradou e ele francamente expôs sua opinião à anfitriã.

– Minha cara, esta ilha surpreende. Viemos de uma monótona, longa, cansativa e desconfortável viagem e deparamos com um pequeno centro cheio de atividade, com muitas pessoas e esta maravilhosa residência. Belíssima sua casa! Mas aceite com amizade a opinião de um apreciador da pintura: é um exagero haver somente arte sacra nesta decoração. O exterior é um refresco para a alma cansada da viagem, mas o interior destas salas lembra-me um templo e é tão austero e sem vida quanto ele.

– Franz, jamais suas palavras me desagradariam. Compartilho de sua opinião. Já não as apreciava antes da estada em Madri, porém, depois de tudo o que conheci, especialmente da viagem que fiz com meu marido, se eu fixar a atenção nelas, eu me entristecerei. Realmente são mortas. Não tema haver me ofendido com sua sinceridade. Aprecio a sinceridade e após o convívio com Georges ainda mais. Por falar nele – Maria Helena enlaçou os visitantes um em cada braço e direcionou-os às escadarias que davam acesso ao segundo piso onde ficariam hospedados –, sabem me dar alguma notícia daquele "velho" francês?

– Não, querida, não tivemos oportunidade de ter contato com o Dr. Georges nos últimos tempos em Madri. Como sabe, a doença de nossa mãe prolongou-se por vários meses. Agravou-se logo após a partida de vocês, exigindo dedicação exclusiva. Pouco tempo me sobrava para atividades sociais e sinceramente não me sentia atraída por elas com tão grave problema doméstico. Não tinha alegria e disposição. Somente quando Franz retornou pude recuperar-me um pouco e suportar a morte de mamãe. Estava tão abatida que ele resolveu levar-me para passar uns tempos em companhia de antigos amigos na Inglaterra – explicou Elizabeth, com ares de sofrimento, imprimindo à expressão naturalmente cansada um toque de melancolia.

– Como sou desatenta. Rodrigo vive dizendo que não presto atenção aos fatos que me cercam, vivo dividindo meu tempo entre os afazeres do lar e minhas leituras. Naturalmente Rodrigo me informou da infelicidade que se abateu sobre meus caros amigos. Por favor, aceitem minhas desculpas e meu sincero pesar pela morte de sua mãe.

Maria Helena beijou a face da amiga.

– Nada há para ser desculpado. A morte é um fato da vida que precisamos aceitar, ainda que nos desagrade profundamente e não entendamos por que alguns precisam sofrer tanto quanto mamãe e outros não. Mas, enfim, prosseguimos nós e estamos aqui para uma nova temporada na vida de Franz, agora um homem de negócios. Vou fazer o possível para esquecer as dores dos meses passados – respondeu Elizabeth.

Franz estava estarrecido com o fingimento da irmã. A que levaria aquela interpretação? Ficou tão chocado com o comportamento de Elizabeth, que quando Maria Helena dirigiu-lhe o olhar, buscando uma resposta ao seu inocente pedido, simplesmente tomou-lhe a mão que repousava em seu braço e, beijando-a cortesmente, disse:

– Não perca tempo pedindo-me desculpas. Que Rodrigo não me ouça, mas me declaro incapaz de negar-lhe algo, sou seu escravo. – E fazendo troça, acrescentou: – Ainda não o sabia, nobre Senhora de M...?

O riso de Maria Helena se fez ouvir imediatamente. A intimidade da atitude de Franz lembrava-lhe o querido e distante amigo de quem pedira notícias.

– Fico feliz que seja tão prontamente perdoada minha indelicadeza para com os sentimentos de pessoas que me são tão queridas, especialmente da amiga a quem devo a felicidade que desfruto em minha vida. Por isso, prometo-lhes que nesta estada na ilha lhes oferecemos o melhor. Nossa vida social é muito restrita, mas, com a colaboração dos amigos, tenho certeza de que poderemos modificar esta situação.

Caminhavam por um longo corredor ao fim da escadaria e Franz, com satisfação, constatou que as pinturas religiosas cediam espaço a paredes revestidas de madeira, havendo apenas alguns quadros retratando a Virgem Maria e o Menino Jesus, o que fez com que o diálogo tomasse outro rumo.

Parando em frente a portas duplas, Maria Helena indicou a

Franz seus cômodos, que se constituíam em um espaço conjugado de três dependências: o dormitório, uma pequena saleta e uma sala de banho privativa. Na maior parte do ano o clima na ilha era quente. Como a família Alvarez compunha-se de três membros que pouco se relacionavam, D. Antônio fizera adaptações para que D. Maria e a filha tivessem em seus aposentos tudo quanto fosse necessário, restringindo o espaço de convivência da família. Como se mostrara confortável a disposição efetuada, estendeu-a a algumas dependências de hóspedes, justamente nas quais Maria Helena determinara que fossem acomodados os recém-chegados. Podia-se dizer que lhes designara como acomodação apartamentos contíguos.

Um criado já trouxera a bagagem e aguardava ordens. Maria Helena apresentou-o a Franz, dando-lhe absoluta liberdade de dispor dos seus serviços, já que aquele fora designado para servi-lo enquanto estivesse na ilha. Da mesma forma procedeu com Elizabeth, acomodando-a em bonito apartamento que redecorara e colocara vasos de flores para receber a amiga.

– Maria Helena, quanta gentileza! Você se lembrou das minhas flores favoritas... Obrigada.

– Elizabeth, venha até a janela – convidou Maria Helena. – Veja a vista. Meus aposentos e de Rodrigo ficam acima deste e têm a mesma vista.

A Vila Alvarez fora construída a pouca distância do mar e descortinava-se da janela a visão de extensos jardins que rodeavam a casa e terminavam em uma parede de rochas, onde batiam as ondas insistentemente, lançando uma névoa onde os raios do sol desenhavam um arco-íris; porém, as rochas logo cediam espaço a uma extensa faixa de areia com uma enseada tranqüila, onde gaivotas pescavam seu alimento.

"Um tédio todo dia ver a mesma paisagem. Isso só deve mudar de acordo com a vontade da natureza. Nenhuma novidade a apreciar. Que horror!" – pensava Elizabeth ao lado de Maria Helena, na alta janela que possibilitava a bela visão. Entretanto, como nem sempre a boca expressa o que sente o coração ou o que se passa na mente do homem, a amante de D. Antônio exclamou:

— Divino! Acordar todo dia e ver tanta beleza e paz reconfortará meu espírito após as tribulações. Quando regressarmos à Espanha serei uma nova mulher, tenho certeza. Minha alegria estará de volta.

— Vou deixá-la descansar. Sei o quanto é exaustivo o percurso até aqui. Sua criada já a está aguardando com um banho. Lembrei-me de que sempre me dizia que isso lhe refazia as forças e a ajudava a descansar após as festas. Bom descanso.

Chegando à porta, antes de retirar-se, Maria Helena voltou-se para a amiga que se encontrava ainda no mesmo lugar.

— Você não imagina como estou feliz que tenha vindo. Estava com saudades; passo os dias bastante solitária. Papai e Rodrigo trabalham as tardes inteiras e pouco tempo desfruto da companhia de meu marido. Agora terei por algum tempo a sua companhia. — Dizendo isso fechou suavemente a porta e retomou seus afazeres rotineiros, bastante alterados pela chegada dos visitantes.

Sozinha em frente à janela, Elizabeth começou a pensar em como fazer para resolver rapidamente a questão que a levara até a ilha com o irmão. A ilha era uma luxuosa prisão a seu modo de ver, na qual ela não merecia permanecer, afastada de todas as coisas que realmente lhe interessavam.

Enquanto Maria Helena recepcionava os hóspedes, Rodrigo e D. Antônio empenhavam-se na supervisão dos serviços de embarque de produtos para toda a Europa. Tinham em comum a atividade que realizavam e os pensamentos voltados para o encontro com Elizabeth logo mais...

À noite, reuniram-se todos para a refeição. Elizabeth trajava-se conforme a última moda européia. O vestido colorido e decotado expunha-lhe a pele alva do colo e o pescoço ressaltado pelo penteado dos cabelos recolhidos ao alto da cabeça, donde pendiam alguns caracóis em torno do rosto. Era a personificação da alegria e da doçura feminina, em nada lembrando a mulher sofrida que quisera representar à chegada.

– Elizabeth, está muito bela! O descanso opera milagres! Nos próximos dias terá de me inteirar das mudanças da moda. Aqui na ilha vivemos distantes dessas pequenas alegrias. Por vezes sinto saudades das tardes que passávamos às voltas com tecidos e costureiras. Lembra? – indagou Maria Helena.

– Concordo plenamente com minha filha. D. Elizabeth está especialmente bonita esta noite e desejo que realmente a temporada na ilha lhe seja revigorante. Seja bem-vinda à minha ilha – cumprimentou D. Antônio, olhos brilhantes de expectativa e cobiça velada ao fitarem a mulher a quem cumprimentava, tomando-lhe a mão estendida e levando-a aos lábios.

– Será, D. Antônio, tenho certeza! Sua propriedade é um pedaço do paraíso.

À vista de todos, desenvolviam um educado diálogo, porém, para eles, aquelas palavras tinham significado diverso.

– Permita-me discordar, meu sogro. D. Elizabeth não está especialmente bonita: ela o é. Somos conhecidos de longa data e a beleza de nossa hóspede somente cresceu a cada dia passado. É um grande prazer recebê-los, caros amigos.

Rodrigo beijava mais demoradamente ambas as mãos de Elizabeth, enquanto estendia o cumprimento a Franz, que estava ao lado da irmã.

– Confio que o Sr. Rodrigo, como antigo amigo, tudo fará para que nossa estada nesta ilha seja marcada pelo prazer de nossa convivência.

As frases de duplo sentido de Elizabeth, que encantavam os ouvintes, cada qual a compreendendo de uma maneira, causavam um profundo sentimento de nojo em Franz, único a interpretá-las na correta acepção de cada uma, pois todos os envolvimentos entre eles eram de seu conhecimento. Não suportando a encenação da irmã, o jovem usou do mesmo artifício para adverti-la:

– Enquanto eles cantam a beleza mundana de minha irmã, permita-me, Maria Helena, primeiro continuar a tratá-la livre de formalidades e dizer-lhe que não lamente a falta do tempo que passava com Elizabeth. Sua beleza vem da natureza que a cerca e principalmente da pureza de sua alma que, com o correr dos anos, espero que meu amigo Rodrigo saiba apreciar com tanto zelo quanto o fez com as "virtudes" de Elizabeth.

– Franz, claro que pode tratar-me sem formalidades. Vivi a maior parte de minha vida nesta ilha, o contato com a sociedade foi restrito, como sabem, e não simpatizava com tantas mesuras e cerimônias. É por isso que eu e Georges nos entendíamos tão bem. Fico feliz em saber que concordamos neste ponto – declarou Maria Helena. E Franz observou que nem o pai nem o marido fizeram qualquer correção às atitudes da anfitriã – ambos estavam hipnotizados por Elizabeth.

– Senhor, minha filha sempre teve um temperamento difícil. É teimosa, e quando criança várias vezes os professores tentavam corrigi-la inutilmente: fazia como desejava! Apesar dos muitos anos que estou afastada dos costumes madrilenos, algumas novidades talvez me causem espanto. – D. Maria, em seu tradicional e costumeiro vestido preto extremamente recatado, fazia referência às maneiras e roupas de Elizabeth. – Sei que a atitude dela é imprópria à sua condição de mulher casada, mas sei também ser inútil repreendê-la.

– D. Maria, sua filha é um anjo. Em seu lugar, renderia graças diárias a Deus por tamanho privilégio. – Sem o saber, com essa colocação, Franz conquistava o coração da severa senhora Alvarez.

– O senhor é temente a Deus! Um bom rapaz e um bom cristão – virtude rara nos homens. Rendo graças diárias a Deus e a Santa Tereza pela graça recebida, ainda que me resignando à sabedoria divina que não me concedeu tudo quanto pedi. Nosso padre ficará feliz em conhecê-lo. Amanhã mandarei convidá-lo para almoçar conosco a fim de apresentá-los. Creia: aqui estamos um tanto afastados da sociedade, mas não estamos ao desabrigo da fé. Faço questão de acompanhá-lo em visita à nossa igreja.

D. Maria prosseguiu o diálogo com Franz, que lhe falou das belas catedrais inglesas que conhecera em sua última viagem.

Como sempre compreendemos o que ouvimos de acordo com nossa disposição interior, D. Maria acreditava que Franz era tão devotado à Igreja quanto ela própria.

A custo Maria Helena continha o riso. Sabia ser inútil demover a mãe de tal assunto e admirou a paciência de Franz. Lamentava a solidão em que vivia a genitora, mesmo assim reconhecia o quanto era difícil suportar a pregação religiosa, tema preferido de D. Maria. Por isso convidou a todos para se dirigirem à sala de jantar.

Aquele primeiro encontro deixou claro a Franz que a irmã cumpriria com as intenções expostas na viagem, ou seja, retomaria o relacionamento amoroso não só com Rodrigo, como também com D. Antônio. No transcorrer da noite, Elizabeth monopolizou a atenção dos dois e, com maestria, conduziu a dúbia conversa que iniciara, sem que eles percebessem que a ambos prometia as mesmas coisas. A Franz coubera, enquanto isso, entreter as anfitriãs. O jovem logo notou o olhar de apreço e agradecimento de Maria Helena ante sua atitude com relação a D. Maria Alvarez. Isso bastou para fazer renascer dentro dele o afeto – que julgava sepultado – pela esposa de Rodrigo de M....

Os dias se seguem inevitavelmente uns aos outros. Os sentimentos de Franz por Maria Helena foram tomando proporções maiores. A companhia constante, a conversa inteligente e alegre, despida de falsidade, a cândida ingenuidade da mulher-menina o encantavam. Era como um vinho que o embriagava e do qual não conseguia afastar-se, ainda que reconhecendo o perigo.

Elizabeth via a crescente aproximação entre os dois como a adesão de seu irmão ao plano traçado. Julgava que ele divertia as mulheres da família Alvarez, especialmente Maria Helena, para que mais fácil se tornasse a sua tarefa. D. Antônio significava a segurança econômica conquistada desde que o conhecera; Rodrigo era o parceiro de aventuras e orgias, além de sócio no triste empreendimento de manipular o destino alheio em troca da fortuna.

Rodrigo começou a afastar-se da esposa. O fascínio da amante, agora acrescido do ingrediente de ser duplamente proibido, renascera e colocara por terra as boas resoluções e propósitos que fizera; Rodrigo reincidia no mesmo vício da luxúria tão comum a seu espírito. Não tratava Maria Helena com desdém ou frieza, mas se tornou exatamente o marido que pensara inicialmente fosse tornar-se: feliz por ser casado com uma jovem bela e rica que lhe garantia o futuro e a quem, com muito pouco de atenção, satisfazia, e igualmente feliz por ter a amante à sua inteira disposição.

Uma fundamental diferença não fora considerada por Elizabeth: D. Antônio, apesar de continuar apaixonado, tinha na ilha inúmeros afazeres que o mantinham ocupado, o que fazia com que não mais ficasse completamente cego por seus ardis femininos. Isso lhe exigia redobrada atenção – o que a irritava –, pois representava a diminuição de um poder antes absoluto. Uma outra dificuldade surgira: para que Rodrigo não desconfiasse de seus passeios solitários pela ilha, precisara retomar as crises de ciúme que costumava armar com ele. Com o marido de Maria Helena, Elizabeth encontrava-se em uma cabana na praia próxima da sede da vila; com D. Antônio, em uma rústica construção na aldeia dos trabalhadores das plantações.

..*

Em uma ensolarada manhã de temperatura amena para o costumeiro calor da ilha, Maria Helena e Franz caminhavam pelos vastos jardins que rodeavam a Vila Alvarez. Como por ali existiam muitas árvores e arbustos, o local era sombreado e oferecia alguns nichos onde tranqüilamente se apreciava a beleza do mar. Em um deles pararam os caminhantes, assentando-se sobre uma toalha que Maria Helena trazia na cesta de trabalhos manuais que carregava consigo. – Franz, sua companhia tem me trazido enorme bem-estar. Pena que não possam ficar residindo permanentemente conosco. Sinto-me bastante só, às vezes. Mamãe, como você bem observou nestes dias, tem um único interesse do qual não compartilho com tanto fervor.

– Realmente, D. Maria é companhia difícil. Sinto pena de sua mãe por viver de tal maneira, Maria Helena. D. Maria é infeliz e se percebe isso com facilidade.

– A infelicidade de mamãe é histórica – declarou Maria Helena, procurando fazer humor. Apreendera ao longo da existência a compreender e lamentar a situação materna e prosseguiu:

– Ela sempre aceitou placidamente que outras pessoas decidissem por ela, acatando deliberações sem qualquer questionamento. Foi educada para se casar e ter muitos filhos, de preferência homens. Como a vida lhe negou estes, dando-lhe, após inúmeras promessas, uma mulher como filha, julga-se uma pecadora que não merece a solicitude divina para seus pedidos. O casamento não foi para ela o que esperava. D. Eleonora falava-me freqüentemente da juventude de ambas e eu não conseguia ver a jovem que ela descrevia como sendo minha mãe. Creio que ela própria não reconheceria a antiga companheira se a visse hoje.

– Você conseguiu ser diferente, e agora que conheço este local em que nasceu e cresceu, ainda mais admiro sua personalidade.

– Deixaram-me ao cuidado de empregados e professores. Minha mãe preocupava-se unicamente com minha formação religiosa e papai somente tomou conhecimento de minha existência quando se desiludiu de ter outros filhos. Então se preocupou em zelar pela minha formação cultural para com isso adquirir – é esse o termo correto para as intenções que tinha – um genro capaz de administrar os negócios. Então veja como é sábia a vida, meu querido amigo: conheci Rodrigo, meu pai aceitou-o – e seria irrecusável uma aliança com a família de M... –, e em nada disso se envolveu interesse material. Nossos sentimentos ditaram o rumo. Foi isso que faltou à minha mãe. Agora, para ser mais feliz ainda, falta-me ser mãe. Por ser filha única, sempre senti falta de crianças. Quero ter muitos filhos.

E notando o repentino silêncio de Franz e sua pouca participação na conversa aduziu: – Estou sendo muito chata... Deve ser por isso que o vejo, nas conversas com meu pai, ansioso por partir da ilha.

Franz começava a não gostar do rumo da conversa. Tinha dificuldade em falar do casamento de Maria Helena, pois sabia que era uma farsa vergonhosa. Para ele, Rodrigo jamais sentira sequer um pouco de ternura pela esposa, e agora que vira sua conduta na ilha, esse convencimento se firmara. O afeto crescente por Maria Helena – que conscientemente admitia como paixão, a custo controlada – insuflava-lhe ciúme e desprezo pelo antigo amigo. Várias vezes sentira o ímpeto de confessar a Maria Helena a sórdida trama elaborada por sua irmã com a ajuda de Rodrigo, porém sabia que se o fizesse causaria imensa dor e em face disso recuava. Se não a faria feliz como desejava, não a faria sofrer. Retornar o quanto antes à Espanha era seu desejo e tudo fazia para isso.

– Não, minha cara, sua companhia não me aborrece. Mas de fato *preciso* – e Franz enfatizou a palavra – partir. Seria louco se não gostasse da companhia de mulher linda e inteligente em uma ilha paradisíaca, onde nada me falta, porém, não pertencemos, Elizabeth e eu, a este lugar e nossas vidas devem retomar a normalidade. Já é tempo.

– Elizabeth está muito bem: alegre, bem-disposta. Parece que superou as dificuldades pelas quais vocês passaram. Achei-a tão triste e mudada no dia em que chegaram, mas agora ela está normal. – Maria Helena sorria ao falar da amiga. – Vejo-a somente às refeições, pois parece que adotou a vida natural ao extremo: passa as manhãs percorrendo as praias a cavalo e várias tardes vai à aldeia negra – parece fascinada pelo modo de vida dos trabalhadores. Realmente eles são fascinantes! Têm cultura e modos tão diferentes dos nossos... D. Antônio não lhes faz nenhuma imposição cultural ou religiosa, o que já foi motivo de desavenças com o padre, mas papai foi inflexível, por isso podemos apreciar as festas e os cultos dos negros – são alegres e deve ser isso que atrai sua irmã. E, como dizia Georges: "se fez bem, que bom".

Vendo na citação do nome amigo uma forma de desviar o tema da conversa, Franz indagou:

– Por falar nele, recebeu alguma notícia recente ou o ingrato não lhe escreve?

– Georges é a gentileza em forma humana. Escreve-me uma vez por mês. Dadas as dificuldades de acesso à ilha, já aconteceu de chegarem duas ou três cartas juntas, mas todas são datadas com um mês de intervalo e sempre no mesmo dia.

– Eu estava brincando – disse Franz, à guisa de desculpa, pois notara que Maria Helena ficara ressentida com o comentário sobre o médico. – Conheço pouco Georges, mas sempre que nos encontramos admirei sua finura. Vocês são muito amigos, não é verdade?

– Somos. Aliás, sabíamos que D. Antônio não aprovava e não aprova nossa amizade. Ele não compreende que possamos ser amigos. Nunca os teve, por isso vê sempre intenções escusas nas pessoas.

"E em outros casos comporta-se como um cego de nascimento", pensou Franz, enquanto Maria Helena prosseguia o bordado que tinha em mãos e a comentar as notícias recebidas de Georges.

A manhã chegava ao fim e, consultando o relógio, Franz convidou a companheira para retornarem à vila. Deixando o nicho sombreado, Maria Helena colocou a toalha de volta à cesta e abriu a sombrinha adornada de rendas brancas para se proteger do sol. Quando se virou para admirar a enseada, a cena que viu emudeceu-a. Custava a crer no que seus olhos viam, e o transtorno das emoções que a assaltavam espelhava-se em seu rosto agora lívido e de olhos muito abertos. Chegando a seu lado, Franz notou de imediato a transformação e, seguindo seu olhar, deparou com a cena que temia um dia fosse presenciada por Maria Helena.

Elizabeth galopava, sendo seguida de perto por Rodrigo. Repentinamente pararam diante da rústica cabana. Ele desceu rapidamente do cavalo e amparou a parceira nos braços para que chegasse ao solo. Ignorando que eram observados, davam livre vazão à paixão sensual que os unia. De onde estavam, Maria Helena e Franz ouviam os ecos das risadas dos amantes na praia. A cena não deixava qualquer margem de dúvida ou interpretações equivocadas: a intimidade entre ambos deixava claro que aquele não era um primeiro encontro, nem um relacionamento fortuito. Entre beijos e carícias, acabaram por ingressar na rústica cabana.

O choque estampava-se no rosto de Maria Helena, porém a dor que invadia seu ser naquele momento era indescritível. Via ruírem seus sonhos, inexplicavelmente. A pouca experiência com o lado podre dos seres humanos a fizera ingênua e por conseqüência despreparada para encarar dupla vileza de uma só vez. Em seu pensamento apenas uma pergunta repercutia incansavelmente e sem resposta: por quê? O que fizera para merecer a traição da melhor amiga e do marido? Por quê? Era um daqueles instantes da vida que parecem horas infindáveis. A queda da máscara durara alguns minutos, mas a contemplação da nova face da realidade se estendia, ampliando as proporções da dor; o pensamento incendiava-se na busca de respostas ao flagrante e a deixava incapaz de pronunciar sequer uma palavra. Nem ao menos o benefício das lágrimas tinha – parecia que um vendaval varrera sua vida emocional e nada sobrava, apenas uma aridez profunda.

O tão temido momento soara. Franz não conseguira evitá-lo. A dor que desejara evitar agora estava cristalizada nas feições da mulher que amava. Em seu peito a raiva rugia, como uma fera aprisionada, contra Rodrigo de M...; abominava o amigo, culpava-o pela realização das loucuras da irmã, porque ele concordara em desempenhar aquele papel inominável – a diabólica brincadeira de dispor do destino alheio cobrava agora a sua vítima. O que fazer? Questionava-se ao observar o estado de choque da esposa de Rodrigo. O que dizer? A consciência apontava-lhe o caminho: dizer a verdade na íntegra, sem importar-se com outras conseqüências, já que o estrago, que a todo custo quisera evitar, já estava feito. Mas as palavras custavam também a sair de sua boca. Enquanto buscava a melhor forma de abordar o assunto, Maria Helena, voltou-se na direção contrária e, sem dizer-lhe uma só palavra, correu em direção à sede da vila. Observando-a, Franz pensou: "Ela tomou a melhor decisão; agora não é momento de falar".

Na cabana os fatos eram outros. Os amantes não imaginavam que haviam sido flagrados. Lançando um olhar até lá, Franz decidiu nada lhes dizer sobre os acontecimentos da manhã, retornando lentamente à sede da vila. Lá chegando, foi abordado por D. Maria.

– Sr. Franz, aconteceu algo à minha filha?

– Por que pergunta, D. Maria? Ela não lhe parecia bem? – Franz sondava as percepções da anfitriã.

– Ela entrou correndo na sala e assim prosseguiu até seus aposentos. Depois, ouvi uma violenta batida da porta. Fiz perguntas e ela parecia não me ouvir. Agia assim quando criança se era contrariada, mas há anos não via essa atitude destemperada. O que houve?

– Conosco, nada. Posso lhe garantir que continuamos amigos e que entre nós não ocorreu qualquer desentendimento. Creio que ela tenha sentido alguma indisposição novamente. É o calor... Não deveríamos ter ficado tanto tempo fora. Vamos deixá-la descansar.

– Vou rezar por Maria Helena. Essas indisposições estão bastante estranhas. Ela sempre foi muito saudável. Será que serei avó e ela não nos contou ainda?

Era a primeira vez que Franz presenciava D. Maria falar de outro assunto que não fosse a vida dos santos, a Igreja e a busca de conquistar o paraíso após a morte. Ela não ignorava o que se passava a seu redor, apenas fazia com que pensassem assim os que a rodeavam. Era um mecanismo de autoproteção contra a piedade alheia, que nem sempre se manifesta apropriadamente e que por isso mais fere do que cura.

Franz usara como desculpa as queixas de indisposição de Maria Helena nos últimos dias. Mas D. Maria mostrara estar atenta e sua suposição não era absurda.

– Ela não lhe falou nada a respeito, D. Maria? Nada mais natural que a filha procurar os esclarecimentos da mãe em tal caso.

– Não, Sr. Franz, e a bem da verdade nem sei o que lhe diria. Meu marido a afastou de mim quando era ainda uma menina, entregando-a a professores. Aliás, foi a única vez na minha vida que afrontei D. Antônio: ele queria mandá-la para um colégio interno. Seria uma privação muito dura nem ao menos poder vê-la crescer. O afeto não faz parte do dicionário da família Gomez Alvarez, portanto não me surpreenderia se ela não viesse me falar a respeito de um assunto tão delicado.

A infelicidade de D. Maria era patente. Era uma mulher riquíssima, invejada quem sabe por muitos, que desconheciam a face oculta que naquele momento ela deixava entrever.

– D. Maria, vamos rezar por sua filha. Seja qual for o motivo de sua indisposição, as orações lhe farão bem.

Três dias se passaram sem que Maria Helena deixasse seus aposentos. Mandara uma criada avisar que não desejava ser incomodada por ninguém, nem mesmo pelo marido. Somente a criada tinha acesso a seu quarto, onde não deixava que as janelas fossem abertas. Também deixara de comer – após muita insistência, tomava algum líquido.

O marido pouco importância dera àquelas atitudes, acreditando mesmo que ela estivesse seguindo os passos da mãe e fazendo algum jejum de caráter religioso. Desde que sua vida continuasse sem alterações, deixaria que a mulher fizesse o que bem entendesse. Começava a achar muito inteligente a forma de vida de D. Antônio e planejava viajar com Franz e Elizabeth para a Europa, sob pretexto de acompanhar a execução dos planos comerciais traçados com o sogro.

Fiel ao propósito de nada falar e aguardando as reações de Maria Helena, Franz consumia-se em angústia, passando a maior parte do tempo distante dos demais habitantes da vila. Não comparecera a nenhuma das habituais reuniões com Rodrigo e D. Antônio nas quais o assunto era o plano comercial que deveria executar. Ver Maria Helena tornara-se uma obsessão. Interrogara a criada e nada obtivera de concreto; soubera apenas que ela ora estava num mutismo absoluto, ora rompia em prantos, porém nada dizia.

Não mais suportando aquele estado de coisas, Franz decidiu desobedecer ao pedido de Maria Helena. Ainda que ela não o desejasse, precisava falar, caso contrário sua consciência não lhe daria paz.

Resoluto, bateu à porta dos aposentos da esposa de Rodrigo. Não recebendo resposta, insistiu. Após diversas batidas, acrescentou apelos verbais para que ela o recebesse.

— Helena, sou eu, preciso lhe falar. Abra a porta, por favor.

— Franz, não insista. Quero ficar só e já deixei isso claro. Vá embora!

— Não irei. Nem o cafajeste do seu marido demonstrou interesse em saber o que se passa com você. Porém, eu compreendo o que você está sentido. Por favor, fale comigo. Dou-lhe minha palavra de que nada direi, caso assim deseje.

— Você não compreende, não! – Pela entonação da voz de Maria Helena, Franz percebeu que ela chorava doloridamente. – O que me atormenta é não conseguir entender por que isso aconteceu. Onde errei, para perder o amor de Rodrigo tão cedo?

— Não se torture, você não tem culpa. Deixe-me entrar para conversarmos. Acredite, posso lhe explicar tudo o que aconteceu. Aliás, eu sou a única pessoa que pode fazê-lo.

— Não, Franz, agradeço sua boa intenção, mas é Rodrigo quem me deve explicações. Vá embora, por favor.

— Helena, tanto quanto insiste para que eu me vá, insistirei em permanecer aqui. Seria louvável se apenas bons sentimentos me obrigassem a fazer isto. Mas lamento dizer que também preciso do seu perdão. É minha consciência que me manterá aqui à espera de que você me atenda. Não é piedade.

A sinceridade e a insistência de Franz ao declarar sua necessidade de pedir perdão despertaram um pouco de lucidez em Maria Helena.

— Por que precisa do meu perdão?

— Porque sou a única pessoa que sabe de toda essa história

sórdida desde o seu início. Recusei-me a participar dela, depois confesso que usufruí de seus benefícios, mas aprendi a conhecê-la profundamente, Maria Helena, e não tenho vergonha de dizer que você é a primeira mulher que verdadeiramente amo. Sei que não sou correspondido e jamais abusarei da amizade que temos. É em nome desses sentimentos que eu preciso lhe falar e pedir o seu perdão para o meu egoísmo.

Hesitante, Maria Helena encaminhou-se até a porta e abriu-a. Franz, escorado ao batente, trazia profundas olheiras. Seu rosto, marcado pelo cansaço, denunciava que para ele aqueles dias também estavam sendo difíceis. Mas nada se comparava ao quadro de abandono e depressão retratado na figura da jovem mulher: longa camisola branca totalmente amarrotada, rosto pálido inchado pelo choro, olheiras profundas e olhar perdido refletindo seu mundo interior caótico. Franz não imaginara encontrá-la em estado tão deplorável. Sem uma palavra, entrou no aposento e abraçou-a, desembaraçando, com os dedos, os longos cabelos emaranhados da mulher que amava. Assim permaneceram até que Maria Helena esgotasse totalmente as lágrimas. Então Franz conduziu-a até o divã, e lá a acomodou, carinhosamente.

– Está melhor agora?

Maria Helena retirou delicadamente a mão que Franz retinha entre as dele, e enrolou os cabelos em um coque improvisado. Secando as lágrimas, disse.

– Sim, estou melhor. Obrigada.

– Promete que pensará muito bem em tudo o que vou lhe contar antes de tomar qualquer atitude? E diga-me se posso contar com sua compreensão para minhas atitudes.

– Franz, como posso lhe fazer promessas em cima de algo que desconheço?

– Está bem. Como lhe disse, minha consciência me impõe que lhe conte tudo quanto sei para que eu possa encontrar a paz que sempre tive, apesar de minha vida um tanto desregrada.

E, sentado ao lado de Maria Helena na penumbra do quarto

em desordem, relatou-lhe toda a história desde o início: a vida de Elizabeth; sua longa permanência com a madrinha na Inglaterra; o retorno após a morte do pai; a irresignabilidade ante as dificuldades financeiras; o romance com Rodrigo e finalmente o encontro com D. Antônio; a descoberta da fortuna da família Alvarez; os motivos que haviam levado pai e filha a Madri; a elaboração do plano para, através do casamento de Maria Helena, se apossarem dos bens da família Alvarez e solucionarem os problemas financeiros por que passavam. Disse-lhe também de sua recusa em participar daquele plano sórdido e de sua substituição por Rodrigo; narrou-lhe ainda a verdade sobre os relacionamentos que a irmã mantinha, tanto com D. Antônio quanto com seu marido – este já de longa data.

– Maria Helena, por favor, eu peço, perdoe meu silêncio. Quando a conheci, logo percebi que você era muito diferente das moças com as quais estamos acostumados em Madri. Você tinha um ar de criança... Desde que a vi me senti encantado! Várias vezes pedi a Elizabeth que esquecesse aquele plano, mas foi em vão. Desentendi-me também com Rodrigo logo após o noivado de vocês, e por isso parti para a Inglaterra, de onde somente voltei quando mamãe adoeceu gravemente. Enquanto isso, vocês se casaram, vieram para a ilha, minha irmã recuperou a situação financeira anterior e ampliou seus bens. A contragosto fui envolvido nesta viagem que nos trouxe à ilha. Creio que D. Antônio desconfiou das remessas de dinheiro que Rodrigo fazia para uma conta em meu nome e por isso tive de vir aqui e aconteceu tudo o que você viu. Perdão.

Gemidos de dor haviam cortado o relato de Franz. Maria Helena não mais conseguia chorar, porém a dor da traição que sofrera rasgava-lhe por dentro. Encolhida no divã, ela esmurrava o estofado com os punhos cerrados. Finalmente, Franz ergueu-a com facilidade e abraçou-a, enterrando a cabeça em seus cabelos.

– Por favor, perdoe a dor que lhe causo.

– Deixe-me sozinha, Franz – pediu, num sussurro, entre soluços. – Prometo chamá-lo quando puder conversar. Somente falarei com você. Vá embora.

Doía em Franz deixar Maria Helena naquele estado, mas sabia que não poderia permanecer mais tempo. Havia passado a tarde, e a noite se anunciava.

– Farei sua vontade. A qualquer hora que precisar, mande sua criada me chamar. Deseja que diga alguma coisa à sua mãe? Ela está preocupada.

– Não, não diga a ninguém sobre nossa conversa. Minha pobre mãe não suportaria saber dessa história. Diga-lhe que continuo indisposta.

Franz retirou-se.

Maria Helena passou o restante daquele dia entregue ao desespero. Tivera sua vida manipulada e agora era cativa de uma armadilha indesejada. Fora enganada duplamente – pelo marido e por quem considerava até então sua amiga. Naquele jogo macabro, seu próprio pai estava envolvido, usando os sentimentos egoístas que sempre cultivara. Sentia-se presa, impotente, profundamente magoada. O que fazer? Recusava-se a prosseguir naquela situação. Não viveria como a mãe – já decidira isso há muito tempo. Descobrira de repente que sua situação era ainda pior do que a de D. Maria, mas não iria suportar uma existência de mentiras e traições, e menos ainda se prestaria a uma representação. No caos que se instalara, em meio ao desatino, viu sobre a cômoda o pequeno baú onde guardava as correspondências e lembrou-se de Georges. "Sim, o velho Georges não me negará auxílio", pensou. "Fugir, ir para bem longe dessas pessoas interesseiras... Não sou um amontoado de moedas de ouro que se dispõe e passa de mão em mão, sem vontade nem destino próprios! Vou embora, e eles que fiquem com o que desejavam: meu pai, com seu sucessor; Elizabeth e Rodrigo, com o dinheiro; mamãe, com Deus, e eu, com o meu desespero. Não posso ficar", pensava Maria Helena.

Concebeu rapidamente seu plano de fuga. Sabia que em breve partiria um navio com destino à Espanha, levando os produtos da ilha. Bastava refugiar-se nele e esconder-se até atingir uma distância segura que tornaria difícil ao capitão o retorno. E sempre contava com o dinheiro – poderia comprar o silêncio e a boa vontade do capitão.

Calma e decidida, começou a tomar as providências para a realização de seu plano. "Eles verão que também sei fazer planos", pensava.

Na manhã seguinte, desceu ao salão após a saída de D. Antônio e de seu marido. Conversou com a mãe, que lhe informou que Elizabeth estava indisposta e não desceria naquele dia. Intimamente, regozijou-se com o mal-estar da ex-amiga. "Que sofra", pensou. "Quanto mais, melhor."

O dia transcorreu aparentemente tranqüilo. Maria Helena circulou pelos jardins e conversou com os criados, especialmente com aqueles pelos quais tinha maior apreço. Era sua despedida definitiva do local que fora seu lar.

À noite recolheu-se cedo, fugindo ao contato com o marido e o pai. Eles seriam informados de que tivera melhoras. De qualquer forma, ao longo daqueles dias recebera apenas notícias deles. Dera ordens que não desejava ser perturbada por ninguém e somente Franz se atrevera a afrontar a determinação para visitá-la. Os demais nem ao menos haviam perguntado se necessitava de um médico – deduziram que estava indisposta e não se preocuparam com isso. A pequena bagagem que levaria consigo estava pronta e escondida em uma charrete que preparara para levá-la até o navio naquela madrugada. Vistoriou tudo e sentou-se para escrever a Franz.

"Franz

Quando ler esta carta, já estarei bem longe desta ilha. Não lhe revelo meu destino, pois eu mesma o ignoro e de qualquer modo não desejaria ser encontrada. Qualquer local ou situação é melhor do que o que tenho vivido. Não se aflija por mim.

Agradeço sinceramente ter-me revelado os segredos que guardava, e o afeto que por mim diz sentir, embora não entenda suas razões. Sou hoje mais uma infeliz mulher, desencantada com a vida e principalmente com as pessoas. Onde você via candura agora existe amargor. Lembre-se disso e suplante o amor que sentia. Não sofra por minha causa. A mulher por quem se disse apaixonado já não mais existe, eu lhe garanto. Ainda não sei em quem me transformei, mas Maria Helena Gomez Alvarez, a rica herdeira, jaz sepultada para sempre em meio a tristes e cruéis recordações. Esqueça-a!

Aceito seu pedido de perdão e compreendo suas dificuldades e fraquezas. Não sei de que valerá minha amizade no futuro, mas você a terá sempre caso deseje e algum dia venhamos a nos encontrar, o que creio ser muito difícil.

Não suportaria viver um dia mais sob o mesmo teto que Rodrigo. O amor que um dia senti transformou-se em ódio. A distância entre o amor e o ódio é muito pequena.

Adeus."

Conforme planejara, ao raiar a madrugada levantou-se e seguiu sorrateiramente até onde estava escondida a charrete em meio a arbustos e dirigiu-se para o porto de embarque das mercadorias. Avistou o navio. Somente um marinheiro fazia ronda. As chances de atingir seu objetivo eram boas. Desceu, tomou a bagagem e chicoteou o cavalo, fazendo-o correr em direção oposta, já que não queria que ficassem muito claros os sinais de sua fuga. Tomando uma pequena embarcação, remou em direção ao navio. Lá chegando, agarrou-se às escadas de cordas que pendiam e subiu. O marinheiro que guarnecia a embarcação estava de costas, andando no sentido contrário ao de Maria Helena, o que facilitou seu ingresso. Embarcada, começou a puxar para bordo, e rapidamente, a pequena bagagem. De posse dos pertences, correu em direção à escada que levaria ao porão da embarcação e assim escondeu-se entre a carga lá acomodada. Pela manhã partia o navio de carga com destino à Espanha levando a valiosa herdeira Gomez Alvarez que, sentada em meio à carga, dava livre curso à sua dor e lágrimas corriam abundantes por suas faces.

A LUTA DO AMIGO
Capítulo XVIII

"Nas grandes calamidades, a caridade se manifesta, e vêem-se generosos impulsos para reparar os desastres; mas, ao lado desses desastres gerais, há milhares de desastres particulares que passam despercebidos, de pessoas que jazem sobre um catre sem se lamentarem. São esses infortúnios discretos e ocultos que a verdadeira generosidade sabe descobrir." [1]

Alheio aos acontecimentos que envolviam Maria Helena e seu próximo reencontro, Georges dedicava-se agora quase que integralmente ao trabalho na chácara. Com o auxílio dos amigos de Cádiz, desenvolvia terapias auxiliares que vinham a complementar o tratamento que dedicava aos pacientes. O número de clientes aumentara bastante, fazendo-o ampliar as acomodações da casa para acolher os necessitados. Já não mais se encontravam apenas os "loucos" deserdados da sociedade, mas também pessoas de boas condições econômico-sociais, cujas famílias de boa vontade pagavam pelos serviços prestados aos doentes, possibilitando, assim, a manutenção do estabelecimento. Os vários casos de recuperação de pacientes em crises, após o episódio de Joana, despertavam muita

---

[1] Allan Kardec. *O Evangelho Segundo o Espiritismo,* cap. XIII, item 4. Trad. Salvador Gentile. Araras, IDE.

atenção, e se por um lado crescia a fama do médico francês, por outro atraía ele novamente a ira, a incompreensão e o menosprezo de muitos colegas ao trabalho que fazia. Porém, agora era um homem amadurecido, que atribuía justo valor à opinião de terceiros, sem deixar que ela dominasse sua existência. Pouco lhe importavam as críticas descabidas, pois ver a melhora dos pacientes era para ele a melhor resposta.

Continuava em permanente contato com os amigos de Cádiz, especialmente com Joana, com quem mantinha correspondência diária, que naturalmente chegava com dias de atraso. Sabia dos avanços que ela fizera. Joana tornara-se importante colaboradora nas pesquisas espirituais do grupo. Sua sensibilidade acentuada permitira uma forma de comunicação mais rápida do que a que utilizavam antes. Como via as ocorrências do mundo espiritual, desde o início pudera descrever-lhes em detalhes o que acontecia durante as reuniões. Com a regularidade no trabalho, logo passou a enxergar as respostas às perguntas feitas por Manoel aos amigos espirituais e, lendo-as, as transmitia com maior agilidade. Sobre o fenômeno, escrevera a Georges dizendo:

"É como se visse uma página, uma fita escrita ante meus olhos. Feita a pergunta, de repente surge a resposta – vejo-a escrita ante meus olhos e a leio para que todos tomem conhecimento. Outras vezes, poucas até agora, vejo nitidamente o espírito que dá a resposta. Ele coloca a resposta ante meus olhos escrita como se fosse em uma folha. É estranho saber, Georges, que há folhas no outro mundo, iguais às nossas. Será, meu querido amigo, que realmente não é devaneio? Estou brincando, não leve a sério. Logo após sua partida me assaltava a insegurança a este respeito, mas a "amiga" sempre me aparecia e dizia-me muito calma: "confie, Joana". E eu confiei, e as provas que temos obtido fortalecem nossa segurança e aumentam ainda mais nossa fé. (...)"

Georges trocava com Marcos e Joana as opiniões acerca de

seus pacientes e das transformações que se processavam na chácara. Vibravam uníssonos no contentamento pelo atendimento e pelo novo encaminhamento que Georges dava aos enfermos. A cada melhora, as comemorações se estendiam das cercanias de Madri ao centro de Cádiz. Georges participava à distância das atividades, enviando perguntas, pedindo orientações, fazendo comentários, e Marcos fazia as cópias das respostas obtidas e enviava-as para Madri. Por meio desse contato recebera esclarecimentos de um amigo espiritual a respeito do uso da prece e da meditação no tratamento dos distúrbios mentais, bem como a recomendação de tratamento através do magnetismo. Georges selecionara os casos em que a dúvida no diagnóstico de loucura o assaltara, fizera com eles um grupo, aplicando a sugestão recebida, e os resultados haviam sido surpreendentes. Notara logo uma calma e serenidade maior; lentamente, iam suplantando os estados mais depressivos e retornando à normalidade. Muitas vezes pacientes lhe relatavam, após esses exercícios, problemas emocionais profundos que antes não tinham coragem de enfrentar, surgindo daí a cura de muitos casos.

A nova compreensão da existência de um ser espiritual imortal em todos os seres humanos, do retorno à vida física sempre com o propósito de avançar, a visão das diversidades como formas de manifestações do divino em variadas lições ao espírito – tudo isso dera a Georges uma percepção mais profunda quanto ao surgimento e ao papel da doença na existência de seus pacientes.

Convidava-os a conhecer seu mundo íntimo. Falava-lhes de Jesus como o ser pleno por excelência. Recordava-lhes os momentos de sua vida em que também ele fora visitado pela tristeza, pelo abandono, pela incompreensão, pela dor, pela traição, pelas decepções, enfim, por toda uma gama de emoções a que todos estamos sujeitos, e fazia-os analisar a forma como ele as vivenciara, buscando copiar-lhe a conduta, tornando-se consciente delas e desta forma aptos a trabalhá-las, construindo saúde e equilíbrio em si mesmos.

Lembrava-lhes, igualmente, dos momentos da vida do Mestre marcados pela raiva – como quando expulsara os vendilhões do templo chamando-os "hipócritas, túmulos caiados de branco por fora e cheios de podridão por dentro". Alertava-os para que vissem nessa ocorrência o quanto era natural sentirmos os ditos "sentimentos inferiores" – assim denominados por puro preconceito –, porém de forma lúcida e dominada, sem ser conduzido por eles, mas dando vazão construtiva a essa força, não violenta nem agressiva. Alertava-os para as inúmeras manifestações de alegria existentes na sua vivência, enfatizando que todos nós passamos por momentos depressivos, alegres, calmos ou turbulentos. "A vida é movimento, ação incessante, nada mais natural que, no viver, alternemos momentos altos e baixos", dizia-lhes, defendendo a tese de que uma ciência de bem viver era saber extrair de cada momento sua lição, conhecê-lo íntima e profundamente, permitir-se senti-lo e deixá-lo passar, prosseguindo abertos a novas experiências.

Voltava a recorrer à filosofia e encontrava amparo no pensamento que agora a real extensão enfim divisava: "Não há doenças, há doentes" – espíritos doentes, desta ou de outras existências, necessitados de compreender a vida e a si mesmos sob o prisma da realidade espiritual.

Em meio ao trabalho e ao estudo, sua grande paixão, Georges vivia em paz. O médico supunha que a amiga, filha adotiva de seu coração, estivesse bem e feliz, e em suas orações sempre agradecia ao Pai as boas notícias que ela lhe mandava. Se alguém houvesse dito a ele naqueles dias o que o futuro lhe reservava junto de Maria Helena, ele por certo não acreditaria.

Imensa surpresa o acometeu no dia em que reencontrou à sua porta a jovem que fora a alegria de seus dias em uma época solitária.

Maria Helena, durante a viagem marítima, na qual se mantivera como clandestina no navio – alimentando-se do pão que levara na bagagem, e de vinho, frutas secas e alguns cereais, mercadorias que eram comercializadas por D. Antônio – emagrecera sensivelmente. As crises de desespero haviam cedido espaço, porém em seu lugar surgira um ódio silencioso e profundo que fixava e consumia seus pensamentos e emoções – todas as suas forças concentravam-se nessas emoções. O longo período passado no porão da embarcação – sozinha, desesperada e mal-alimentada – cobrava um pesado tributo à sua saúde: a debilidade instalara-se seriamente. Náuseas e mal-estar a acompanharam até a chegada do navio à Espanha. O porto onde desembarcara ficava bastante distante de Madri, entretanto, em troca de uma das jóias que trazia consigo, com facilidade encontrara transporte até a residência de Georges.

Surgia, à porta de Georges, uma mulher magra, pálida, suja, cabelos em desalinho. Ele – que se encontrava, por feliz coincidência, àquele dia em Madri – estava recostado em uma poltrona no consultório, quando o movimento do veículo diante de sua casa chamou-lhe a atenção. Mais curioso ainda ficou ao ver a infeliz passageira que aquele carro transportava. Não reconheceu a amiga de pronto; só pôde perceber facilmente, pelo estado da moça, que ela viajara muito e em más acomodações. Vendo que ela adentrava com familiaridade as dependências de sua casa, dirigiu-se rapidamente à porta, sem esperar sequer que ela batesse. Passando por Jean no caminho, determinou-lhe que preparasse uma refeição rápida e leve e que providenciasse o necessário ao preparo de um banho a uma viajante. O criado, já acostumado às determinações do médico, nada questionou, voltando para cumprir as ordens recebidas.

Abriu a porta, pouco antes de a mulher atingir os degraus de acesso à pequena soleira de entrada, e, vendo-lhe o rosto, reconheceu os traços da jovem Alvarez.

– Meu Deus! Que se passa? Helena, o que aconteceu com você?

O sincero interesse do amigo e sua surpresa em vê-la naquele estado fizeram com que ela apressasse o passo e se jogasse nos braços de Georges, como quem encontra um porto seguro após uma travessia tempestuosa. Ele acolheu-a com o carinho que sempre marcara o relacionamento de ambos e, envolvendo-a, conduziu-a ao consultório.

Intuitivamente o médico pressentira um desastre na vida da jovem. Desconhecia a origem, mas vislumbrava a gravidade e as conseqüências. O olhar nervoso, com brilho doentio, denotava uma ruína interna. Era preciso desviar-lhe a atenção desse mundo íntimo que a consumia.

– Helena, minha menina, deseja matar seu velho amigo do coração? Por que não me avisou que viria?

– Não pude avisá-lo de minha chegada. Foi uma viagem inusitada, ninguém sabe que estou aqui, fugi da ilha, do maldito dinheiro da família Alvarez e da ganância dos inescrupulosos.

– Como assim, minha menina? Você está me dizendo que fugiu, que abandonou sua família, seu marido, sua casa?

– Abandonei, Georges. Mas não foi como você disse. É uma história longa, mas vou contá-la inteira para você – preciso fazer isso, pois sinto como se fosse explodir.

Percebendo que o equilíbrio alcançado era muito frágil, e não desejando ameaçá-lo, Georges interrompeu-a.

– Helena, você deve ter realmente muito a dizer, por isso acho que seria melhor você ficar mais forte para poder fazer isso. Vejo que a viagem até aqui não poderia ter sido pior. Mandei lhe preparar um banho e uma refeição leve; vou dizer a Jean quem é nossa hóspede e pedir que ele arrume um dos quartos para você descansar. – Aproximando-se, acariciou-lhe gentilmente as faces e indagou: – Está bem assim para você?

– Tudo quanto eu desejei nos últimos dias era estar perto de você. Por favor, cuide de mim.

A resposta de Maria Helena fora um sussurro penoso.

– Acalme-se, filha. Vou cuidar de você. Fez bem em vir me procurar. Agora vamos encontrar Jean e ver o que ele já fez. Venha.

Dirigiram-se, então, até a sala de refeições onde Jean arrumava a mesa, dispondo pratos e talheres.

– Jean! – chamou Georges. – Veja que alegria! Nossa hóspede é Helena! Chegou de surpresa. Fez uma viagem muito ruim, está fraca. Precisa boa alimentação e descanso. Vai ficar conosco.

Em uma simples troca de olhar com o patrão, Jean percebeu que Georges esperava que ele agisse com naturalidade ante aquela situação inesperada.

– Claro, doutor. Seja bem-vinda Sra. de M... Vou já preparar os seus aposentos. Dr. Georges, a refeição está posta. Bom apetite!

Com satisfação, Georges notou que uma leve sopa de legumes estava servida.

– Sente-se, Helena. – E ajudou-a a se acomodar, arranjando-lhe os cabelos desalinhados com as mãos. – Você se sentirá melhor após a refeição. Jean é ótimo cozinheiro, como você deve lembrar.

A jovem obedeceu às orientações silenciosamente, fato estranho em seu caráter antes extrovertido e espontâneo. Desejando que ela recuperasse as energias, Georges agiu como se fosse normal a atitude da hóspede e começou a falar-lhe das novidades que haviam ocorrido na cidade, mas notou que seu esforço era inútil – algo havia no íntimo de Maria Helena que lhe requeria total atenção.

– Dr. Georges, permita-me informar que os aposentos da senhora já estão prontos. Inclusive preparei o banho quente – a banheira está no quarto com o que mais se fizer necessário. A bagagem que arrumei foi tudo o que a senhora trouxe? – indagou Jean, tão logo terminada a refeição.

– Sim, Jean, foi tudo o que eu trouxe. Não precisa se incomodar, não há nada mais a ser arrumado. Muito obrigada por sua atenção.

– É minha obrigação, senhora. Espero que tudo esteja a seu gosto.

– Com certeza, Jean – falou Georges. – Vou acompanhar nossa hóspede até o quarto; pode descansar por hoje. É noite e acredito que ninguém mais virá nos procurar.

– Sim, Dr. Georges. Mas, se precisar de qualquer coisa, estou a seu dispor.

– Eu sei, Jean. Vá descansar.

Georges conhecia seu empregado há muitos anos e sabia que

enquanto ele não estivesse informado do porquê de aquela jovem aparecer inopinadamente naquele estado ele não descansaria. Mas não era o momento de expô-la dessa forma ao interesse alheio. Por isso, com gesto seguro e firme, dispensou o criado e pessoalmente acompanhou a jovem ao quarto que lhe fora destinado.

– Helena – chamou-a Georges –, sei o quanto você está cansada, mas não disponho de uma criada aqui para ajudá-la no banho, por isso lhe pergunto: você está em condição de fazer isso sozinha ou deseja que eu a ajude de alguma forma?

Percebendo que pouco falara, Maria Helena sorriu ante a preocupação do amigo.

– Creio que o estou assustando, Georges. Não estou assim tão mal, posso banhar-me sozinha. Pode sair, fique do lado de fora do quarto. Quando terminar, eu o chamarei para deixá-lo mais tranqüilo.

Aquiescendo, Georges retirou-se, fechando a porta e sentando-se em uma poltrona que havia no amplo corredor pouco distante do quarto da jovem.

Passados poucos minutos, viu calmamente a aproximação de Jean.

– Senhor, que houve com a Sra. de M...? Ela está enferma?

– Ainda não sei, Jean. Tudo quanto posso dizer é o que seus olhos viram. Além do mais, ela está exausta e não é digno que a importunemos. Vou apenas me assegurar se ela está bem e vou descansar. Quando – e se – Maria Helena julgar necessário saberemos alguma coisa. Por ora é suficiente termos visto que ela sofre. Temos o dever de ajudá-la. Vá descansar, Jean.

Entendendo que o médico estava advertindo seu comportamento bisbilhoteiro, Jean retrucou, amuado:

– Como desejar, Dr. Georges. Mas que a jovem senhora não está bem, isso é visível. Houve coisa grave por lá. Já que nada mais posso fazer, vou descansar.

Sorrindo, Georges olhou o empregado, que julgava um companheiro de trabalho, e disse:

— Isso mesmo, Jean, e desta vez não volte — todos estarão dormindo. Guarde seu "interesse" para amanhã. Creio que nossa amiga veio para uma longa temporada.

— Boa-noite! — despediu-se Jean, caminhando lentamente como se aguardasse a qualquer momento um chamado para voltar.

Georges o observava e não podia conter o riso. Os seres humanos oferecem um espetáculo sempre inédito e variado a quem se dedica a observá-los. De um lado do corredor, ao abrigo dos olhos, havia um ser humano em frangalhos, ferido e distante do entrosamento com os outros; diante de seus olhos, Jean dava o espetáculo do interessado na desgraça alheia, mas não para ajudar eficientemente, mas para se deliciar em saber as ocorrências. Jean era alma boa, alegre, simples e muito afetuoso, porém pecava pelo excesso de zelo em observar e comentar interesses alheios.

Atento aos sons que vinham do interior do quarto, Georges percebeu quando Maria Helena, após a higiene, deitara-se, e suavemente bateu à porta.

— Vim ver como está minha menina após o banho.

— Bem melhor, Georges. Creio que estava imunda. Tenho tido dificuldades para dormir ultimamente. Será que você tem algum remédio? Estou cansada, mas minha mente não descansa, e tudo o que eu mais queria era dormir e esquecer muita coisa de minha vida... Será que você me ajudaria dando-me um remédio, por favor?

Georges olhou-a, preocupado.

— Não posso, Maria Helena, dar-lhe medicamento sem um exame mais completo, mas sei de alguns meios capazes de ajudá-la a dormir.

— Por favor, eu aceito o que você me oferecer, desde que eu possa dormir e esquecer por algum tempo ao menos.

— Descanse um pouco; vou até cozinha e logo volto.

Retornando, Georges trazia consigo uma xícara com chá de ervas calmantes e instruiu Maria Helena que o ingerisse em pequenos goles.

Sentando-se a seu lado na cabeceira da cama, começou a acariciar-lhe suavemente os cabelos úmidos do banho e as faces, enquanto cantava baixinho canções de ninar, em sua língua natal.

A jovem fez um gesto de surpresa ante o comportamento do médico, mas, a um gesto imperioso de silêncio, ela sorriu, agradecida, e deixou-se ninar calmamente... Ouvindo o canto, adormeceu.

Ao lado, Georges observava as transformações nas feições da amiga. Ela mudara bastante – havia sofrimento, dor, apatia e amargura em seus traços e um olhar doloridamente solitário e vazio. O que tivesse ocorrido era de menor importância, somente necessário para compreender as transformações. Ao abrir-lhe a porta e abraçá-la, sentira que ela viera em busca de amor e conforto. Eram os remédios de que precisava naquele momento.

Enquanto a olhava, o médico dirigia o pensamento ao Criador, pedindo proteção à filha do seu coração. Notando que Maria Helena gozava um sono mais profundo, cessou a cantiga de ninar e começou a falar baixinho com ela, dizendo-lhe do seu afeto e da certeza de poder contar com seu apoio e amizade. Era mais uma das novas técnicas que estava usando com seus pacientes. Sob a orientação dos espíritos amigos de Cádiz, descobrira que durante o sono o espírito está parcialmente liberto do corpo e mantém-se em atividade inteligente, por isso, quando muitas vezes em vigília não conseguia aproximar-se dos pacientes, fazia-o à noite: sentava-se, como o fazia naquele momento, e lhes falava da vida, de Deus, da esperança em dias melhores e dos exemplos que a natureza nos oferece de trabalho, renovação e superação de dificuldades. Ao lado do leito da jovem adormecida, Georges movia a poderosa ferramenta de auxílio no tratamento do espírito enfermo – a palavra, carregada de amor, abrindo-lhe novos horizontes de paz e conforto.

Em poucos minutos, vencida pelo cansaço, Maria Helena dormia. Lentamente, Georges abandonou o quarto.

* * *

Na manhã seguinte, à refeição matinal, já se encontrava o médico com o seu fiel servidor, cheio de curiosidade.

— Bom-dia, doutor! Já temos alguns pacientes aguardando, chegaram mais cedo. A Sra. de M... ainda dorme. Devo despertá-la?

— Bom-dia. Não, Jean, deixe Maria Helena dormir o quanto necessitar. Quando ela despertar, avise-me.

— Dr. Georges, o que houve com a senhora?

— Não nos importa, Jean. A curiosidade é um mal de que também sofro, mas é preciso refreá-la e saber quando o que menos interessa é ter conhecimento de alguma coisa. Precisamente agora, no estado de Maria Helena, o que menos interessa é sangrar-lhe o coração machucado para satisfação de mera curiosidade. Basta ver que ela precisa de ajuda. Portanto, não a perturbe com qualquer referência à família ou ao passado. Devem lhe interessar somente o agora e ela própria. Fui claro?

— Sim, doutor. Longe de mim magoar a moça. Ela sempre foi muito simpática comigo.

Jean compreendera bem a orientação. A muito custo controlaria a curiosidade, mas por nada faria algo que desagradasse ao patrão.

— Vou iniciar o trabalho, Jean. Creio que vou ficar um pouco mais de tempo na cidade. Você deve retornar à chácara para auxiliar Guilhermina. Consuelo, nossa nova funcionária, está indo muito bem e poderá substituí-lo a contento alguns dias.

— Se o senhor deseja assim, partirei imediatamente, após as ordens para Consuelo – respondeu Jean.

— Avise-me quando partir; tenho alguns medicamentos que preciso repor na botica da chácara e eles estão em meu gabinete. Você já os leva a fim de que não faltem à Guilhermina, caso eu me demore mais do que alguns dias.

— Será tão séria a situação da Sra. de M..., Dr. Georges?

— Não sei; ainda não foi possível examiná-la. De qualquer forma, não desejo preocupar-me que algo possa faltar aos pacientes da chácara e obviamente não permanecerei aqui mais do que esta semana.

– Está bem.

Encerrada a refeição, Georges dirigiu-se ao atendimento dos pacientes que o aguardavam. A manhã ia a meio quando Jean o interrompeu para recolher os medicamentos e avisar que partia com destino à chácara, cumpridas que estavam as ordens dadas pela manhã. Ao terminar o atendimento da última senhora que o procurara naquela manhã, Georges consultou o relógio, questionando-se intimamente se Helena ainda dormia.

Abandonando o consultório, dirigiu-se à sala íntima e, tocando a sineta, chamou por Consuelo

– Consuelo, Jean explicou-lhe as tarefas em que deverá substituí-lo?

– Sim, doutor.

Consuelo era o exemplo da obediência. Dela não precisava temer o excesso de curiosidade como acontecia com Jean, porém, em contrapartida, ela somente executava o que lhe era ordenado – via-se que se tratava de uma pessoa com a inteligência muito reduzida.

– Muito bem. Você já sabe que temos uma hóspede. Você não a conhece. Trata-se de uma amiga que vem de um lugar bastante distante e está enferma.

– O Sr. Jean me explicou isso, Doutor Georges. Ele disse que o senhor gosta dela como se fosse sua filha e que eu devo tratá-la muito bem e não fazer qualquer pergunta.

– Jean lhe contou mais alguma coisa, Consuelo?

– Ah! Contou um monte de coisas! Disse que a moça é casada com gente importante da cidade e que o pai dela tem muito dinheiro, mas é uma pessoa em quem não se pode confiar, tem jeito de ser muito ruim. É verdade, doutor? Pobrezinha... Se tem pai ruim e está doente, tinha mesmo que fugir.

"Jean já falou demais", pensou Georges. "Faz uma coisa certa e outra errada."

– Está bem, Consuelo, já vi que Jean já lhe falou tudo o que você precisava saber. Agora, preste bem atenção: não faça perguntas à hóspede e trate-a como se realmente fosse minha filha.

250

— Sim, senhor, pode ficar tranqüilo. Devo acordar a moça? Ela ainda dorme.

— Não, Consuelo, deixe-a dormir. Está muito cansada.

À tarde, Maria Helena acordou e deparou com Georges sentado na mesma poltrona em que se lembrava de tê-lo visto sentado na noite anterior. O médico lia atentamente algumas cartas que trazia em um pequeno baú idêntico ao que ela própria possuía.

— Bom-dia, doutor! — saudou Maria Helena, forçando uma expressão sorridente, que entretanto não iluminava seu olhar como antes. — Não me diga que dormiu nessa poltrona por minha causa?

— Boa-tarde, Helena. Por mais que eu goste de você e esteja com saudade, não ficaria a noite acordado, olhando-a dormir — ralhou Georges, em tom de brincadeira. — Como está se sentindo agora que descansou?

— Bem melhor.

— Vou chamar Consuelo para lhe trazer uma refeição.

— Consuelo? Não a conheço. Onde está Jean?

— É uma longa história, que mais tarde lhe conto. Consuelo é uma nova funcionária. Jean foi até a chácara levar algumas coisas e deve permanecer lá com Guilhermina.

— Vejo que temos muitas novidades, Georges.

— Muitas. Mas agora vou tratar de alimentá-la, depois conversaremos.

Consuelo trouxe-lhe a refeição e aguardou para ajudá-la a vestir-se.

— Senhora, se permite vou levar suas roupas para lavar. A senhora é muito bonita. Vou levá-la até onde está o doutor.

— Obrigada, Consuelo. Não precisa me acompanhar. Conheço bem a casa e dispenso as formalidades. Diga-me apenas onde está Georges, que vou encontrá-lo.

— Ah! O doutor está no jardim passeando com Napoleão.

Silenciosamente, Maria Helena deixou o quarto e saiu à procura de Georges.

– Nada como um bom descanso e uma boa comida para devolver a beleza... Vejo outra mulher à minha frente!

– Quer dizer que ontem eu estava feia? Para ser sincera, você deveria acrescentar o banho, as roupas limpas e dizer que ontem eu estava horrível.

– Ora, Helena, eu diria "mal-cuidada", mas horrível jamais.

E fez sinal com a mão, convidando-a a sentar-se no banco a seu lado, pegando no colo o animal que largamente ocupava o espaço.

– Eles estão com saudade, não tenho ficado muito tempo em Madri ultimamente – esclareceu Georges, referindo-se à atitude de seus animais de estimação que dele não se afastavam.

Maria Helena acomodou-se a seu lado e, observando o afeto e a atenção que o médico dedicava aos animais, considerou intimamente que eles tinham uma vida afetiva bem melhor que a dela.

– Por que está tão silenciosa, Helena?

– Pensava, Georges, ou melhor, invejava a vida de Napoleão e Antonieta.

– Ora, minha querida, não diga bobagens! Como uma mulher jovem e bela pode invejar a vida de animais?

– Simplesmente por reconhecer que a vida deles é melhor que a minha. – Ao dizer isso, lágrimas escorriam silenciosas de seus olhos.

– Vamos, chore bastante, alivie seu coração e depois, se quiser, me diga o porquê.

Georges abraçou carinhosamente a amiga.

Depois de algum tempo, ela acalmou-se e deu início à longa narrativa dos acontecimentos vividos desde que partira para a ilha com o pai e o marido.

Georges a tudo ouviu em silêncio respeitoso.

– E agora, o que você pretende fazer?

– Ainda não sei, mas para a ilha não volto mais. Deixei de ser a herdeira Alvarez. Meu pai agora já tem seu sucessor que ironicamente com ele divide realmente tudo, inclusive a mesma amante.

Não deixei nada para trás, Georges, e também não sei que futuro me aguarda. Em meio a meu desespero, lembrei-me de você, da sua amizade, por isso vim aqui.

– Fez bem, querida. O velho Georges sempre estará a seu lado. Fizemos um trato certa vez, está lembrada?

Ela sorriu debilmente e concordou.

– Muito bem. Então não precisa preocupar-se com o futuro de imediato. Aproveite, descanse bastante, esqueça o passado e fique comigo quanto tempo quiser – toda vida se assim o desejar. Amanhã vamos fazer um exame completo em você para ver se essa viagem maluca não lhe fez mal.

Assim abraçados, acompanhados passo a passo pelos animais de estimação do médico, andaram pelo pequeno jardim e por fim voltaram para casa.

* * *

Na ilha instaurara-se o caos...

Na manhã da partida de Maria Helena nada de estranho se verificara. Todos pensaram que os freqüentes achaques continuavam a deixá-la indisposta. A criada, encontrando a porta trancada, nada fizera e simplesmente comunicara que a patroa ainda repousava. Somente à tarde, preocupada com a longa demora, foi que ela retornou aos aposentos tentando despertá-la e, estranhando o fato de não receber resposta, levou o fato ao conhecimento da família. Procurou primeiro por D. Maria, que – antes da chegada de Maria Helena e durante aqueles dias em que a filha estava indisposta – tomava as decisões atinentes à administração da vila.

– D. Maria, posso lhe falar por alguns minutos? – indagou a criada, vendo que D. Maria, genuflexa em frente ao oratório, rezava, compungida, um terço.

Interrompendo as orações, ela respondeu brevemente:

– Somente se for urgente e não puder aguardar o término de minhas primeiras orações da tarde.

— É importante, senhora, trata-se de D. Maria Helena.

Ao ouvir o nome da filha, imediatamente ela abandonou o terço, fez o sinal da cruz, depositou a jóia que tinha entre os dedos sobre a imagem de Maria e, beijando a cruz, levantou-se.

— Que houve com minha filha?

— Não sei, senhora, este é o problema. Esta manhã, quando fui servi-la, encontrei a porta trancada. Como nos últimos tempos ela tem-se mantido recolhida até mais tarde, pensei que ela desejasse ficar nos aposentos e retornei. Ela não apareceu toda a manhã. Como ela havia deixado ordens para todo o andamento do dia de hoje, não vim procurar a senhora e executamos o que fora determinado. Agora à tarde, fui novamente aos aposentos e eles continuam trancados. Chamei pela patroa e não tive resposta. Fiquei preocupada e resolvi lhe contar.

— Fez bem. Vamos retornar lá, talvez esteja na hora de ter uma conversa com minha filha e saber o que anda acontecendo.

Ambas rumaram para os aposentos de Maria Helena. Bateram inúmeras vezes à porta, chamaram-na — tudo sem resultado.

— Realmente muito estranho o que se passa — comentou D. Maria com a criada, visivelmente preocupada. — Vá procurar D. Antônio e meu genro.

Assentindo, a criada desceu para o escritório, onde todas as tardes os homens se reuniam para trabalhar na gestão dos negócios da família. Lá encontrou apenas Franz, fumando calmamente um cachimbo, recostado em uma poltrona.

— Sr. Franz, desculpe incomodá-lo. Estou à procura de D. Antônio e do Sr. Rodrigo. Sabe onde estão?

— Saíram para supervisionar o embarque do último navio que parte hoje para a Europa. Seguiram para o local do embarque logo após o almoço.

— Ah, meu Deus! E agora, que fazer?

— Calma, menina. Houve alguma coisa? Você está com cara de desesperada. Conte-me o que aconteceu.

– Não sei se devo, Sr. Franz. D. Maria mandou que chamasse por D. Antônio e pelo genro.

Imediatamente Franz relacionou o pedido de D. Maria com Maria Helena. Sabedor dos dramas por que passava a esposa de Rodrigo, deduziu que algo de grave acontecera. De um salto levantou-se e se pôs a caminho para os aposentos da mulher que amava.

– D. Maria, que se passa?

– Sr. Franz, chamei meu marido e meu genro. Onde estão?

Esbaforida, chegava a criada, e temendo que D. Maria entendesse que não cumprira devidamente as ordens, deu as explicações do ocorrido.

Após a criada terminar o relato, Franz mandou-a fazer um chá para D. Maria Helena que por certo devia estar doente.

– D. Maria – continuou ele –, deixe-me ajudá-la. Já sabe que estamos apenas os dois na vila.

– Claro, Sr. Franz, não me resta outra alternativa senão aceitar de bom grado seu auxílio. Preocupa-me minha filha. Assim que a criada relatou-me as estranhas ocorrências do dia, para cá me dirigi, disposta a ter uma conversa com ela, mas temo que seja tarde. – Lágrimas começavam a correr pelas faces de D. Maria. – Julguei que ela estivesse grávida, todos os indícios conduziam para que pensasse assim – cansaço, enjôo, tonturas. Depois ela passou todos estes dias trancada e achei que tivesse apenas sentindo mais fortes os mal-estares – nem ao menos falei com ela. Agora penso que provavelmente me enganei e que de fato ela estava doente, mas de outro mal. Talvez esteja desacordada. Ah! Nossa Senhora há de velar por minha filha.

Franz abrigava pensamentos bem mais sombrios. Temia pelo que encontraria no quarto. Lembrava vivamente a última conversa, rememorava o dia passado quando soubera das melhoras. Era tudo muito estranho.

– D. Maria, traga as chaves extras das portas, precisamos abrir os aposentos.

– Claro! Como não pensei antes nelas?

Dirigindo-se ao escritório do marido, onde sabia ficavam guardadas as cópias das chaves, encontrou-as com facilidade e retornou apressada ao encontro de Franz, que, à porta dos aposentos, chamava incansavelmente pela amiga e nenhuma resposta era ouvida.

– Sr. Franz, aqui estão as chaves. Deus o ajude.

– A senhora não vai entrar comigo, D. Maria?

– Perdão, senhor. Sou uma covarde. Temo encontrar minha filha muito doente. Entre primeiro e me chame.

Compreendendo que ela no fundo temia o mesmo que ele, Franz respirou fundo e abriu a porta. Devia ser muito cruel para uma mãe a visão de um suicídio do ser que ela trouxera à vida. Assim, não restava senão ele para a ingrata tarefa de averiguar o que acontecera. Rezava para encontrá-la doente, até mesmo desacordada, mas – por Deus! – seria também muito cruel para ele, que a amava em silêncio, encontrá-la morta naquele belíssimo quarto de casal.

Andando vagarosamente, entrou na sala que antecedia o quarto. Tudo estava em primorosa ordem; nada lembrava o vendaval com que se parecia aquela sala dias antes quando haviam conversado. Chamou-a, e nada. Continuou chamando seu nome, falando nem sabia o que, até entrar em seu quarto. Tremia ao abrir a porta de comunicação interna. Nada. O vazio deixou-o mais estupefato do que as dolorosas imagens que sua imaginação criara anteriormente. Os aposentos estavam limpos, impecavelmente arrumados, a janela em direção a praia estava aberta e uma brisa fresca entrava. Chamou novamente por Maria Helena e nenhuma resposta recebeu. Desesperado, escancarou as portas dos armários, da sala onde faziam a higiene, e nada encontrou.

– D. Maria! D. Maria! Por favor, venha aqui! – chamou Franz, desesperado.

Minutos depois, a senhora adentrou o quarto da filha e, vagando os olhos ao redor, não sabia que explicação encontrar. Franz, no meio do quarto, expressão desesperada, passava nervosamente a mão pelo rosto.

– Não sei onde está sua filha, senhora. Procurei em todos os lugares e aqui ela não está. O que quer que tenha feito – e a forma como disse isso expressava o temor maior que os dois abrigavam – não foi aqui. Não sei onde ela pode estar.

– Meu Deus! – D. Maria, em prantos, caiu de joelhos, pondo-se a rezar.

Aproximando-se, Franz levantou a esposa de D. Antônio e sacudiu-a com força, esquecendo-se completamente de toda formal educação que detinha.

– Não adianta rezar agora, D. Maria. Precisamos encontrar Maria Helena o quanto antes. Talvez ainda tenhamos chance de salvá-la.

– Claro, tem razão, Sr. Franz! Tomemos as providências necessárias! Vou descer e reunir os empregados. O senhor lhes dará as ordens.

– Certo, D. Maria. Antes disso, mande alguém avisar seu marido e Rodrigo. A criada que me chamou sabe onde eles estão.

Silenciosamente, D. Maria saiu dos aposentos da filha. Pálida, olhos vermelhos, caminhava rapidamente.

Franz, buscando controlar-se, sentou-se na cama de Maria Helena e vagava o olhar pelos móveis como se pudesse repentinamente encontrar a resposta que ansiava. Tanto vagou o olhar que deparou com o pequeno baú de correspondência. Sabia que não devia mexer em coisas tão pessoais, mas a situação era *sui generis*, justificando a indiscrição.

Para seu espanto, ao abrir a tampa encontrou uma correspondência lacrada e endereçada a ele. Reconheceu de imediato a letra de Maria Helena. Tomando a carta entre as mãos, recostou-se na cadeira que havia ao lado da janela e abriu-a.

A leitura deixou-o ainda mais confuso. Ela fugira! Para onde, como, quando? Somente em pensar nos perigos a que estaria exposta, ficava apavorado. Ao mesmo tempo não poderia tornar pública aquela carta antes de conversar com Elizabeth. A melhor solução seria determinar a busca pela ilha. A tarde já ia alta, em breve desceria a noite – era preciso organizar o mais rápido possível as buscas. Foi o que fez ao descer ao encontro de D. Maria.

Rodrigo e D. Antônio, logo que tomaram conhecimento do desaparecimento de Maria Helena, retornaram à sede da vila, juntando-se às buscas. Formaram grupos que vasculharam a sede da vila por todas as dependências e após o vilarejo.

Ao saber da ocorrência, o padre correu a oferecer conforto à família e saber o que ocorrera para levar Maria Helena à tão impensada atitude de abandonar a família, o marido, a fortuna. Como os demais, compartilhava da crença de que ela suicidara-se. Nada poderia fazer por sua alma, mas devia conforto à família Alvarez.

Tarde da noite, Franz retornava com um grupo de busca: revirara todos os lugares que sabia serem da preferência de Maria Helena e nada encontrara, nem ao menos uma pista. Adentrando a vila, encontrou Elizabeth calma, folheando displicentemente um livro. Nada em seu rosto denunciava o menor traço de preocupação.

– Então, meu irmão, finalmente retorna a casa para descanso. Soube que seu dia foi atribulado.

– O seu, pelo que vejo, nada sofreu – respondeu Franz, acidamente.

– Não vejo motivos para me abalar. O que quer que Maria Helena tenha feito já se concretizou. Nada me resta fazer senão aguardar que encontrem seu corpo e participar dos funerais.

– Cale a boca, criatura infeliz! – gritou Franz. – Como podemos ser irmãos? Sei que não sou lá um grande homem, mas me recuso a ser um verme que vive da podridão. Como você pode achar que não tem nada a ver com a atitude de Maria Helena?

Franz, tomado de raiva, agarrou o braço da irmã com violência. Nesse instante chegaram Rodrigo e D. Antônio, que se surpreenderam com a cena e com a pergunta de Franz para a irmã.

Rodrigo, ao longo daquela tarde, presenciando a preocupação de todas as pessoas que habitavam a ilha – e que tinham grande apreço por sua mulher –, recordara os momentos felizes e a paz que desfrutara a seu lado durante o noivado e até a chegada de Elizabeth, e arrependera-se profundamente dos deslizes. D. Antônio, impassível, procurava a filha. Talvez por alguns momentos chegara a sentir algo mais profundo por aquele ser que gerara, mas refreara as emoções e friamente coordenara as buscas. Ao chegar à vila e deparar com aquela cena entre os irmãos, rapidamente recobrou-se do inesperado e indagou:

– O que D. Elizabeth pode ter a ver com o sumiço de Maria Helena? Responda-me, Sr. Franz, porque não permitirei que lance dúvidas infundadas sobre a pessoa de sua irmã.

Ante a defesa de D. Antônio, Franz enfureceu-se e resolveu esclarecer toda aquela história infeliz que afinal cobrara um preço muito alto pela ingenuidade de alguém.

– Ah! Então D. Antônio, severo e correto senhor de muita fortuna, pensa que o temo? Saiba que não. Portanto, esqueça sua fidalguia em querer defender sua pobre e linda amante, minha irmã.

A essas palavras, Rodrigo recuou, pálido.

– Traidora, miserável! Você me enganou! Envolveu-me neste plano macabro e traiu anos de relacionamento e confiança. Miserável, explique-me isto! – gritava Rodrigo, possuído de fúria, sacudindo Elizabeth.

D. Antônio, sem nada entender, mantinha a defesa da amante, julgando-a inocente. Em meio aos gritos e acusações de todos os lados, ninguém percebeu a presença de D. Maria ao pé da escadaria, que ouvia tudo e presenciava toda a cena. Compreendendo que o marido mantinha sob o mesmo teto uma amante, sentiu-se ultrajada além dos limites, e demonstrando a força que raras vezes usara, interveio na discussão.

– Calem-se todos! Se há alguém, pelo que pude entender, com direito a explicações, esse alguém sou eu. É minha a casa onde meu marido, ao que pude ver, excedeu todos os limites do bom senso e abrigou a própria amante, fazendo-a tratar como amiga e hóspede da família. Não bastasse isso, é minha filha que está desaparecida. Assim, expliquem muito bem o que se passa. E expliquem isso já.

A autoridade com que falava a senhora Alvarez deixou a todos mudos. Franz foi quem novamente tomou a iniciativa de esclarecer os fatos.

– Realmente, D. Maria, a senhora tem toda razão. Devemos-lhe todos muitas explicações e vou dá-las neste momento. A senhora vê Elizabeth, a minha irmã? Pois bem! Há vários anos, alguns antes de Maria Helena vir a casar-se, ela já era amante de Rodrigo. Não se casaram porque a família não aceitaria o passado de minha irmã e também porque ambos não teriam juntos a fortuna tão necessária a suas vidas. Por causa disso, quando ela conheceu sua filha em Madri e soube da imensa fortuna da família Alvarez, tramou uma forma de aproximar-se e apossar-se dessa fortuna, que seria conquistada facilmente por quem se casasse com a herdeira. Ocorre que o primeiro candidato a noivo e de maior confiança era eu, mas me recusei a representar tal papel antes mesmo de conhecer sua filha. Então, decidida a pôr em prática a infeliz idéia, voltou-se para Rodrigo, que aceitou a incumbência e hoje é legitimamente seu genro. Casou-se, pelo mais legítimo interesse econômico, em conluio com minha irmã, que tudo fez para que D. Antônio de nada desconfiasse – aliás ele realmente de nada desconfiou, tão apaixonado está como a senhora mesma infelizmente acaba de presenciar. Bem, Dona Maria – prosseguiu Franz, voltando-se agora para Rodrigo, que rugia de raiva – e meu antigo companheiro Rodrigo, anuncio a vocês que Elizabeth e D. Antônio também são amantes desde os tempos de Madri – inclusive os bens de que hoje ela desfruta são presentes e demonstrações da estima de D. Antônio. E quanto ao senhor, D. Antônio, antes que me esqueça, não precisa mais se preocupar em investigar as remessas de dinheiro para minha conta: não havia negociação alguma intermediada por mim na

Europa. Era apenas dinheiro que Rodrigo mandava para Elizabeth como parte do acordo deles para usufruírem sua riqueza.

– Muito bem, Sr. Franz. Minha filha algo soube dessa coisa sórdida e obra do demônio?

– D. Maria, recorda-se daquela manhã em que Maria Helena irrompeu correndo e batendo a porta do quarto e depois lá ficou por dias dizendo que estava indisposta? – indagou Franz.

– Sim, recordo-me perfeitamente. Ela vinha de um passeio pelos jardins com o senhor.

– Exatamente naquela manhã, Maria Helena flagrou minha irmã e Rodrigo em um encontro na praia, naquela cabana logo abaixo da muralha onde terminam os jardins da vila.

Ao ouvir isso, D. Antônio engalfinhou-se a socos e bofetões com Rodrigo e Elizabeth, sendo contido por D. Maria e Franz.

Elizabeth, figura absolutamente desfeita, revoltada com o irmão, levantou-se e anunciou.

– Depois desse ataque de honestidade que teve Franz, creio que passaremos bom tempo sem nos ver. Nada tenho a pedir desculpas! Tudo o que fiz foi por necessidade e não guardo arrependimento. Se Maria Helena foi desmiolada o suficiente para se apaixonar por um homem e desaparecer ou se matar por causa de um mero romance não me cabe qualquer culpa, foi decisão dela, não mandei fazer nada. Vou arrumar minhas coisas e ir embora. Depois disso, estou dispensada dos funerais.

D. Maria, não resistindo, esbofeteou o rosto de Elizabeth, deixando marcas vermelhas sobre a pele pálida.

– Vá embora, representante do pecado, e não se demore em arrumar bagagem. Vá agora mesmo! Aproveite os barcos que partem pela madrugada. Não se preocupe com bagagens – queimarei tudo como se fazia com as bruxas. Fora!

– E quanto a vocês dois – prosseguiu D. Maria, agora se referindo a Rodrigo e D. Antônio –, após encontrarmos Maria Helena, viva ou não, resolveremos essa questão. Até lá, somente há uma ordem a ser cumprida: encontrar minha filha não importa onde.

D. Antônio me deve isso pelos longos anos de sofrimento que tenho a seu lado, e o Sr. Rodrigo de M..., pela herdeira que lhe dei.

Franz, boquiaberto, não esperava tanta lucidez e presença de espírito em D. Maria. Ela o surpreendera algumas vezes, mas jamais esperara aquela reação autoritária e firme. Foi sem surpresa que ela determinou que todos se retirassem para prosseguirem as buscas no dia seguinte.

Elizabeth, sem outra alternativa, rumou para as cocheiras, pedindo aos serviçais que a levassem na primeira hora da manhã para o porto de embarque. Empreenderia aquela horrível viagem de retorno à Espanha.

D. Maria fez questão de ser informada do embarque da "prostituta", como passara a designar a antiga hóspede.

Dias se passaram em buscas inúteis. Foram encontradas as evidências da ação de Maria Helena, como a charrete e a pequena embarcação. Deram por falta de algumas roupas e jóias, mas não chegaram a qualquer conclusão. Achavam por demais remota a possibilidade de que ela tivesse tomado uma embarcação com destino à Europa, e além do mais, se tal tivesse ocorrido, os marinheiros saberiam informar, pois, apesar de ela não ser vista com freqüência no porto, todos a conheciam. Deduziram, então, que ela jogara-se ao mar, porém as praias ao redor da ilha foram diariamente vasculhadas e o corpo não foi localizado, ficando em suspense quanto ao final paradeiro de Maria Helena.

*. *. *

Na ilha, as buscas eram mantidas, porém extra-oficialmente já se aceitava a idéia de que Maria Helena se suicidara, jogando-se ao mar, e lentamente arrefecia a esperança de encontrá-la. Franz partira, após a segunda semana de busca, com destino à Inglaterra. Voltaria à companhia dos antigos amigos, mas carregava consigo a carta de Maria Helena e no íntimo uma certeza de que ela vivia, mas não sabia onde.

Georges, alheio a tudo isso, cuidava com zelo da amiga. Depois de acurado exame, descobrira que ela estava grávida, ainda nos primeiros meses de gestação. Felicitou-se com a nova vida que crescia a seu lado e naquela gestação depositou toda a esperança de ver a amiga recuperar-se do trauma que se abatera sobre sua existência.

Foram longos meses em que Maria Helena dividia-se entre o amor ao filho que gerava e a raiva. O ódio ao passado consumia-a emocionalmente. Ela se penalizava de sua própria situação e inúmeras vezes chorava, com pena de si mesma e da criança. Nessas ocasiões eram inúteis as tentativas de Georges de ajudá-la. Não bastassem os problemas que ela enfrentava, logo a sociedade começou a estranhar a presença de uma jovem grávida, que todos sabiam ser a esposa de Rodrigo de M..., morando na companhia do médico. Aliás, os falatórios acabaram por magoar ainda mais a jovem e trazer sérios incômodos ao médico, que achou melhor transferi-la para a chácara onde ficaria ao menos resguardada daquelas agressões inúteis e sem cabimento.

Na chácara, em meio aos cuidados de Jean, Guilhermina e Georges, veio ao mundo uma linda e saudável menina, que recebeu o nome de Manuela.

A Fuga Final
Capítulo XIX

"Os laços de sangue não estabelecem, necessariamente, os laços entre os Espíritos."[1]

Os rumores de que a esposa de Rodrigo de M... estaria residindo em Madri desacompanhada do marido e na companhia do Dr. Georges alcançaram a família de M..., no período em que Maria Helena já se encontrava na chácara. Entretanto, o prestígio social de que gozavam não lhes permitia dar crédito a tais rumores. A primeira providência do pai de Rodrigo, D. Juan, foi escrever ao filho pedindo notícias da nora, já que há meses não mantinham qualquer contato com os ricos habitante da ilha.

Rodrigo, ao receber a missiva do pai, estranhou-lhe a atitude. D. Juan nunca fora dado a expansões de afeto, menos ainda a demonstrá-las, da mesma forma que ele, Rodrigo, também não era ligado à família. Por educação, informou aos familiares as tristes ocorrências havidas na ilha envolvendo o desaparecimento de sua esposa. Obviamente não relatou sua participação no evento e menos ainda a de Elizabeth ou de seu sogro. Limitou-se a resumir os acontecimentos, dizendo-se profundamente consternado com a tra-

---

[1] Allan Kardec. O Evangelho Segundo o Espiritismo, cap. XIV, item 08. Trad. Salvador Gentile. Araras, IDE.

gédia. Segundo ele, sua presença na ilha devia-se ao profundo afeto que desenvolvera pelos sogros, aos quais estava consolando.

Os esclarecimentos do filho levaram D. Juan a contratar os serviços de um conceituado detetive a fim de verificar a verdade dos fatos sem que o nome da família de M... fosse envolvido em qualquer suspeita.

Passados poucos dias, o detetive retornou à presença de D. Juan, com pormenorizado relatório no qual o cotidiano da vida do médico francês era narrado com minúcias e acompanhado de uma série de suposições verbais fundadas na experiência do investigador em tais casos.

— D. Juan, o senhor é um homem de muito prestígio e de larga experiência de vida. Quando ler o relatório que lhe passo às mãos, vai descobrir que a herdeira Alvarez, já muito antes do casamento com seu filho, cultivava uma profunda ligação com esse médico. Apurei que se encontram vivendo sob o mesmo teto há mais de sete meses. A fim de poupá-la dos mexericos da sociedade, Dr. Georges levou-a para uma chácara de sua propriedade, localizada nas cercanias da cidade. Ali, ele trata de loucos de todo gênero de forma muito liberal e diferente dos tratamentos convencionais. Lamento dar-lhe a notícia de que sua nora deu à luz uma menina há aproximadamente 15 dias. Parece que seu filho foi completamente enganado, senhor. A jovem em questão fê-los crer que estivesse morta e por certo com a ajuda do médico retornou a seu convívio, já que ambos vivem sob o mesmo teto e ela recentemente teve uma filha. Mas aqui está o relatório com todas as perguntas que o senhor disse que desejava ver respondidas. Vai encontrar alguns depoimentos de pessoas que residem próximas à casa do Dr. Georges que lhe provarão a verdade dos fatos.

Tomando o relatório das mãos do detetive, D. Juan de M... respondeu:

— Agradeço seu empenho em tão rapidamente solucionar o caso e com a discrição solicitada. Vou ler as informações que me traz e a partir de então tomar as medidas que julgar necessárias.

D. Juan pagou ao profissional o valor contratado e dispensou-o com um gesto apontando-lhe a porta e despedindo-se formalmente.

Encerrado na biblioteca, leu atentamente as informações contidas no relatório e em seguida decidiu dar conhecimento à esposa do teor do documento. Depois disso, o casal decidiu solicitar a presença de Rodrigo e D. Antônio com a máxima urgência em Madri a fim de darem um fim àquele escândalo que, ao mesmo tempo em que manchava o bom nome da família de M..., fazia sofrer a família Alvarez, que há meses chorava a morte prematura da única filha.

– Não sei qual dor é pior. Se a perda inexplicada da filha ou sabê-la capaz de uma traição tão sem escrúpulos, manchando o nome honrado de duas famílias e desprezando todo o patrimônio pelo qual lutaram seus antepassados em troca do convívio pecaminoso com um francês.

As palavras de D. Margarida bem retratavam o pensamento dominante da sociedade e especialmente as disposições da família de M....

Não conheciam a verdade escondida sob a dor, e julgavam, sem maiores esclarecimentos, o que não compreendiam: uma amizade sincera, que pairava acima dos preconceitos de uma época.

Logo Rodrigo de M... e D. Antônio Alvarez chegavam a Madri. Desde o esclarecimento dos fatos envolvendo Elizabeth, ambos tinham suas relações pessoais estremecidas, porém eram membros de uma mesma família e, em nome do dever familiar, haviam guardado as mágoas e dado continuidade ao trabalho comercial que a ambos, agora, absorvia com idêntico fervor.

D. Maria nem ao menos fora avisada do motivo da viagem. Acreditava ter a filha sepultada sob as ondas do mar que cercava a ilha e diariamente mandava rezar missas pela desaparecida. A dor consumia-lhe a vida rapidamente e ao longo daqueles meses envelhecera o equivalente a muitos anos. Definhava lentamente de tristeza. Como os fatos que envolviam o caso não haviam sido devidamente esclarecidos, o padre estava livre para realizar os pedidos de D. Maria, o que seria bem diferente se de fato houvesse ficado comprovado o suicídio da jovem. Assim, após a tempestade, a vida na ilha restabelecera sua rotina.

Recebidos na mansão da família de M... por rostos aflitos onde a raiva transparecia com clareza, os viajantes tomaram conhecimento do relatório encomendado por D. Juan de M.... – Como é possível que isto seja verdade? – indagou Rodrigo, espantado. – Maria Helena é uma jovem meiga, doce, não é possível que me tenha enganado por tanto tempo, escondendo uma relação amorosa extraconjugal com Georges. Céus! Chorei por meses culpando-me por sua morte e a fingida estava bem melhor do que todos nós, gozando a vida a ponto de já ter uma criança.

Ah! Rodrigo de M... não deixaria passar aquela oportunidade para se vingar de todas as humilhações que passara com D. Antônio. As relações entre eles estavam estremecidas e todo motivo para espezinhamento um do outro era válido. Agora aquela revelação do romance escandaloso da mulher com o médico francês eximia-o de todas as culpas pelo passado. Na forma de pensar de Rodrigo, a esposa apenas usara a descoberta de sua paixão por Elizabeth como desculpa para fugir aos deveres do casamento e entregar-se ao relacionamento com Georges, o que não fizera antes do casamento.

– Então, caro sogro, que pode me dizer diante das provas que meu pai apresenta?

– Rodrigo, as provas de seu pai, se verdadeiras, terão em mim o maior defensor. Entretanto, precisamos averiguar pessoalmente os fatos para fazermos um julgamento mais acertado. É fora de dúvida que a conduta de minha filha é reprovável diante dos fatos. Mesmo que os últimos tempos antes de seu desaparecimento não tenham sido os melhores do casamento de vocês, compreendo que ela agiu errado em abandoná-lo. Mas não sejamos precipitados em atribuir a paternidade dessa criança àquele médico. É, também, fora de dúvida que nunca o apreciei, porém, verdade seja dita: a criança pode ser sua, Rodrigo. A menos que tenha como afirmar categoricamente a total impossibilidade da paternidade.

As palavras de D. Antônio ressoaram no íntimo do genro. Ficara tão envolvido com a denúncia de traição e com a revelação de que a esposa ainda vivia que nem pensara na hipótese de ser o pai da menina e não Georges.

– Não, D. Antônio. Não posso afirmar categoricamente não ser minha filha a criança que Maria Helena deu à luz. Nosso casamento, ao contrário do que o senhor diz, estava muito bem. Os fatos que ocorreram na ilha em nada afetaram minha convivência com sua filha. Entretanto, nada pode impedir que paire a dúvida sobre quem é o pai dessa menina. Há meses ela convive sob o mesmo teto com um homem bastante maduro. Como ela pôde me enganar tanto com aquele ar de ingenuidade? Jamais a julgaria capaz de algo semelhante. Mas nada posso contra todas as evidências de traição que recebo de meu pai.

– Compreendo sua delicada posição, D. Antônio. Creio muito sensata sua proposta. Precisamos enfrentar os traidores frente a frente. Felizmente, para fugir à reprovação social, há alguns meses estão morando na chácara de loucos referida no relatório. Isso facilitará que não tenhamos o testemunho de vizinhos para nossa visita. Partiremos amanhã, nas primeiras horas do dia, para não despertar mais comentários – interveio D. Juan.

Após uma noite de sono perturbado para os moradores da mansão da família de M..., saía, nas primeiras horas, uma carruagem fechada levando visitantes à chácara de Georges.

* * *

Alheio ao que haveria de acontecer na chácara, o dia despertava envolto em muita atividade e alegria. A chegada da menina Manuela fizera renascer em todos a ternura que reclamam os cuidados com os recém-nascidos.

Guilhermina preparava esmerado desjejum para Maria Helena, ao mesmo tempo em que Jean aquecia a água e organizava o que seria necessário à higiene da pequena. Georges costumava acordar muito cedo. Dava longos passeios, dizendo renovar-lhe as energias o contato com as forças da natureza despertando para um novo dia. Desde o nascimento de Manuela ele fazia companhia à mãe convalescente e ao bebê no desjejum, aproveitando para examinar a saúde de ambas e acompanhar muito de perto o estado de ânimo de Maria Helena, extremamente oscilante naqueles dias. Ora estava calma, tranqüila, feliz com o bebê, ora entregava-se à tristeza e às angústias que a incerteza do futuro lhe trazia cumuladas com as mágoas que sentia pelos acontecimentos que envolviam sua vida.

Mas indiscutível era seu extremado afeto pela menina. Era nesse afeto que Georges depositava a grande esperança de vê-la recobrar o equilíbrio emocional perdido. Dedicar-se à filha e acompanhar-lhe o crescimento deveriam fazê-la esquecer o passado e com ele os rancores e medos que lhe consumiam intimamente.

Aquela manhã não era exceção. Após seu passeio, Georges encontrava-se nos aposentos de Maria Helena, com Manuela nos braços. Era encantador ver um homem de físico avantajado ser tão delicado ao tomar a si um bebê frágil e rosado envolto em mantas com fitas confeccionadas com carinho e capricho por Guilhermina e Maria Helena.

— Então, minha querida mamãe, como se comportou nossa princesinha esta noite? – indagou Georges.

— Muito bem, quase não chorou, acordou apenas para mamar e dormiu em seguida. Não teve as cólicas das noites anteriores.

— E você, mamãe, está bem? Dormiu tranqüila, sem pesadelos?

— Tivemos uma noite excelente. O chá que Guilhermina me trouxe fez-me muito bem, creio que até acalmou Manuela.

Maria Helena sorria, tranqüila.

Após a batida na porta entrou Jean carregando o jarro com água aquecida e toalhas que depositou sobre a cômoda.

— Guilhermina já está terminando o desjejum e virá para o banho da menina.

– Estamos aguardando, Jean. Pode dizer-lhe que não temos pressa. Nossa princesinha está comportada esta manhã.

– Mesmo assim, Dr. Georges, o senhor sabe que Guilhermina virá correndo. Ela adora cuidar da menina. Acho que é porque não tivemos filhos e como ela esteve com D. Maria Helena por quase toda a gestação, acho que se sente um pouco mãe também.

Georges riu sonoramente.

– Como é bom ter um bebê em casa! Viu, "ma petit", você trouxe uma revolução a esta chácara – disse Georges, falando suavemente com Manuela que trazia junto ao peito.

– Manuela é uma criança feliz, tem muitas pessoas que a amam e a cobrem de mimos.

– Ora, D. Maria Helena, como não iríamos cobrir de mimos a bebê? Aqui, até para tratar dos loucos o Dr. Georges exige que seja com carinho.

– Jean, já basta. Nossos pacientes merecem o carinho que recebem; já lhe expliquei o porquê. São almas doentes e profundamente sofridas. Ajudá-las é o mínimo que posso fazer. Agravar-lhe os sofrimentos com técnicas animalescas é desumano.

Maria Helena sorriu ante a troca de palavras entre o servidor e o médico. Aprendera que eram muito ligados. Apesar das diferenças, um cooperava com o trabalho do outro e ambos, cada qual com sua compreensão, tinham de fato o mesmo interesse pelo bem-estar dos doentes.

– Vocês dois vão acordar Manuela com essa discussão boba.

– Maria Helena tem razão – concordou Georges. – Vá então chamar Guilhermina. Todos aqui adoram acompanhar o banho da pequena. Vá, senão a água esfria.

Jean, sem dar qualquer resposta, apenas sorriu matreiro para Maria Helena e saiu rapidamente.

Georges observava Maria Helena recostada nos travesseiros. A noite bem dormida mostrava seus efeitos – estava calma e bem disposta. Apreciava imensamente o carinho de que sua filha era cercada e isso transparecia na luz que iluminava seus olhos nesses momentos.

– Cheguei para o banho da minha menina – anunciou Guilhermina à porta dos aposentos. – Passe essa trouxinha, Dr. Georges. Ela agora será minha.

Com todo carinho, sempre conversando com o bebê, Guilhermina começou os preparativos do banho.

– Você não vai chorar. Uma menininha tão bonita precisa ser limpinha.

Todos riam das atitudes de Guilhermina, que, feliz, continuava conversando com a criança como se ninguém mais existisse no quarto.

Georges ficava extremamente contente em ver a forma como aquele espírito estava sendo recebido em seu retorno à Terra. Acompanhar a gravidez de Maria Helena, o parto e o desenvolvimento da criança, com os esclarecimentos que recebia do grupo de Cádiz, tomara características de aprendizado e beleza ainda maiores do que o milagre da reprodução da vida costuma ter. Era um ser espiritual voltando à matéria para novo curso e aprendizado – não era meramente um bebê de faculdades intelectuais limitadas. O espírito acompanhara a mãe ao longo da gestação, era inteligente, percebia tudo o que ocorria à sua volta e reagia conforme a natureza lhe permitia à forma como era recepcionado na Terra. Por isso, Georges ficava encantado com a naturalidade com que Guilhermina conversava com a criança. Era intuitivo saber que sob a forma do bebê havia um espírito inteligente que a tudo compreendia.

A alegria continuava na chácara até que se ouviu a chegada de um veículo e Jean prontamente deixou o quarto para atender.

Ao deparar com os visitantes, de imediato Jean soube que aquela não seria uma manhã como as outras. Semblantes carregados, os três cavalheiros lhe eram conhecidos e por certo vinham atrás de notícias de Maria Helena.

– Bom-dia, senhores. Em que posso servi-los?

– Bom-dia, Jean – respondeu Rodrigo. – Estamos à procura do Dr. Georges. Informaram-nos de que ele está residindo aqui há algum tempo. Desejamos vê-lo e temos urgência. Por gentileza, anuncie nossa presença.

– Claro, Sr. Rodrigo, vou chamar Dr. Georges. Queiram acomodar-se e aguardar. Posso oferecer-lhes um café?

– Dispensamos. Temos a máxima urgência em falar com o médico. Chame-o – aparteou D. Juan de M..., secamente e em tom imperativo.

Intimidado com o tom de comando empregado por D. Juan, Jean apressou o passo, batendo em seguida à porta dos aposentos em que estava Georges. Tão logo bateu à porta já inseriu a cabeça pela abertura, chamando o patrão.

– Dr. Georges, temos visitas.

– Tenho certeza de que você já os acomodou. Alguém está doente?

– Não, senhor, mas é urgente.

– Não havendo doentes, podem aguardar alguns minutos para que eu termine de examinar Manuela. Diga-lhes que estou examinando a bebê e que, por favor, esperem alguns minutos.

– Dr. Georges, não acho bom o senhor fazer isso. São pessoas importantes.

Pela insistência de Jean, o médico voltou-se para encará-lo e, notando a preocupação real em seus olhos, a contragosto apressou a arrumação das roupas de Manuela, entregando-a a Maria Helena para que lhe desse de mamar.

– Helena, tome a nossa princesinha. Ela agora precisa se alimentar para crescer. Vou atender essas ditas "importantes pessoas" já que, como vemos, nosso Jean está aflito.

Beijando a fronte de Maria Helena despede-se e tão logo sai do quarto Jean o aborda.

– Dr. Georges, vamos conversar no outro quarto. – Ato contínuo, abriu um dos cômodos e empurrou o médico para seu interior.

– Doutor, nossos visitantes estão com cara de poucos amigos. Tome cuidado!

— Ora, Jean, desde quando se deve temer cara feia? Diga logo quem são.

— São três pessoas, doutor: o Sr. Rodrigo de M..., seu pai e D. Antônio Alvarez.

— Céus! — Georges, surpreso, sentou-se em uma poltrona e passou as mãos pelo rosto. — Esse dia haveria de chegar, eu bem o sabia, mas não contava tão rápido. Agradeço que tenha me prevenido, Jean. Obrigado.

— Que vai fazer agora, Dr. Georges? Não vai deixá-los levar a menina, não é? Guilhermina ficará muito triste se isso acontecer.

— Só Guilhermina, Jean? Na verdade, todos nós nos apegamos a Maria Helena e Manuela. Preciso ouvi-los primeiro. Não diga nada às mulheres por enquanto. Onde estão nossos visitantes? Vou enfrentá-los.

— Na sala de estar, doutor. Dispensaram o café que ofereci.

— É. Essa conversa dispensa coisas saborosas. Nada deverá ter de agradável.

Dizendo isso, retirou-se, encaminhando-se, preocupado, ao encontro dos visitantes.

— Bom-dia, senhores. Sejam bem-vindos à minha residência. — Georges cumprimentou-os estendendo-lhes a mão que ostensivamente foi ignorada, gerando de imediato uma sensação de mal-estar. — Muito bem — prosseguiu o médico —, desejam sentar ou preferem que conversemos em pé? De minha parte, prefiro acomodar-me. Sintam-se à vontade.

— Dr. Georges — iniciou D. Antônio, asperamente —, soubemos de fonte segura que o senhor há alguns meses coabita com minha filha, mulher casada como é de seu conhecimento. Aliás, fugida do lar, onde a tínhamos por morta já a esta altura. Para maior escândalo, soubemos que ela deu à luz recentemente. Gostaríamos que explicasse esses fatos que têm trazido vexame às nossas famílias. Como o senhor se atreve a seduzir uma mulher casada, que vivia em local distante com família honrada, e afrontar a família de M... em plena sociedade madrilena?

A essa colocação, prontamente D. Juan e seu filho aproveitaram para lhe dirigir mais algumas palavras acres.

Georges, estupefato, custava a crer em seus ouvidos. "Que tipo de distorção da realidade estas pessoas vivem?", indagava-se, intimamente. "São devassos renomados e conhecidos e julgam-me da mesma forma, bem como àquela pobre criatura cujos sentimentos sua ambição e sua ganância destroçaram." Enquanto pensava, tardava a reação e prosseguiam seus agressores com calúnias e expressões injuriosas à sua conduta e à de Maria Helena.

Quando se apercebeu de que a balbúrdia poderia despertar a atenção de Maria Helena, ordenou-lhes que silenciem.

– Os senhores disseram que desejam ouvir minhas explicações. Eu não lhes devo explicações. Nada fiz para seduzir minha amiga, aliás, isso jamais ocorreu a qualquer um de nós. Os sentimentos que tenho por ela são absolutamente paternais, D. Antônio. Sentimento que por certo o senhor desconhece, ou sua filha jamais teria batido às portas de minha casa pedindo ajuda. Quanto a você, Rodrigo, creio que bem sabe que seu dever é ficar calado. Se por acaso lembra do último jantar em minha casa, antes da partida para a ilha, recorda a advertência que fiz. Creio que pressentia não poder confiar em você. – Enquanto falava, Georges encarava um a um seus ouvintes. – Bem o avisei que tinha nas mãos uma criança pura e ingênua que o amava, e o que você fez? Destruiu todos os sonhos, o próprio mundo emocional de Helena, traindo-a vergonhosamente e usando-a para angariar dinheiro para você e para sua amante. Pensaram que eu não soubesse? Pois eu sei! Não me interessa julgá-los. A vida anota nossas atitudes e nos dá a retribuição merecida e necessária, mas nem por isso creiam que vou deixar que ofendam a mim e a Maria Helena. Pela sua expressão de espanto, D. Juan, creio que disse algumas novidades ao senhor.

– De fato! Entretanto, são ainda apenas palavras e o que tenho em minhas mãos são documentos que atestam que há meses o senhor reside em companhia de minha nora e disso não deu ciência a ninguém.

– São fatos bastante simples de ser explicados. Entretanto, se não contar com a compreensão de todos, não vou gastar meu tempo com palavras inúteis. Os senhores já chegaram aqui com uma opinião formada. Dificilmente o que eu disser vai mudar alguma coisa.

– Covarde! – disse D. Antônio. – Nem ao menos vai se defender? Creio que devia desafiá-lo para um duelo.

– Não perca seu tempo, D. Antônio. Jamais participei de um duelo a qualquer título e não será agora que me farão mudar de idéia. Se desejarem, civilizadamente, conversar sobre o caso de Maria Helena e Manuela, atenderei de boa vontade, porém não participo de discussões e muito menos de duelos. Isso não tem cabimento. E, se já encerraram a visita, queiram se retirar.

– Como "queiram se retirar"? E minha mulher, onde está? Preciso vê-la.

– Não permito que a veja, Rodrigo, até que eu tenha certeza de que essa visita será benéfica a ela e à criança. Afirmo-lhes que a filha não é minha e que confio integralmente na fidelidade de Maria Helena ao casamento. Mas agora ela é minha paciente e como tal não permito que ela seja molestada. Jean, acompanhe os senhores até a saída. Eles voltarão outro dia com mais tranqüilidade.

E, sem aguardar resposta, Georges deu-lhes as costas e ingressou em seu gabinete de trabalho, fechando a porta. Jean, tomando a frente dos visitantes, conduziu-os à saída, ouvindo toda sorte de desaforos e inverdades sendo lançadas contra as pessoas com quem convivia e as quais admirava.

Aquela foi apenas a primeira de uma série de desagradáveis visitas que culminariam sempre em uma discussão inútil, haja vista que D. Antônio e os de M... tinham já uma opinião formada e apenas desejavam a capitulação de Georges.

Por bom tempo esses encontros passaram despercebidos de Maria Helena, entretanto, passados quase dois meses da primeira visita, ela tomou conhecimento das pressões sociais que o médico vinha sofrendo.

Vários de seus pacientes particulares foram retirados de seus cuidados, independentemente da melhora que apresentavam, e alguns fizeram isso com alarido suficiente para despertar a jovem mãe e deixá-la ouvir o escândalo mais comentado na sociedade madrilena naqueles dias, justamente a vida pecaminosa do médico francês e da jovem esposa de Rodrigo de M..., que incluía já uma filha bastarda.

– Dr. Georges, vim retirar minha mãe de seus cuidados. Por sua reputação, não convém que atenda à nossa família. Não posso permitir que minha mãe permaneça mais um dia sob este teto em que o senhor vive em flagrante adultério com uma jovem casada. Toda cidade comenta esse desrespeito que aqui se comete, lançando lama sobre o nome de uma das mais honradas famílias de Madri. Por certo, nenhuma família de classe há de querer seus serviços. Não sei o que será de seu futuro, mas também já sabemos que em França o senhor não é bem-visto. Deve ter havido por lá algum caso semelhante... Quantos filhos bastardos o senhor tem?

Maria Helena ouviu as calúnias dirigidas a ela e ao médico, envolvendo até mesmo um bebê inocente. Não sofreando seus impulsos, lançou-se fora da cama e, com fina camisola, irrompeu, sem bater à porta, na sala de onde provinham os sons do diálogo, com expressão furiosa, cabelos desalinhados e olhos chamejantes. Sequer ouviu as advertências de Georges para que se acalmasse e voltasse aos aposentos. Atacou, aos gritos, o cavalheiro que retirava a paciente.

– Quem o senhor pensa que é para julgar algo do que nada sabe? Quem lhe disse que tudo quanto se fala é a verdade? O que sabe o senhor do meu casamento, do meu mui digno e interesseiro marido e de sua família? Como ousa agredir um médico que tem trazido melhoras incríveis a muitos doentes? E, pior ainda, como tem a ousadia de envolver em falatórios de baixo nível a vida de um ser inocente que conta apenas alguns meses? Eu vou matá-lo se o senhor trouxer um só minuto de sofrimento à minha filha.

E, dizendo isso, lançou-se, completamente descontrolada, contra o estranho. A muito custo Georges, com a ajuda de Jean – que fora atraído para lá pelos gritos de Maria Helena – conseguiu contê-la. Em meio à confusão não se aperceberam da saída mais que apressada do estranho e da paciente que levava consigo.

– Vamos, mamãe, isso aqui é realmente uma casa de loucos. Este médico é insano e depravado. Deixemos esta chácara o quanto antes.

As calúnias proferidas pelo estranho fizeram com que retornassem todas as dores e mágoas que Maria Helena carregava consigo. Reacendera-se seu consumido e frágil mundo emocional e acrescera a isso o desespero de que aquele sofrimento tocasse a vida de sua filha – o bem mais precioso que tinha naqueles dias. Passada a crise furiosa, em que extravasara seus sentimentos, atirara-se ao pranto convulsivo e desesperado. Desde esse dia seu estado foi piorando gradativamente. Desesperava-se com questões imaginárias de sofrimento e não suportava ver os pacientes abandonando um a um a chácara do amigo. A cada veículo que saía da chácara, era uma crise.

A pior de todas ocorreu quando Rodrigo de M... e seus pais desejaram conhecer Manuela, acreditando que ver a criança seria a única forma de saber de quem era filha e cessar a dúvida que atormentava a família.

Após o almoço, Georges descansava, lendo as cartas de Joana e de Marcos. O contato com os amigos queridos de Cádiz era seu conforto naqueles dias conturbados. Tudo contara a Joana. Escrever relatando o que passava e como se sentia confortava-lhe, e as respostas sempre carinhosas e compreensivas de Joana davam-lhe esperanças de melhoras. Já Marcos estava desolado e reagia, indignado, à incompreensão das pessoas que interrompiam tratamentos vitoriosos contra um mal desconhecido, movidas por idéias preconcebidas e falatórios. Por vezes, Georges comungava da indignação do amigo, mas, percebendo o quanto lhe fazia mal perturbar seus pensamentos e sentimentos com a maldade social, logo abandonava essas idéias, lembrando as palavras que lhe mandara Joana: *"Esta sociedade triste se diz cristã e julga sem piedade seu semelhante, afrontando todos os ensinamentos de Jesus. Bem sei quanto dói! Ainda vivo as conseqüências disso. Mas não se deixe abater, Georges. É possível vencer e ser feliz se em seu mundo íntimo eles não tocarem. Guarde-o em paz, como me ensinou"*. Quando, erguendo os olhos, vislumbrou a paisagem verdejante e ensolarada que se descortinava da grande janela que tinha à sua frente, avistou ao longe na estrada uma carruagem e logo depois reconheceu como sendo a da família de M....

Indo até a porta, chamou Jean, que fazia a limpeza em seu boticário.

— Jean, como está Maria Helena?

— Dorme, doutor. Esta manhã teve nova crise nervosa e a custo Guilhermina a acalmou. Estava tão enfurecida que nem da nossa princesinha lembrava. Dizia coisas sem nexo. Ela está piorando, não é, doutor?

— Lamentavelmente, Jean. O golpe nos sentimentos dela foi muito forte e é uma pessoa despreparada para suportá-los. A educação que recebeu foi esmerada em termos formais, porém absolutamente falha em preparação moral para enfrentar os reveses que a vida nos apresenta. Ela naufraga a olhos vistos. Tenho tentado conversar com ela, porém tem sido inútil. E, no horizonte – falou, apontando a estrada por onde o veículo vinha se aproximando –, nova tempestade se apresenta. Chame Guilhermina e peça-lhe que vele o sono de Maria Helena. Temo que enfrentar essa família seja fatal para o estado dela.

— Claro, Dr. Georges. Direi a Guilhermina que por nada abandone o quarto de D. Maria Helena e da menina.

Rapidamente Jean foi pedir à esposa que não saísse de perto de Maria Helena.

Enquanto a carruagem parava em frente à casa de Georges, ele e Jean postaram-se à porta a fim de receber os indesejáveis visitantes.

Tão logo estes desceram, Georges falou:

– Não vou mentir, senhores, dizendo que são bem-vindos. Não o são e sabem disso. Nossos últimos encontros têm sido desastrosos e antes que piorem creio ser melhor a todos que cessem em definitivo. Evitaremos dissabores, até o dia em que, quem sabe, lucidamente queiram discutir o problema que aqui os traz.

– Lamento, doutor, mas não sou homem acostumado a receber ordens – respondeu Juan de M... –, muito menos vindas de um estrangeiro. Viemos aqui para conhecer a menina e não sairei daqui enquanto não realizarmos isso. Minha esposa, sabiamente, lembrou-nos que essa é a única forma de sabermos se ela é ou não filha de Rodrigo. Toda nossa família tem uma marca de nascença: se a menina for filha de Rodrigo, é possível que a possua. Precisamos vê-la.

– Senhor Juan, é louvável o interesse por sua neta, embora não creia na minha palavra, quando afirmo ser a menina sua legítima descendente. Mas, como afirmei antes, não permitirei a entrada dos senhores. Maria Helena não se encontra bem e vê-los tornaria ainda pior sua situação. Por isso, retire-se em paz de minha propriedade.

Ao compreender que estava sendo posto para fora e que o médico não atenderia à sua determinação, Juan de M... agrediu violentamente Georges jogando-o sobre o batente da porta, onde bateu a cabeça e perdeu os sentidos. Jean, assustado, correu a atender o patrão caído e os visitantes indesejáveis invadiram a chácara, vasculhando os dormitórios à procura da criança.

Jean arrastou o médico até uma poltrona na sala, ouvindo os gritos de Guilhermina.

– Quem são os senhores? Soltem a menina! Jean! Dr. Georges! Onde vocês estão? Socorro!

Georges recobrou os sentidos e, ainda tonto, rumou, amparado por Jean, ao quarto de Maria Helena. Lá reinavam soberanas a confusão e a discórdia.

Maria Helena despertara. Como se seus pesadelos se tornassem realidade, lá estava materializado seu marido. O ódio mudo que alimentava desde a descoberta da traição do marido ganhou palavras e gestos. Ao vê-lo aproximar-se do berço, onde a criança chorava assustada, perdeu completamente o controle, agredindo-o com um castiçal de prata que havia sobre a cômoda e golpeando-o ferozmente. Ela gritava toda sua fúria de mulher enganada e ferida em seus sentimentos, arranhando-o como gata furiosa. Os sogros não conseguiam contê-la. Agarrada às costas de Rodrigo, ela protagonizava uma imagem por demais triste, mas era uma mulher ultrajada que defendia seu maior patrimônio: a filha.

– Maldito! Interesseiro! Desgraçado! Roubou-me tudo! O amor! A alegria! Abusou de minha ingenuidade, tirou-me a família, está destruindo meu amigo, mas em minha filha você jamais tocará com estas mãos imundas! Fora! Fora daqui! Seus vermes! Rua! Eu mato quem tocar na minha filha!

Rodrigo horrizava-se com o estado de Maria Helena. Não reconhecia, naquela mulher tresloucada, a doce jovem que fora sua noiva. Seus olhos brilhavam ensandecidos e o rosto era um ricto de ódio. Tentava em vão se defender dos ataques. Seus pais paralisaram-se ao ver o quadro que a nora apresentava.

– Está louca, Juan. Maria Helena está louca – dizia, repetitivamente, a mãe de Rodrigo ao marido, em estado de choque.

Foi com essa situação que Georges deparou ao entrar no quarto. Desde que se levantara, amparado por Jean, o médico orava, pedindo a Deus ânimo e lucidez para enfrentar aquele momento. Ao ouvir os gritos de Maria Helena e os ruídos de coisas sendo jogadas e quebradas, já sabia que o pior havia acontecido. Como lhe doía ver aquela menina que fora a bênção de seus dias de solidão naquele estado deplorável. Georges sentia a dor de um pai, que sabia estar seu filho morrendo em vida. A cada passo, naquele extenso corredor, envelhecia um pouco mais, tamanho era seu abatimento.

Ficou parado à porta, em prece, com lágrimas correndo por seus olhos, ao ver o estado de sua protegida. Silencioso, nenhuma palavra seria bastante para descrever a sua dor. Lágrima após lágrima, grossas e fartas, corriam por sua face, antes sempre alegre e brincalhona. Sua figura de dor impunha respeito. E o que suas palavras não haviam podido impedir, à chegada dos visitantes, seu pranto conseguiu. Jean e Guilhermina tentavam afastar do berço da criança o casal engalfinhado. Ao ver seu patrão naquele estado, Guilhermina, num ímpeto, afastou-se, pegando Manuela e chamando Maria Helena para que segurasse a criança junto de si e largasse Rodrigo. Como que movida por uma cega confiança de que com a filha nos braços ninguém dela a tiraria, Maria Helena atendeu ao pedido de Guilhermina. Sem uma palavra, os de M... abraçaram o filho totalmente desalinhado e em pranto, e deixaram a chácara.

Daquela crise Maria Helena não mais se recuperou. Passava os dias ninando a filha – não a largava por nada. Com muito custo conseguiam que ela permitisse a realização da higiene da criança. As crises de choro eram freqüentes, ela dormia pouco, e em algumas semanas emagreceu muito. Sua pele perdeu o brilho e os olhos fixaram a expressão ensandecida. Tudo quanto Georges sabia, usou na tentativa de recuperá-la, porém sua luta foi inglória.

Em meados de 1853, Manuela contava sete meses, quando, numa madrugada, Maria Helena, insone há alguns dias, burlou a vigilância de Guilhermina, que dormia em uma cadeira ao lado da cama em que, abraçadas, estavam ela e a filhinha. Em meio às suas muitas crises, nos poucos momentos de calma, em sua mente se desenhava a única saída possível para seu sofrimento. A desilusão imperava em sua alma, a falta de uma fé segura fazia com que a esperança de dias melhores soçobrasse. Viver daquela forma era horrível, a seu modo de ver. Desacreditara das pessoas, fora enganada, traída, caluniada, e ainda por cima queriam lhe roubar a filha. "Para que continuar?", pensava ela. "Melhor o nada, o fim. Deus não existe, a morte deve ser o descanso e eu estou cansada. Morrerei e levarei minha filha comigo. Não há motivo para deixá-la neste mundo."

Enquanto todos dormiam na chácara, Maria Helena, abraçada à filha, encaminhou-se para o boticário de Georges. Sabia que lá havia muitos remédios. Encontraria neles o alívio que procurava. Primeiro ministrou à filha uma alta dose de uma droga de efeito calmante misturada a arsênico, e depois, sentando-se na poltrona de Georges, ingeriu ela própria uma dose ainda maior da mesma substância. De imediato sentiu um torpor em todo o centro nervoso e sobreveio o desfalecimento, enquanto sentia o veneno corroer-lhe as entranhas. Seria rápido e seria a última dor que suportaria, pensava ela.

FIM DA PRIMEIRA PARTE

SEGUNDA PARTE

A TRAJETÓRIA NO MUNDO ESPIRITUAL

O Despertar
Capítulo XX

"Esta dúvida da morte é muito comum nas pessoas falecidas há pouco, e sobretudo naquelas que, durante a vida, não elevaram sua alma acima da matéria. (...) Essa ilusão é sempre mais ou menos penosa, porque nunca é completa e deixa o Espírito numa certa ansiedade."[1]

– D. Maria Helena! Onde está a senhora? – Guilhermina despertou os moradores da chácara à procura da jovem senhora e da criança. Em poucos momentos, Georges e Jean encontravam-na no corredor. – Tenho procurado por todos os quartos e não as encontro. Ontem, sem querer, adormeci. A criança dormia tranqüila e D. Maria Helena parecia calma. Recostei-me e quando acordei, não faz muito, dei por falta das duas – justificava a empregada, aflita pelo acontecido. – Onde estarão? Não creio que os de M... tenham voltado. A casa está toda fechada?

– Sim, Guilhermina, nada notei de diferente, não há sinais de invasão. – Jean olhava a tudo com a preocupação refletida no semblante.

– Acalmem-se. Quem sabe a própria Maria Helena tenha resolvido levantar-se e caminhar um pouco? Há noites ela está insone. Vamos fazer uma busca na casa, quem sabe adormeceu em algum canto...

---

[1] Allan Kardec. *O Céu e o Inferno*, segunda parte, cap. V. Trad. Salvador Gentile. Araras, IDE.

Vasculharam todas as dependências da casa e nenhum sinal de Maria Helena.

— Dr. Georges, estranho o silêncio da bebê. Ela sempre acorda com fome, logo ao clarear do dia, e não ouvimos nenhum som.

— Tem razão, Guilhermina. Começo a preocupar-me. Diga-me: qual era o estado de Maria Helena à noite depois que as deixei?

— Ela estava estranha. Não falou comigo, também não chorou, nem estava nervosa. Apenas olhava fixamente para o teto e para a menina. Vez por outra, olhava para a janela, mas parecia não enxergar. Não disse sequer uma palavra, pouco se movimentou. Estava tão silenciosa que até dormi – coisa que o senhor sabe que dificilmente acontece quando estou cuidando de ambas, até porque tenho dormido durante o dia nestes tempos em que ela está assim doente.

— É verdade, Guilhermina, reconheço sua dedicação – respondeu Georges, que mais aflito ficou com a descrição do estado de Maria Helena. Já vira outras pessoas em quadros semelhantes e o desfecho era trágico. Sem nada dizer, rumou em direção ao boticário. Lembrava-se de que, durante a gestação, Maria Helena havia demonstrado interesse em conhecer as drogas que ele guardava e saber algo sobre sua utilização e se seriam letais ou não.

Os criados, percebendo a direção que o médico tomava, compreenderam seu tremor e a palidez que se havia instalado em sua face e acompanharam-no.

Ao abrirem a porta, a cena era hedionda: olhos desmesuradamente abertos, sangue escorrendo pelos olhos, nariz, ouvidos e boca, vestimentas sujas de urina e fezes, o corpo retorcido na cadeira apertava em torno de si o bebê roxo e com manchas de sangue coagulado em todo o rosto.

— Meu Deus! – exclamaram, em uníssono, os recém-chegados.

Aproximando-se de Maria Helena e de Manuela, precisaram apenas olhá-las para constatar suas mortes. Ao lado da cadeira, jaziam os frascos vazios. Tomando-os nas mãos, Georges identificou as drogas absolutamente letais que continham, e que haviam sido ingeridas em grande quantidade. Observando aquele final, o médico e seus fiéis ajudantes não contiveram as lágrimas: choravam amargamente, lamentando aquele triste destino. Georges lamentava, em prantos, a opção da amiga em abandoná-lo, em renunciar à vida física, em partir daquela forma rebelde de encontro à vida maior que ela desconhecia. Passando a mão no rosto sujo do cadáver, o médico afagava-lhe como se pudesse aliviar a dor que martirizara aquele espírito. Com seus gestos, pretendia transmitir-lhe, onde quer que ela estivesse, seu carinho.

Superado o choque, impunha-se a necessidade de tomar as medidas cabíveis ao momento.

– Jean e Guilhermina, vou à cidade comunicar a ocorrência às autoridades. Depois que eles se forem daqui, por favor, providenciem a arrumação dos corpos dignamente para os funerais. Avisem aos demais pacientes, com calma, a morte das nossas amigas e não dêem explicações. Não convém divulgar esta triste opção. Deixem que pensem ter ocorrido naturalmente.

Tomado de pesada tristeza, Georges dirigiu-se às autoridades para lhes informar a respeito do suicídio da jovem mãe e do assassinato de sua filha. Estas compareceram à chácara, onde examinaram o local em que estavam os corpos, a ingestão do veneno por ambas, ouviram os empregados da casa e por fim declararam o homicídio do bebê e o suicídio da mãe.

Os funerais foram singelos, porém extremamente sentidos. Georges lutava por resignar-se à opção da amiga. Jean e Guilhermina estavam inconformados com a perda da criança a quem dedicavam extrema afeição.

Para evitar maiores constrangimentos, Georges decidiu enterrá-las na propriedade, numa pradaria distante alguns quilômetros da casa, ao pé de um monte protegido por uma frondosa árvore. Era um local descampado, silencioso. Georges entendeu que a última vontade de Maria Helena fora não se separar da filha, e por isso determinou que fossem colocadas abraçadas no esquife. Guilhermina tudo fez para amenizar as marcas da tragédia, entretanto, bastava lançar um olhar sobre elas para que fossem vistos o sofrimento, a dor e a doença cobrando seu preço e marcando a face da morte.

Conduziram o féretro até o local designado. Somente os três fiéis companheiros que haviam cuidado de Maria Helena desde seu retorno a Madri seguiram com ela e Manuela até o último momento. Lá, envoltos na tristeza, em uma manhã nublada, batida de vento, acompanharam as palavras que Georges endereçava às mortas e sua prece. Terminada a pequena celebração, Jean e Guilhermina, abraçados, afastaram-se em direção à carroça em que haviam vindo, aguardando o médico que se demorava ao lado do túmulo de terras, sinalizado por uma rústica cruz de madeira.

– Querida Helena – falava Georges, como se a morta o ouvisse –, você partiu por deliberação própria. Nos caminhos por onde foi não posso acompanhá-la. Tão felizes momentos passamos juntos e agora nossas vidas, por algum tempo, se separam. A nós ficará sempre a lembrança da doce e espontânea menina que conhecemos em casa de Dr. Ângelo. Leve com você o amor fraterno que dedicamos e a certeza de que sempre será uma amiga querida, a filha que não tive. Nesse caminho que escolheu, talvez novas dores a esperem. Seja forte, lembre-se das vezes que lhe falei de uma outra compreensão da vida e busca conversar com Jesus – ele é quem pode ajudá-la. Adeus, menina.

Sem perceber o que se havia passado desde a ingestão da droga letal, somente ao baixar o esquife a terra é que Maria Helena, em espírito, despertou. Não compreendia onde estava nem por que a haviam deitado naquele local ermo, desabitado. "Oh!", pensava ela, "foram em vão as dores que senti, não estou morta. Manuela dorme, pois se eu não morri, ela também não". Naquele instante divisou a figura abatida de Georges e ouviu suas palavras de despedida, compreendendo que o único amigo agora a abandonava.

– Não vá, Georges, por favor, não me deixe aqui. Que vou fazer com Manuela? Olha bem: neste lugar não há ninguém a quem pedir socorro. Por favor, não nos deixe! – gritava Maria Helena, desesperada, ao ver o amigo cabisbaixo andar em direção à carroça.

Desejou levantar-se, mas não conseguiu. Era como se um peso enorme a retivesse presa ao solo, o que mais aumentava seu desatino. Ouviu o ranger das rodas da carroça, ouviu choro e lamentos, reconheceu as vozes de Jean e Guilhermina, mas, deitada, não conseguia levantar-se. Compreendia apenas que a haviam abandonado em meio a um local desconhecido e absolutamente descampado.

– Que fazer? É uma situação ainda pior que a da fuga da ilha. Lá eu sabia que havia pessoas no navio, aqui não há nada. Somente esta luz inclemente nos meus olhos e o céu cinzento. Ninguém me ouve.

Assim ela passou dias e dias, em total desespero. Chorava muito, depois se aturdia, preocupada que a filha despertasse, pois sabia que seu peito secara. Ao tentar levantar-se, várias vezes foi vítima de convulsões que lhe traziam de volta as dores passadas no momento da ingestão das drogas. Sentia-se doente e fraca, sentia cheiro de carne podre e todo seu corpo doía como que inchado e roído por vermes minúsculos. Presa, Maria Helena não podia sequer levantar-se. Amaldiçoava, então, a vida e a Deus, aumentando ainda mais seu sofrimento.

Julgava-se injustiçada: ela, que tanto sofrera e que fora vítima de tantas crueldades, buscara o fim e não o encontrara. E o pior: sem mais nem por quê, fora abandonada pelos únicos amigos que julgava possuir. Devia haver alguma explicação, porém ela não atinava qual fosse. Apertava a filha nos braços e, em meio ao horror que vivia, irradiava tamanha vontade de que a menina por nada daquilo passasse que criava um manto denso de sono profundo em torno da filha para que dormisse, dormisse e não acordasse.

Passados vários meses, dos quais não se deu conta, Maria Helena conseguiu finalmente se levantar. O corpo, já corroído pelos vermes, totalmente putrefato, não mais oferecia amarras ao espírito. Permaneciam, entretanto, as sensações de fraqueza, convulsões e total perturbação mental. Maria Helena não divisava o que lhe acontecera. Desconhecendo absolutamente sua situação, julgava-se ainda encarnada.

Sem saber para onde ir, começou a andar a esmo pelos campos em busca de abrigo. O desespero e a solidão eram sua companhia.

* . *

Georges abandonara a chácara. Contando com poucos pacientes após o escândalo, deliberara levá-los para a cidade. Não suportara as lembranças que o local lhe trazia. Estava sendo muito difícil suportar a ausência da menina que aprendera a amar como se fosse um membro de sua família. As cartas de Joana lhe traziam conforto. Aguardava que talvez pudesse, por meio dos amigos de Cádiz, receber notícias de Maria Helena, mas em vão esperou. Ainda assim, alegrava-se com as notícias que vinham de lá. Os amigos preparavam o lançamento de um livreto, contendo as revelações do mundo espiritual. Segundo lhes haviam escrito, era necessário que as pessoas tomassem consciência da realidade, abandonassem os mitos e crendices para encarar a vida sob um prisma mais elevado e responsável. Em todos vibravam uma fé pungente e um amor muito forte e seguro à vida e ao Criador, nascidos na mais profunda compreensão que a razão pode oferecer. Georges rejubilava-se com eles. Desejava partir para Cádiz, porém o ato impensado de Maria Helena não lhe deixara somente a dor. Estava ainda envolvido com as famílias Alvarez e de M... que, não acreditando na tragédia, o acusavam de causador das mortes.

Um exaustivo e desgastante processo judicial era a herança que Maria Helena deixara a Georges. Madri borbulhava, literalmente, com os lances da tragédia que continuavam a se desenrolar.

Recentemente chegado da Inglaterra, Franz desconhecia inteiramente o assunto mais comentado nas rodas da cidade, mas logo se inteirou de tudo ao ouvir pronunciado o nome do médico.

– De quem fala? – indagou ao companheiro de jogo.

– Ora, Franz, bem se vê que você esteve fora muito tempo e que nada sabe da desdita de seu amigo Rodrigo de M.... Vou contar-te. Escute, que a conversa é longa. Creio que conhece aquele médico francês, Georges de S... – Ante a muda aquiescência de Franz, o companheiro de jogo prosseguiu: – Pois bem. A esposa de Rodrigo o abandonou para viver com o tal médico, teve inclusive uma filha, que no fim das contas não se ficou sabendo quem era o pai. A família de M..., quando resolveu investigar a criança, encontrou a mãe praticamente louca. Dizem que agrediu Rodrigo. De fato naqueles dias ele estava com alguns arranhões no rosto, mas ninguém ousou perguntar do que se tratava. Os criados dos de M... é que andaram comentando que naquele dia eles chegaram desatinados em casa e discutiram por muito tempo sobre o que fazer com a louca e a criança. O pai da moça também estava na cidade – há poucos dias que retornou para a ilha onde mora. Entretanto, quando os de M... resolveram abrir um processo, por mais escandaloso que fosse, para discutir a posse da criança – que legalmente era nascida na constância do casamento entre Rodrigo e Maria Helena –, descobriram que a mulher havia enlouquecido de vez. Segundo o médico e as autoridades que atenderam o caso, ela deu veneno para a filha e suicidou-se em seguida. Os de M... não crêem nessa versão. Eles julgam que o médico é o responsável e o acusam. A cidade toda espera o final da história. É só o que se fala nestes dias.

Franz, lívido, ouvira a notícia trágica. Não mais conseguiria jogar ou divertir-se. Depôs as cartas sobre a toalha de veludo verde que revestia a mesa e, pedindo licença, retirou-se.

– Será que essa história abalou tanto assim o nosso companheiro? Deixemos de lado esse episódio. Amanhã ele deve estar de volta. As cartas são um amor antigo. – E voltaram a entreter-se com o jogo, substituindo Franz por outro jogador que assistia à partida. Enquanto isso, na calçada, sem importar-se com o adiantado da hora, Franz dirigia-se à residência de Georges.

Com surpresa foi recebido por Jean. Trajando sobre o pijama um robe surrado, meio sonolento, o empregado de Georges não reconheceu Franz, a quem, a bem da verdade, poucas vezes vira.

– Boa-noite, senhor. Em que posso servi-lo? – atendeu Jean, com a costumeira gentileza.

– Procuro o Dr. Georges. Ainda reside nesta casa?

– Sim, senhor. Por favor, entre e aguarde. Vou chamá-lo.

– Não é preciso, Jean – falou Georges, surgindo no hall de entrada. – Estava lendo e ouvi a chamada da porta. Pode ir descansar. O cavalheiro é meu conhecido.

Despedindo-se, Jean retirou-se, reprimindo bocejos.

– Boa-noite, Dr. Georges. Desculpe a visita em hora tão imprópria, mas somente agora, há poucos minutos, tomei conhecimento do ocorrido com Maria Helena. Se não se importar de falar sobre isso, gostaria de conversar com o senhor.

– Meu caro rapaz, nos últimos tempos tudo que faço é responder a perguntas sobre as mortes de Maria Helena e Manuela. Não me deixam esquecer e tampouco isso seria possível. Noto boa disposição em você. Diferentemente dos outros, parece não me condenar antes de saber dos fatos. Claro que podemos conversar. Por favor, vamos passar à minha sala de estar.

Seguindo Georges, Franz adentrou a casa. Chegando à sala, deparou-se com os animais de estimação de Georges dormindo sossegadamente – o gato enrodilhado sobre a poltrona preferida de Georges e a cadela adormecida no tapete aos pés da poltrona.

– São meus companheiros fiéis, Franz. Posso chamá-lo assim, não é mesmo? Não gosto de formalidade. Por favor, use meu nome de batismo.

Ao ser retirado da poltrona por seu dono, Napoleão miou, reclamando a interrupção de seu descanso, e em seguida, preguiçoso, acomodou-se no colo do médico.

– Diga-me o que deseja saber.

– Creio que já fui informado do pior. Portanto, não é isso que me traz aqui, mas sim saber se, antes de adoecer, Maria Helena contou-lhe tudo quanto se passou na ilha.

– Contou. Sei de toda a história e a lamento. O fim da brincadeira com o destino de uma mulher foi trágico. Mas se o preocupa saber se algo revelei sobre isso, fique tranqüilo, nada disse. Não tenho como provar nada do que sei, então para nada serve. Certo?

— Errado, Georges. Eu sei de tudo desde o início. Estava com Maria Helena quando ela flagrou o encontro de Rodrigo com minha irmã. Fui eu quem contou a verdade a ela. Por fim, tenho uma carta de Maria Helena escrita quando fugiu da ilha. Naquela oportunidade ela sabia, ou melhor, D. Maria, mãe de Maria Helena, desconfiava que ela estivesse grávida. Vim aqui para me oferecer, se for útil, para contar tudo quanto sei. Minha omissão já teve um preço muito alto. Não posso permitir que alguém inocente, como é o seu caso, venha a ser sacrificado.

— Surpreende-me sua atitude, Franz. Confesso que não a esperava. Obviamente falaremos com meus advogados e veremos se será útil. Creio que sim. Amanhã, pela manhã, pode me acompanhar na visita a eles?

— Quando desejar, Georges.

— Agora sou eu quem pergunta, Franz, se não se importa: sabe o que aconteceu com sua irmã depois dos episódios da ilha?

— Nunca mais a avistei. Confesso que, apesar de sabê-la errada, sinto piedade e, por que não dizer, sinto sua falta. Tive notícia de que está na Inglaterra. Amigos me informaram que adquiriu lá uma bela residência no campo e vive confortavelmente, porém solitária. Somente poucos amigos e uma velha parenta a visitam. Apesar de também ter estado na Inglaterra todo esse tempo, fiquei em Londres e não fui visitá-la. Conhecendo-a, acredito que não seria bem-recebido. Talvez algum dia ela perdoe minha interferência em seus planos.

— A vida é suficientemente longa para nos arrependermos de atitudes impensadas. Também sinto piedade por sua irmã; na verdade, ela não calculou a extensão do próprio erro.

— Com certeza, a ambição cegou-a. Nunca se conformou quando nossa família decaiu de condição social e econômica. O envolvimento com Rodrigo também não era salutar a nenhum dos dois.

A conversa prosseguiu por toda a noite. Na recordação de fatos passados e nas conversas sobre as ocorrências do presente que afligiam Georges, foi nascendo uma nova amizade e um processo de redenção de Franz, que amadurecia rapidamente, consolidando um caráter bem mais forte.

A disposição do irmão de Elizabeth de relatar tudo quanto sabia foi recebida com alegria pelos defensores de Georges, que vislumbraram, com isso, a possibilidade concreta de esclarecer todas as ocorrências envolvendo o caso Maria Helena.

* . * . *

Em meio aos campos desabitados e para ela desconhecidos, Maria Helena, em espírito, caminhava a esmo, enfrentando as intempéries. Sua aparência lembrava uma mendiga: trajes em farrapos, suja, pés descalços, carregava consigo inseparavelmente a menina Manuela, que mantinha adormecida através de um processo hipnótico, exercido inconscientemente. Por sua vontade superior, ela fazia permanecer e prolongar-se o estado de torpor que em geral acomete o espírito logo após o desencarne. Depois de muito perambular, retornou à chácara e a decepção de encontrá-la vazia foi novo golpe para ela.

– Ele me abandonou de verdade. Deixou-me doente naquele local desolado e foi embora. Para onde terá ido? Por que, George? – E chorava.

Permaneceu na casa durante algum tempo, protegendo-se do frio e das intempéries. A paisagem era triste e desoladora: a casa desabitada, a vegetação tomando conta do jardim e dos pomares, os poucos móveis que restavam, cobertos por lençóis velhos, teias de aranha formando cortinas nas dependências e o pó invadindo tudo juntamente com o silêncio.

Dóris, amiga espiritual de Manuela, acompanhava a trajetória da infortunada mãe, buscando socorrer a menina, vítima da situação desencadeada por Maria Helena. Entretanto, o estado mental da filha de D. Antônio exigia cuidados especiais – também ela necessitava de amparo. Maria Helena, porém, era refratária a toda situação nova. Diversas vezes, acompanhada por outros espíritos, Dóris tentara se fazer percebida, entretanto, mal a mãe de Manuela divisava a aproximação de alguém, julgava-se ameaçada e fugia desesperada, retornando depois à casa abandonada. É interessante observar que ela jamais se dirigia à sala onde cometera o suicídio. No longo período em que ficou na casa, nunca retornou àquele local. Outras vezes, tentaram ajudá-la aproveitando os momentos de fadiga em que se prostrava jogada contra as paredes do antigo dormitório, agora absolutamente vazio e escuro, semi-adormecida, porém, ao vê-los, julgava-se vítima de alucinação. Atribuía todas as ocorrências vividas logo após o despertar na sepultura como um pesadelo ou como alucinações decorrentes da exposição ao sol, e com essa explicação rejeitava as inúmeras tentativas de auxílio de que era objeto.

Assustada com as visitas freqüentes dos espíritos que vinham socorrê-la, Maria Helena resolveu prosseguir caminho. Agora que reencontrara a chácara, sabia bastar seguir a estrada para levá-la de retorno à cidade.

Empreendeu mais uma longa caminhada, enfrentando a sede, a fome, e agora o calor da primavera que se anunciava. Viu, um dia, aproximar-se uma carroça de lavradores que seguia também rumo a Madri. Pôs-se, então, na estrada para pedir ajuda. Para sua surpresa, os cavalos, assustados, pararam de supetão o andar do veículo, mas ninguém parecia vê-la. Os condutores ralharam com os animais e ela, arrasada, saiu da estrada. Amargurada, observou o próprio estado e desabafou:

— Estou horrível! Não é para menos que assustei aquela pobre gente. Ignoraram-me, devem ter-me julgado uma vadia abandonada nestas estradas. — Apertou a filha mais de encontro ao peito e falou à menina: — Não se preocupe, filhinha, você dorme e nada sofre. Mamãe vai cantar para você.

E assim seguiu o percurso, cantarolando antigas cantigas de ninar francesas que Georges havia lhe ensinado durante a gestação. Por vezes, nesse acalanto, extravasava seus sentimentos e seu canto tinha, então, conotações desesperadas e tristes; depois, apercebendo-se de que cantava para a filha dormir, corrigia-se e voltava à cantiga original.

Vislumbrou, num outro dia, uma caravana cigana que seguia pela mesma estrada que ela, e novamente tentou ajuda. À frente vinha uma carroça conduzida por um homem forte, vestido de vermelho, e a seu lado havia uma velha senhora de roupas coloridas, com lenço amarrado nos cabelos grisalhos e fumando um cigarro. A velha falou ao filho que desse sinal ao grupo para descansarem. Desceu, então, da carroça, aproximando-se do local em que estava Maria Helena. A mãe de Manuela notou que a mulher a via e observava com piedade. Rapidamente colocou-se de joelhos ante a velha senhora:

– Senhora, fico feliz que tenham parado. Imploro, ajude-me e à minha filha! Fomos abandonadas no campo e precisamos voltar a Madri. Leve-nos com vocês.

A velha cigana acocorou-se ao lado de Maria Helena e passou a falar baixinho. Os demais ciganos, observando a ação da velha companheira, já sabiam do que se tratava: por certo vira algum espírito com quem conversar. Seu dom de relacionar-se com os espíritos era famoso e ao longo da vida já perdera a conta de quantos haviam sido por ela atendidos.

– Filha – disse a velha cigana com meiguice –, que se passa com você? Conte-me para que eu possa ajudá-la.

Maria Helena relatou-lhe a situação. Por vezes uma narrativa truncada, e um tanto difícil de compreender, pois que sem nexo aparente.

– Ouça, minha linda, você não compreende muitas coisas que acontecem na vida. Mas vamos conversar um pouco enquanto meus amigos preparam a refeição. – A velha notou que, ao ouvir falar em comida, a pobre literalmente babou. – Está há muitos dias sem se alimentar, sem tomar água, caminha apenas. Isso não lhe parece estranho?

— Creio que estou me acostumando a passar fome, senhora. Minha preocupação é com minha filhinha. Desespera-me saber que pode acordar e não terei como alimentá-la. Ela é apenas um bebê frágil e não terá a mesma resistência que eu.

— Ninguém se acostuma a passar fome. Mas, veja, vamos analisar um pouquinho da vida. Você tem um bebê, viu-o nascer, sabe que irá crescer como você e sabe também que um dia irá morrer. A morte, muitos de nós julgam ser o fim de tudo, mas não é assim. A natureza, para nós, ciganos, é o único livro que conhecemos. Não somos doutos, nem versados, mas aprendemos a ler a vida e esse livro agora nos fala de renascimento. É primavera. Você observou como as árvores e as flores nesta época renascem? No outono, murcham, caem as folhas; no inverno, parecem mortas, inertes, sem cor. Aparentemente sem vida, tal qual um cadáver, as árvores são de cores pálidas e sem expressão nem movimento. Mas quando chega a primavera, começam a cobrir-se novamente de folhas e a vida recomeça em novo ciclo. Conosco ocorre o mesmo: nascemos, crescemos, morremos e, tal qual as árvores, renascemos. Não somos outros, somos os mesmos, exatamente idênticos ao que éramos quando vivíamos na carne, porém somos espíritos vivendo em outra dimensão. Lá, não morremos mais, por isso suportamos todas as dores e necessidades. Elas torturam, mas não matam. Podem fazer sofrer muito. Tenho visto casos de muita dor, mas também existe muita alegria nesse mundo novo.

A velha silenciou, observando o efeito de suas palavras. Maria Helena ouvira com calma, na esperança de receber ajuda, porém não compreendera o sentido do que a cigana desejava lhe transmitir.

— Você não me compreende, não é mesmo?

— Senhora, são bonitas as suas palavras. Mas no momento preciso de ajuda para chegar à cidade. Se não deseja ou não pode me levar, diga-me, e seguirei meu caminho.

— Filha — redargüiu a velha —, por esse caminho que você escolheu não posso segui-la, mas tentei ajudá-la. Peço que se lembre de Deus. Você tem alguma fé?

– Tive, senhora. Fui educada na Igreja Católica, porém a vida que a senhora vê tão bela, a mim ensinou coisas horríveis sobre as pessoas e não creio mais que Deus exista.

– Lamento muito suas palavras, pois, apesar dos sofrimentos que experimentamos, a vida é bela, e merecemos viver. Tudo quanto nos acontece é aprendizado. Leia, querida, o livro da natureza e vai aprender a conhecer um Deus que os padres não ensinam a ver. Siga em paz e pense nas minhas palavras.

Assim dizendo, a velha impôs-lhe a mão sobre a fronte e silenciosamente dirigiu uma prece ao alto. Dóris, que acompanhava a cena, agradecendo à Providência Divina o auxílio efetivo, aproximou-se de Maria Helena e disse-lhe:

– Preste atenção. Você não mais pertence ao mundo dos vivos. Maria Helena, nossa amiga tentou dizer-lhe que você morreu para a vida física, mas continua existindo nas mesmas condições no mundo espiritual. Somos amigos e desejamos o seu bem, venha conosco. – E, juntando os gestos às palavras, estendeu as mãos a Maria Helena, que permanecia ajoelhada ao lado da cigana.

– Minha linda, está vendo esta amiga a seu lado? Ela pode ajudá-la mais do que eu. Aceite o convite que lhe fizeram, parta com ela.

– Mas, senhora, ela parece louca. Fala que a morte não existe, mas já vi tantas pessoas morrerem. Como vou confiar em alguém assim?

– Também penso como ela e você me pediu ajuda. Dê tempo ao tempo para compreender as coisas. Como lhe disse, estude o livro da natureza com calma e não se importe em saber se esta amiga é louca ou não. Ela lhe oferece um local para ficar. É melhor do que perambular com um bebê pela estrada. Vá com ela.

– Pensando assim, a senhora tem razão. Irei com ela. – Estendeu a mão a Dóris, que, emocionada, fez um sinal de agradecimento à velha cigana e se despediu, lançando-lhe um beijo. A velha cigana levantou-se, olhou o alto e falou com as forças invisíveis.

"Ah!", pensava a velha cigana, "quando será que os homens

hão de se ver livres de tantos preconceitos que impedem seu crescimento e a visão da verdade?" – E, voltando-se para o grupo que
organizava a refeição, encaminhou-se ao círculo das mulheres em
volta de um fogo de chão. Nenhum de seus companheiros lhe fez
qualquer pergunta. Estavam habituados aos fenômenos da vida
espiritual. A velha cigana era a mestra de todos, e vezes sem conta
reuniam-se ao redor dela, ouvindo-lhe os casos e experiências e
adquirindo um pouco da sabedoria que os anos haviam conferido
àquele rosto enrugado.

* . * . *

Em Madri amanhecia o dia do julgamento do processo que a
família de M... e D. Antônio Alvarez moviam contra Georges. O
dia encontrou-o insone em meio às carinhosas cartas que recebia
de Joana; lera-as novamente durante a noite. A lembrança daqueles
dias lhe balsamizava o espírito sofrido. À hora combinada, deslo-
cou-se ao encontro de Franz e seus advogados.

No recinto, devidamente acomodado conforme as formalidades protocolares exigidas, teve início a sessão com o depoimento
das partes envolvidas e suas testemunhas. Os de M... confiavam
no escândalo que distorcera os fatos, assim o haviam tornado de
domínio público, e nas provas angariadas pelo investigador.

Não contavam com a grande surpresa que foi o depoimento
de Franz. A incredulidade seguida da vergonha estampava-se no
rosto de Rodrigo ao ver narrada sua vida íntima, que sempre fora
resguardada. Franz não omitiu um único detalhe sequer, e, diante
de seu depoimento, o juiz solicitou que Rodrigo de M... fosse
novamente ouvido.

– Que tem o senhor a dizer quanto às declarações do Sr. Franz?

Rodrigo, silencioso, cabisbaixo, em tom de voz irreconhecível,
respondeu:

– Ele falou a verdade.

– O senhor está dispensado; pode voltar a seu local. A decisão
será proferida.

A ansiedade tomou conta do ambiente. Georges procurava guardar-se em silêncio interior, porém reconhecia ser muito difícil e lutava. A voz fria e indiferente do magistrado fazia o relato de todos os fatos doloridos que vivera ao lado da querida amiga e trazia sua imagem à mente – não a que gostaria de preservar, a dos dias alegres, mas a tétrica recordação do dia em que a encontrara morta em seu boticário, abraçada à filha. Com muito esforço, afastou da mente as imagens perturbadoras e buscou concentrar-se no que acontecia a seu redor. Após a longa narrativa dos acontecimentos, o magistrado começou a expor sua leitura e compreensão dos fatos, já deixando claro em suas palavras que reconheceria o suicídio precedido de infanticídio. Ao final, declarou que reconhecia a inocência de Georges.

Findo o julgamento, todos foram se retirando, e Franz correu a abraçar Georges. Os dois irmanavam-se em um mesmo sentimento: estavam aliviados. Georges, por ver reconhecida sua inocência, e Franz, por haver impedido um novo crime, que seria a eventual condenação de Georges.

– Obrigado, Franz. Seu depoimento foi importantíssimo – agradeceu Georges.

– Não fiz além do que meu dever. É bem verdade que na vida pouca importância tenho dado ao dever, porém não está tarde para começar.

– Nunca é tarde, Franz. Nunca é tarde. Vamos embora. Este ambiente não me agrada.

O rapaz, abraçado a Georges e ao lado de seus advogados, foi descendo uma larga escadaria ao pé da qual encontravam-se os de M.... D. Antônio não acompanhara o julgamento, pois havia muito que retornara à ilha. Repentino silêncio abateu-se sobre o grupo ao ver Georges, e, em muda comunicação, Rodrigo e família caminharam até a carruagem que os aguardava, evitando qualquer contato com os que se aproximavam.

Georges simplesmente olhou-os partir sem nada comentar. Aquele era um episódio encerrado de sua existência.

A Perseguição
Capítulo XXI

"O Espiritismo deveria ser uma salvaguarda contra o Espírito de discórdia e de dissensão; mas esse Espírito tem, em todos os tempos, derramado elemento de discórdia sobre os humanos, porque tem inveja da felicidade que proporcionam a paz e a união." [1]

Joana aproximava-se da casa de Francisco, após um longo passeio pelas ruas de Cádiz, quando viu a criada dependurada na janela frontal da edificação que dava para a calçada, a olhar em todas as direções como à procura de alguma coisa.

– Que procuras a esta hora?

– Ai, D. Joana! Que susto! – disse a criada, levando a mão ao peito. Logo recuperada, continuou: – Era a senhora mesma que estava procurando. – Metendo a mão no bolso do longo avental que trajava, exibiu um envelope selado em Madri. – Chegou há pouco e sei como estava aflita por novidades do Dr. Georges.

Apressada, Joana fechou a sombrinha que a abrigava do sol, agora fraco, do cair da tarde, e entrou na casa, tomando das mãos da criada a carta.

– Vou ler aqui na sala. Por favor, traga-me água fresca.

---

[1] Allan Kardec. *O Livro dos Médiuns*, cap. XXXI, segunda parte. Trad. Salvador Gentile. Araras, IDE.

– Sim, senhora, já volto – disse a criada, sorrindo, e afastou-se.

Joana sentou-se numa poltrona próxima à janela e abriu a carta de Georges.

"Primavera de 1853.

Querida Joana,

Felicitações a todos os amigos de Cádiz, especialmente a você. Desejo sinceramente que estejam bem e progredindo.

Muito breve é minha correspondência de hoje. Visa apenas tranqüilizá-la quanto ao final do caso que me mantinha preso a Madri, onde, como sabe, já nada mais me detém após a morte de Maria Helena. Para nossa surpresa e nosso contentamento, o jovem Franz, irmão de Elizabeth (creio que poucas vezes lhe falei nele, mas teremos outras oportunidades e quiçá venha você a conhecê-lo pessoalmente), certa noite bateu à minha porta. Recém-chegado de Londres e tendo tomado conhecimento dos fatos em uma roda de jogo, de imediato prontificou-se a me auxiliar a esclarecer os fatos. Foi minha testemunha no processo e esclareceu todas as circunstâncias que levaram Maria Helena ao estado de perturbação mental em que veio a falecer. Seu depoimento convenceu o juiz de que nossa infortunada amiga tinha motivos para agir de forma tão triste e que esses motivos estavam relacionados à atitude do marido, do pai e de Elizabeth. O magistrado isentou-me de qualquer responsabilidade e acatou o parecer das autoridades por ocasião da morte de Maria Helena e de Manuela. Estou aliviado. Entretanto, não tenho qualquer esperança de reabrir a chácara e prosseguir o trabalho que lá realizava. "Combatente" não está bem. Como você sabe, ele é o último paciente que me resta daquele bom período. A pneumonia que o atingiu no último inverno deixou-o muito debilitado – creio que esteja vivendo seus últimos dias sobre a Terra. Fala constantemente com a mãe. Pela idade que avaliamos que ele tenha, deduzimos que sua mãe tenha falecido há muitos anos. É fato comum, já o sabemos, esse contato próximo à morte. Terminada essa minha última tarefa em Madri, estarei livre, minha querida, e pretendo partir a seu encontro e dos amigos de Cádiz, se ainda aceitarem este francês encrenqueiro nesse amável grupo.

Fico feliz com a idéia da elaboração de um livreto de divulgação para disseminar nossas idéias.

Em breve conto estar pessoalmente com vocês.

Despeço-me, reiterando minha amizade e meu carinho.

Com amor,

Georges."

Apesar de lamentar as notícias referentes ao "Combatente", Joana aprendera a encarar a morte sob novo prisma e não mais se deixar abater. O pobre homem cumpria doloroso resgate de débitos com o passado e chegava ao fim sua existência. Restavam o consolo de saber que ele a cumprira integralmente e a esperança de que sua libertação fosse definitiva. Por isso, Joana alegrava-se com as boas novas recebidas de Madri. Há anos que apenas se correspondia com Georges e acompanhava sua vida à distância; por essa comunicação respeitosa e sempre muito carinhosa, seus sentimentos pelo médico em nada haviam se modificado, e acreditava que também ele conservasse os mesmos sentimentos de outrora em relação a ela. A própria forma usual de despedir-se em suas cartas – "com amor" – indicava a manutenção do sentimento que lhe revelara um dia.

Concentrada que estava na leitura da carta, Joana não percebeu o retorno da criada que, parada à sua frente, segurava a bandeja com o copo de água. Ao fim da carta, levantou os olhos, com um largo sorriso estampado no rosto.

– Havia esquecido a água! Obrigada. Diga-me, Francisco está em casa?

– Não, senhora. Disse que iria visitar o Sr. Manuel. Pediu que a informássemos de que retorna só para o jantar.

Concordando com um gesto de cabeça, Joana dispensou a criada, entregando-se a seus pensamentos e lembranças.

Francisco chegou à noite e encontrou Joana ainda segurando a carta de Georges na mesma poltrona.

— Irmã, o calor a abate? — indagou Francisco, beijando-lhe a testa à guisa de cumprimento.

— Não, Francisco. Eu pensava, recordava muitas coisas boas e ruins. Bem sabe que há dias em que não consigo me furtar às recordações.

— Sim, eu sei.

— Hoje à tarde recebi carta de Georges. Suas palavras despertaram-me boas lembranças e entretive-me, divagando. Nem percebi o anoitecer.

— Que novidade nos conta Georges? Como foi o desenrolar do processo? Se não me engano, a data que ele nos deu do julgamento já se foi.

— É verdade. Felizmente, são boas, muito boas, as notícias de Madri. Georges foi inocentado pela Justiça. Diz que somente um último elo o prende a Madri. Trata-se de um paciente antigo que permanece sob seus cuidados, porém está em estado grave. Após a morte desse paciente, ele pretende transferir-se para cá definitivamente e juntar-se ao nosso trabalho. Não é ótimo?

Os olhos de Joana brilhavam alegres e Francisco não deixou de notar. Um sorriso misterioso desenhou-se em seu rosto e, dando o braço à irmã, indagou:

— Será que o jantar já está pronto ou deve demorar muito?

— Creio que ainda deve demorar, pois a criada não veio nos avisar.

— Então vou refrescar-me antes do jantar. Por que não fica no jardim?

— Não. Vou seguir sua idéia e refrescar-me também. Encontramo-nos à mesa.

E, braços dados, seguiram até seus respectivos aposentos.

A vida em Cádiz transcorria calma. O trabalho do grupo crescia. Várias pessoas haviam tomado conhecimento das reuniões e solicitavam assistência a doentes e familiares vitimados de perturbações espirituais. O conceito do grupo firmava-se na cidade, pois nada era cobrado e todos reconheciam que eram pessoas de moral séria, honestas e algumas com certo destaque na pequena comunidade.

Ao longo da primavera, começaram a esboçar o livreto de divulgação e esclarecimento que tinham em mente.

O verão ia a meio quando Georges cumpriu sua promessa e chegou a Cádiz para ficar – vendera suas propriedades em Madri. "Combatente" falecera no final da primavera – tinha uma idade considerável e não resistira aos problemas pulmonares. Jean e Guilhermina, fiéis ao médico, haviam-no acompanhado na mudança. Os três passaram alguns dias em casa de Francisco, até que Georges adquiriu uma agradável vivenda nas cercanias da cidade, próxima ao mar, onde preferia residir. Joana auxiliou na decoração da nova casa como se fosse sua. Foram dias alegres, em que buscaram esquecer as tragédias e as tristezas e entregaram-se ao prazer da convivência harmoniosa. Nenhuma pergunta ou referência ao passado foi feita.

Rapidamente, Georges adaptou-se à nova vida e ao grupo de pesquisa do qual passara a participar ativamente. Apoiado por Marcos, retomara a profissão e uma pequena clientela começava a se formar.

* * *

Se em Cádiz anunciavam-se novos tempos o mesmo não ocorria em Madri.

Rodrigo de M..., após o julgamento, enfrentava pela primeira vez a consciência. Dia e noite as lembranças do passado o perseguiam. A última cena que guardava de Maria Helena, tresloucada, tentando impedi-lo de ver a criança, repetia-se incansavelmente. E a culpa corroía-lhe o prazer de viver e o prostrava. Rodrigo reconhecia que sua conduta fora causadora das mortes. Tivera uma filha e apenas a vira uma única vez. Usara-a como instrumento de vingança contra D. Antônio por ele haver ousado tocar em Elizabeth. Em meio à tortura em que vivia, culpava também Elizabeth por tê-lo envolvido em tal trama de paixão e morte.

As noites eram horríveis para Rodrigo. Inúmeras vezes sonhava reencontrar Maria Helena, mas o que via era muito diferente da pessoa que conhecera. Ela estava magra, maltrapilha, suja, com um olhar totalmente enlouquecido. Ao reconhecê-lo, jogava-se com fúria sobre ele, derrubando-o, e acusava-o implacavelmente. Rodrigo acordava suando fartamente, o coração agitado e os sentimentos em total confusão. Não mais conciliava o sono e passou a perambular pela casa durante as noites. Somente dormia quando a exaustão o derrubava e já à luz do dia. Com isso, sua vida transformou-se: não mais saía, não trabalhava, vivia recluso e aflito. E a perseguição de Maria Helena prosseguia.

Após o encontro com a cigana, Maria Helena fora levada a um local de atendimento no plano espiritual, porém, tão logo lhe fora pedido que entregasse Manuela aos cuidados de uma assistente, ela rebelara-se e fugira. Não compreendia sua situação, mas se dera conta de que podia fazer Rodrigo sofrer. Sentira-o, e assim que o encontrara, passara a não poupar esforços no sentido de atormentá-lo. Pouco importava para ela que não lhe dessem atenção e que agissem como se não estivesse ali. Ria-se da sogra e de suas preocupações com o filho caçula. "Ele merece sofrer ainda mais", pensava ela. Rodrigo emagrecia a olhos vistos. Palidez cadavérica e largas olheiras denunciavam as noites insones. Cada vez mais, o pai de Manuela absorvia as sensações de Maria Helena – a fraqueza, o mal-estar constante, e um desespero que lhe transmitia nervosismo e sentimentos que não conseguia identificar. Vezes sem conta chorava convulsivamente e por último vieram as convulsões e a idéia de morrer e pôr fim a tudo. E Rodrigo acabou cedendo: passados três anos da morte de Maria Helena e de sua filha, entregou-se à forca, com seus próprios lençóis.

Assistindo ao corpo de Rodrigo balançar nas estrebarias da mansão dos de M..., Maria Helena regozijava-se feliz e gritava aos ouvidos dele:

– Morra, infeliz! Limpe o mundo da sua presença infecta! Morra, desgraçado! Aperte este nó com força!

E, ao ver que ele morria rapidamente, pendendo sua cabeça para frente, deslocada do resto do corpo, ela dançava em volta dele, sinistramente feliz.

* * *

Em Cádiz, a publicação do livreto, em 1854, causou grande tumulto. O bispo da cidade inflamou-se de revolta contra os hereges que se abrigavam na comunidade. Poucos exemplares circularam, pois ele mandara recolher todos e conseguira fazer expedir ordem proibindo as gráficas da cidade de imprimirem as "idéias demoníacas" dos membros do grupo de novos espiritualistas de Cádiz, como eram denominados.

Insistindo na publicação da obra, o grupo mandou imprimir outra leva de livretos e os distribuiu não só em Cádiz, mas nas vilas e cidades vizinhas. O bispo interpretou esse ato como uma afronta e recrudesceu a perseguição ao grupo, inclusive usando violência e ameaça de morte aos envolvidos.

Os integrantes do grupo, que agora se reuniam altas horas em casa de Georges – por ser a mais afastada da cidade – e lá pernoitavam, debatiam a situação. Afligia-os a intransigência das autoridades – que eles sabiam ser capitaneada pelo bispo local – para com suas atividades.

Georges ouvia a discussão sem dela participar. Seus olhos, sem a habitual vivacidade, demonstravam um cansaço profundo.

Francisco, notando o estado do amigo e o adiantado da hora, deu a reunião por encerrada, dispensando os demais para que buscassem o descanso.

– Georges – indagou ele –, noto uma diferença em você. Pouco participou da reunião hoje. Parece abatido. O que há?

— Pensava, Francisco. Refletia – egoisticamente, reconheço – sobre a minha vida. Perdão se não fui útil ao grupo. Mas confesso que toda essa perseguição que a Igreja lança sobre nós me traz de volta os dias negros que passei sob ameaça por causa da morte de minha amiga – você sabe da história. Fiquei aqui me perguntando que terei feito para passar por tantas perseguições. Elas estão me cansando, e isso eu não posso negar.

— Não cultive a melancolia, Georges. Não combina com você. Mas reconheço que, mais do que para nós, isso deve ser terrivelmente desgastante para você. Faz pouco que toda a confusão de Madri serenou.

— É verdade. Vim para cá em busca de paz e refazimento para meu espírito, e deparo novamente com perseguições injustas. A intransigência da Igreja é secular, e bem sabe a que o fanatismo já conduziu no passado. Perdão, mas é esse mesmo fanatismo religioso dos espanhóis que me faz temer que se acendam as fogueiras da inquisição novamente. E aflige-me pensar em sua irmã. Sabe que ela será um dos principais alvos, quando nossas atividades forem desvendadas. O bispo e os padres já pregam a existência da prática de bruxaria e a necessidade de combater o demônio.

— A situação de Joana é delicada. Como você, ela também veio para cá em busca de paz e agora está ameaçada.

— Abandonada pela família, ela já sofreu muito. Será justo que ainda enfrente as tempestades que se anunciam? Sei do valor moral que possui, mas me pergunto se será justo.

— Georges, há algumas coisas sobre minha irmã que também egoisticamente não revelei. Já que abre assim tua alma comigo, acredito ser correto abrir também a minha. Quando ainda respondia ao processo em Madri, recebi uma carta de minha sobrinha mais velha, uma das filhas de Joana, dando-me conhecimento da morte de seu pai. Pedro Lopez morreu há mais de três anos. Covardemente, temendo perder a recém-conquistada companhia de minha irmã, nada lhe disse. Acreditei, na ocasião, poupar-lhe sofrimento causado pela lembrança das filhas. Hoje reconheço que foi egoísmo meu. Na mesma carta, minha sobrinha relatou que o estado de mamãe era grave e que aguardavam também sua morte para breve, vítima da mesma doença contagiosa que exterminou a vida de meu cunhado. Meses depois, recebi nova carta, confirmando as expectativas e informando-me de que eram minhas únicas herdeiras. A mais velha já estava casada quando perdeu o pai, e a outra estava noiva – agora deve ser já casada. Não mais me escreveram. Respondi às duas cartas e nada disse sobre a mãe delas que julgam morta há vários anos, desde quando Pedro entregou-a a seus cuidados na chácara.

Conforme Francisco narrava as ocorrências, a vivacidade voltava ao olhar de Georges. O médico vislumbrava um fim para seus temores.

– Francisco, que você fez dessas cartas?

– Estão comigo, Georges. Não precisa pedi-las. Amanhã as trarei para você.

Prosseguiram conversando até tarde da noite quando, exaustos e preocupados, recolheram-se.

No dia seguinte, à hora de sempre, chegavam Francisco e os irmãos Gonzáles. Vendo-lhes os semblantes carregados, Georges imediatamente foi tomado de preocupação. Onde estariam os demais? E Joana e as outras mulheres do grupo?

– Somente nós hoje? Aconteceu alguma coisa na cidade?

– Sim. Estamos sendo seguidos. Houve nova pregação no púlpito esta manhã e em toda parte comentam as "relações demoníacas" que estão sendo travadas em Cádiz. Decidimos evitar envolver nossas companheiras. Foi a contragosto que elas concordaram em não vir, declarando-se com coragem suficiente para enfrentar a mentalidade arcaica do bispo. Mas acreditamos ser melhor protegê-las. Lembrei muito de nossa conversa de ontem à noite... Você tem razão, Georges. – Francisco levou a mão ao bolso interno de seu casaco, retirou duas cartas amarradas com uma larga fita amarela e continuou: – Aqui estão, conforme tínhamos combinado. Espero que faça o melhor com elas.

– Pode ter certeza, Francisco. Creio não precisar dizer publicamente o quanto respeito e admiro sua irmã para fazer qualquer coisa que não julgue o melhor para ela.

Os irmãos Gonzáles, que ouviam a conversa em silêncio, entreolharam-se e sorriram. João, intrometendo-se, perguntou:

– Georges e Francisco parecem que combinam uma união. Acaso teremos casamento entre os membros deste grupo?

Francisco olhou para Georges e este sorriu em resposta, sem negar ou afirmar.

– Vamos deixar a conversa para mais tarde. Temos de dar continuidade a nosso trabalho. Vamos para nossa sala de reunião.

Terminada a sessão, Georges acompanhou Francisco até o dormitório contíguo ao seu, onde o amigo habitualmente pernoitava quando hospedado em sua casa. No momento das despedidas, Georges sorriu-lhe e disse:

– Amanhã irei à cidade falar com Joana. Creio que saiba do que pretendo tratar.

– Desejo-lhes felicidades desde já. É talvez um exemplo que eu próprio deva seguir. Afinal, a solidão é má companheira: já me fez egoísta uma vez.

– Meu amigo, a solidão nunca me pesou. Não é para fugir a ela que procurarei Joana, mas sim por buscar conhecer um companheirismo que se desenhou muito feliz nos tempos da chácara. Momentos de solidão ainda os terei e gosto deles. Não se atire a aventuras sentimentais.

– São apenas cogitações de um velho viúvo. Felicidades, Georges. Não poderei acompanhá-lo, não só porque somos vigiados, mas porque tenho negócios na cidade vizinha e irei para lá. Boa-noite!

– Boa-noite!

Uma radiosa manhã raiou e já encontrou Georges a caminho da sede de Cádiz. Francisco saíra cedo, deixando apenas os irmãos

Gonzáles na residência de Georges. Nunca costumavam sair todos juntos. Saíam em horários diversos para não retornarem juntos à cidade.

Joana, impaciente, aguardava Francisco. O irmão a deixara preocupada; enquanto ele não retornasse, estaria ansiosa. Mas, para sua surpresa, nas primeiras horas da manhã, ao atender à porta, deparou com Georges.

— Joana, bom-dia. — Cumprimentou, beijando-lhe a face como era seu hábito. — Será que há ainda uma refeição matinal para um cavalheiro cansado desta estrada? Seu irmão pediu para informá-la de que somente retornará à noite: foi à cidade vizinha a negócios.

— Claro, Georges! Entre! É um prazer recebê-lo. Eu mesma ainda não fiz o desjejum. Venha! Já estou acostumada às freqüentes viagens de Francisco.

Sentados à mesa após a refeição, Georges depositou o imaculado guardanapo branco sobre a toalha.

— Joana, temos um assunto muito sério a discutir. Prefere ir a outro local ou podemos falar aqui mesmo?

— Georges, não me assuste. Aconteceu alguma coisa séria? Claro que podemos falar aqui mesmo.

— Acalme-se. Não houve nada anormal. Mas tenho notícias um tanto atrasadas a lhe dar.

— Notícias atrasadas? De quem?

— De sua família, Joana.

Georges notou um leve tremor nos lábios de Joana e a expressão de susto em seus olhos, que ela rapidamente tentou superar.

— Procuraram você, depois de todos estes anos? Será que Pedro não soube do fechamento da chácara?

— Joana, querida — disse Georges, tomando-lhe a mão —, não foi a mim que procuraram. Foi a Francisco, e há mais de três anos. Sua filha mais velha escreveu-lhe; eu trouxe as cartas que seu irmão me entregou. Ele disse não ter dito nada a você para evitar magoá-la. Mas são notícias importantes e você precisa saber. Eu as trouxe.

– Muito bem. – Joana respirou profundamente como alguém que fosse enfrentar uma batalha. – Dê-me as cartas; vou lê-las.

Georges apertou-lhe suavemente a mão que prendia entre as suas e entregou-lhe as cartas. Gentilmente, Joana retirou a mão que Georges segurava, a fim de abrir os envelopes. Não pôde evitar as lágrimas ao tomar conhecimento da morte da mãe e do casamento da filha. Lembrou-se de que quando todo seu martírio começara, a segunda filha era um bebê e agora já devia estar casada. As filhas de Joana casaram-se cedo, mesmo para os padrões da época.

Georges acompanhava-lhe as reações. Ao terminar a leitura da segunda carta, Joana passou as mãos no rosto, secando as lágrimas, e, forçando um sorriso, devolveu as missivas a Georges.

– Penso se já não serei avó. Quanto tempo se passou... Para sobreviver à saudade de minhas filhas tive que sufocar muitas lembranças e contentar-me com a alegria de poder viver simplesmente. Meu marido disse às minhas filhas que estou morta há todos estes anos e elas agora se julgam órfãs. Não sei o que fazer. Parece-me que talvez nada haja a ser feito. Elas estão casadas, e em nenhuma linha das cartas há qualquer menção à minha pessoa. Por que me entrega isto agora? Dói remexer velhas feridas.

– Bem sei o quanto. Porém, era preciso que soubesse a verdade. Mas não foi para fazê-la sofrer que lhe trouxe as cartas. – E, tomando-lhe novamente a mão, beijou-a com carinho e continuou a segurá-las. – Joana, tenho pensado muito nessa infeliz perseguição que o bispo desencadeou ao trabalho que realizamos aqui. E me preocupo, especialmente com você. Temo por sua segurança e confesso que estou cansado de perseguições. Por certo estou agindo com covardia, mas estou velho e creio que tenho agora esse direito.

– Georges, está pensando em partir de Cádiz? Pretende nos abandonar?

– Sim e não, Joana. Como lhe disse, pensei muito e creio ser melhor e mais seguro partir. O novo mundo me parece uma boa opção. A Europa está por demais manchada. Quem sabe uma nova humanidade não se estabeleça nesses continentes novos? É minha esperança. E gostaria de terminar meus dias, não às voltas com perseguições injustas, mas construindo, com as forças que me restam, algo novo. Mas não gostaria de partir sozinho. Joana, lembra-se de nossa conversa naquela confeitaria aqui em Cádiz?

Joana, muda, apenas aquiesceu. Não ousava crer que seu mais secreto sonho viesse a se tornar realidade.

— Pois bem. Meus sentimentos em nada mudaram e acredito que os seus também não. Não foi seu casamento que me impediu de levá-la comigo de volta à chácara, mas seu próprio equilíbrio recém-conquistado. Eu reconhecia que com Manoel Oliva, com Francisco e com os demais membros do grupo você aprenderia mais rápido que comigo a lidar com os fenômenos, e eles precisavam de você. O tempo provou que estávamos certos ao nos separarmos aquela vez. Porém, hoje nada mais, nem mesmo seu casamento, pode nos separar. Temo por sua segurança permanecendo em Cádiz. Esse bispo é fanático. Mas, acima de tudo, Joana, é por meus sentimentos que eu peço que me acompanhe ao novo mundo, que seja minha companheira, minha esposa, se assim o desejar. Você aceita?

— Claro, Georges. Você bem sabe que é tudo quanto desejei desde os tempos da chácara. — E, rindo, Joana prosseguiu: — Minha vida é de fato muito engraçada. Sou viúva, e consideram-me morta. Fui julgada louca por anos a fio e assim tratada. Um louco ainda maior curou-me, acreditando em mim. Para completar, no mesmo dia em que me reconheço talvez avó, sou pedida em casamento e sinto-me como se tivesse 15 anos.

Levantando-se, Joana aproximou-se de Georges e beijou-o. Abraçaram-se, enfim, unindo-se ainda mais.

— Querida, partiremos em breve. Hoje mesmo vou providenciar nossa viagem. Arrume suas coisas. Daremos a notícia a Francisco e a nossos amigos à noite.

Aquele feliz dia transcorreu rapidamente, como só acontece com as horas alegres, que nem ao menos percebemos passarem.

O anúncio da união de Joana e Georges era para todos previsível. Porém, logo que ele estabeleceu-se na cidade e nada se modificou, acharam que haviam interpretado mal os sentimentos que viam existir entre os dois. Portanto, mesmo previsível, a notícia causou surpresa e alegria. A decisão de partir com destino ao novo mundo surpreendeu, mas foi igualmente bem-recebida. Sabiam que o interesse pelas experiências espirituais já agora tomava caráter de maior seriedade. Não se tratava mais da moda de salões que havia agitado tantos invernos europeus. Vivia-se uma época em que pesquisadores sérios interessavam-se pelo tema. Onde quer que fossem, poderiam dar continuidade às relações com o além e ensiná-las a outras pessoas. Levavam as sementes, e isso era o mais importante. Era tempo de semear uma nova mentalidade. Ainda que o grupo se dissolvesse, para sempre ficariam as marcas daquela época em seus espíritos, e, onde estivessem, manter-se-iam fiéis à nova fé.

O FINAL
Capítulo XXII

"Nascer, morrer, renascer ainda e progredir sem cessar, tal é a lei."[1]

A vingança de Maria Helena contra Rodrigo era inclemente. Mesmo sem o saber e com as faculdades mentais comprometidas, o pouco que entendia era que deveria fazê-lo suportar tudo quanto ela própria havia passado e estava passando. Seu maior desejo era fazê-lo suportar "os pesadelos" como ela julgava – e que na verdade era o terrível despertar após o suicídio. Exultou ao vê-lo desesperar-se e debater-se, clamando pelo fim. Também ele não se dera conta de imediato de sua situação, acreditando não haver logrado êxito em sua tentativa de esvair-se da vida, de fugir ao horrível fantasma que o atormentava e às lembranças pungentes que a consciência culpada não permitia esquecer.

Após vários dias inconsciente, Rodrigo despertara. Sentia-se sufocado, sem ar. O local era quente e úmido, e ele sentia-se cheio de bichos – era como se vermes andassem sobre seu corpo. Pior ainda: via-se coberto de formigas que andavam sobre ele, entravam-lhe no nariz e nas orelhas e o enlouqueciam de dor. Sim: terrí-

---

[1] *Frase inscrita no dólmen construído sobre o túmulo de Allan Kardec (Cemitério de Père-Lachaise, em Paris - França).*

vel dor o acometia à altura do pescoço e freqüentes crises de falta de ar o enfraqueciam. Tudo era escuro e silencioso; somente o som dos vermes efetuando o trabalho da natureza interrompia os pensamentos de Rodrigo: "Como me livrar deste estranho e apertado local?"

Não se dava conta das horas, nem dos dias: o tempo deixara de existir e ele perdera completamente a capacidade de mensurá-lo.

Em meio a tudo aquilo, por vezes ouvia o som de um acalanto. Parecia-lhe familiar, mas sentia que não era para ele e não conseguia identificar com precisão quem cantava.

Um dia, remexendo-se, sentiu, surpreso, o contato de rendas úmidas e o cheiro de podridão humana.

– Rendas? Mau cheiro? – Apalpou um pouco abaixo de si. – Cetim? – Olhou à volta: tudo escuro, somente algumas réstias de luz. – Meu Deus! Enterraram-me vivo! Estou preso num caixão! Socorro! Socorro!

Feliz, sentada sobre um túmulo, Maria Helena acompanhou seu despertar.

– Sofre, infeliz! Veja se é bom! Por este pesadelo também já passei! Aproveite-o! Não vai chamar sua querida amante para ajudá-lo? Quem sabe ela tenha um plano brilhante como foi manipular a minha vida. Sofra! – E ria, deliciada, observando-o pedir socorro.

Para seu espanto, viu um pequeno grupo aproximar-se. Suas aparências eram péssimas – ferimentos expostos, trajes sujos, pálidos como a morte; outros trajavam longas vestes mortuárias. À frente vinha um homem forte, com poucos dentes, a maioria podres, cabelos empapados de sangue e um largo corte na cabeça; trazia as roupas rasgadas e os pés descalços e encardidos, como que sujos de lama. Aparentemente exercia uma autoridade sobre o grupo.

– Alto! – gritou a tal entidade, diante do túmulo de Rodrigo. – Que temos aqui? Parece que mais um vai juntar-se a nós. – Levantou o olhar e deparou com Maria Helena. Ela, que estava acostumada a ser ignorada, surpreendeu-se. – Quem sabe dois? – prosseguiu o homem. – Quem é você? – perguntou à Maria Helena.

– Por que quer saber?

– É parente dele? – E fez um gesto apontando o túmulo de Rodrigo.

– Sou, mas o odeio. Ele merece este pesadelo.

– Que pesadelo? Dona, isto é realidade! Este infeliz acordou dentro do caixão: está descobrindo sua nova morada.

– Não! Ele tentou matar-se, mas não conseguiu. Por que se interessa por ele? Acaso o conhecia?

– Não, mas somos uma irmandade aqui, e ele pode ser útil. Você também, se quiser. O que traz consigo? Uma criança? Disso ainda não tinha visto.

– É minha filha. Afaste-se. Ela está dormindo.

– Largue-a por aí. Alguém da luz pode vir buscá-la. Um bebê não nos interessa. Se desejar ficar conosco, damos comida e um local para ficar. Dividimos todos uma capela que fica no fim do cemitério. Pode ir para lá, mas sem a criança.

Assustada, e temendo algum mal à menina, Maria Helena levantou-se e saiu correndo do cemitério. "Voltarei depois que eles se forem", pensava.

Porém, à noite, quando voltou ao local, não mais ouviu os gritos de Rodrigo. Olhou bem e viu apenas o corpo inerte e os vermes passeando sobre ele: era uma visão deprimente.

– Morreu finalmente – constatou Maria Helena. – O infeliz era mais fraco do que eu, que sobrevivi à coisa parecida. Vai ver a família caprichou quando fechou o caixão. Também, não havia como viver mesmo! Tomara que vá para o inferno.

Com uma leitura absolutamente distorcida da realidade, Maria Helena não se dava conta de que via coisas que normalmente não veria, como, por exemplo, ver o que se passava no interior de uma sepultura. Não percebia que a matéria não lhe oferecia obstáculos.

* * *

Por longos anos, Elizabeth vivera em clima de razoável bem-estar na Inglaterra. Logo após os episódios da ilha e a descoberta de todo seu plano de enriquecimento, retornara a Madri, desfizera-se de todos os bens que amealhara durante a relação com D. Antônio e os últimos anos com Rodrigo, recolhera as obras de arte que ornavam a Mansão Alvarez que lhe servira de lar e partira. Em terras inglesas, estabelecera-se em uma aprazível casa de campo, próxima a Londres, investira o restante do dinheiro em aplicações bancárias e jóias e usufruíra a vida tranqüilamente. De início, poucos amigos haviam sabido de seu retorno, mas, com o passar do tempo, tornara-se novamente conhecida nos círculos sociais onde seu dinheiro era muito bem-recebido. Com isso, a solidão, que de início sobre ela se abatera, desaparecera. Teve outros amantes que a ajudaram a amealhar mais jóias e pequenos presentes caros, porém a nenhum dedicou afeto. Realmente, somente Rodrigo de M... despertara-lhe paixão, e não propriamente amor. Sentia saudade do irmão, porém, por orgulho, nunca o procurara. Bania as lembranças e o interesse por saber o que acontecera após sua partida da ilha. Fatos passados, dizia a si mesma, não mudam. E, assim, entregava-se a muitos afazeres sociais que lhe consumiam o tempo e a disposição.

Envelheceu precocemente e de novo a solidão dos primeiros dias retornou à sua existência. Poucos amigos haviam sobrado, nenhum amante, nenhum afeto. A saudade do irmão doía-lhe e a falta de notícias causava-lhe agonia, pois agora longas horas apresentavam-se à sua frente e não havia como fugir das recordações de seu passado. Crises de depressão se sucediam. Começou, lentamente, a pensar no que seria o final da sua vida e depois dela. Era a interrogação ao fim de cada reflexão. No transcorrer de sua vida, não colhera nenhuma amargura pelo que fizera, mas agora começava a reconhecer que talvez não houvesse agido da melhor forma. A culpa começou a lançar suas garras e a aprisionar a rebelde Elizabeth. Nada fica impune na vida. As leis que regem a existência são sábias e seguras. Elas nos conduzem ao aprendizado. Se por vezes utilizam métodos dolorosos, é porque nós, alunos, escolhemos, com nossos atos, os caminhos tortuosos da dor, da culpa, do medo, em razão das inúmeras ilusões que abrigamos como verdades. Elizabeth acreditara na supremacia do dinheiro. Julgara que ele seria capaz de abrir-lhe todas as portas. Para isso, não titubeara em fazer o que fizera.

Entretanto, suas ilusões não lhe haviam permitido ver que as portas que desejava abertas eram em verdade as da hipocrisia, da falsidade, dos interesses mundanos, todas transitórias e sem real significação. Iludira-se, e a vida agora providenciava para que amadurecesse, abandonando as idéias antigas.

A idade trouxera também a doença. Acamada por dias a fio, não tinha como fugir a si própria. Estava sendo obrigada, ao fim da existência, a rever a forma como havia vivido. Por fim, arrependeu-se e voltou-se para a igreja. A criada que a servia era membro de uma congregação protestante e freqüentemente conversava com ela, exortando-a a procurar amparo na fé e a ajuda de Deus. Tanto fez que Elizabeth autorizou-a a trazer o pastor até sua residência. Com grande surpresa, tornou-se sua amiga. Apreciou as palavras do bondoso senhor que lhe falava dos Evangelhos e do poder da fé, do perdão de Deus aos pecadores arrependidos e da recepção no reino dos céus. Arrependida sinceramente, Elizabeth confessou seus pecados a Deus e implorou-lhe perdão. Reanimada, nos últimos anos de sua vida tornou-se membro e benfeitora da pequena comunidade evangélica da localidade onde residia. Um de seus últimos atos foi reatar relações com o irmão. Este, também idoso, estabelecido com um pequeno comércio, continuara em Madri. Passados vários anos, unira-se a uma senhora viúva e com ela tocava o negócio e auxiliava na criação dos dois filhos menores da esposa, que adotara como se fossem seus. Abandonara seus vícios e podia de fato ser considerado um cidadão honrado. A amizade com Georges continuara e fora um dos grandes fatores das mudanças operadas em Franz. Também ele e a esposa agora se diziam simpatizantes do Espiritismo, a nova doutrina que em 1857 fora trazida à luz por um renomado professor francês, Sr. Hippolyte Leon

Denizard Rivail, que assinava seu primeiro livro expondo as conclusões e experiências com o além sob o pseudônimo de Allan Kardec. Foi com alegria que Franz recebeu as notícias da irmã. Ainda que tarde, ela compreendera que errara. Respondeu-lhe dizendo que a ele não devia pedido de perdão e sim a Maria Helena, Rodrigo e Manuela. Falou-lhe das ocorrências há muito passadas e recomendou que fizesse preces pelos mortos. Continuaram correspondendo-se até a morte, porém não mais se encontraram pessoalmente. Uma criada informou a Franz da morte de Elizabeth e participou-lhe que parte de seu testamento beneficiara os criados que a haviam servido até o fim, e que todo o restante fora doado à comunidade evangélica da qual era membro. Franz compreendeu que a irmã sabia que não mais aceitaria qualquer dinheiro vindo dela, pois que lhe conhecia e reprovava a origem, e deixá-lo a uma instituição religiosa era uma tentativa de redenção de sua consciência.

Arrependida, Elizabeth ingressou na vida espiritual sob o amparo da mãe, que a assistiu e esclareceu. Conduzida a local de refazimento, teve contato com Dóris, por quem foi informada da penosa situação de Maria Helena e da trajetória de Rodrigo, que há pouco tempo convalescia em uma casa de atendimento. Por Dóris foi esclarecida quanto às leis que regem a vida e conscientizou-se de sua responsabilidade no estado daqueles espíritos com os quais convivera.

– É, Elizabeth, não basta a atitude passiva de quem reconhece o erro. Logicamente ela é melhor do que a persistência no equívoco numa postura arrogante, porém é preciso reparar o mal feito.

– Como posso fazer isso? São fatos passados. Não posso, Dóris, voltar no tempo.

– É verdade, voltar no tempo você não pode. Mas deve avançar no tempo. O tempo é nosso grande tesouro. Ele nos permite, hoje ou amanhã, refazer o ontem. A reencarnação, minha cara, faz com que possamos retornar em outros corpos, em outros locais, esquecidos dos fatos passados, mas lembrando – seja por questões afetivas, por sonhos ou por intuição – os vínculos do passado, e assim refazermos relações. Não são os fatos em si que você deverá procurar refazer, mas sim os relacionamentos. Jesus nos ensinou que todas as leis se resumem no "amar a Deus sobre todas as coisas e ao próximo como a si mesmo". Assim, o que a reencarnação nos possibilita é justamente o aprendizado e o cumprimento dessa lei. A reencarnação ensina-nos a valorizar a vida, as oportunidades que recebemos e a aprender, sobretudo, a reconhecer a inteligência, a bondade e o infinito amor de Deus para com a criação da qual fazemos parte. Não se lamente! Observe a natureza, trabalhe. Após a tempestade, a natureza não murmura – trata de refazer-se. Cada ser é útil e contribui para o equilíbrio dentro de suas potencialidades.

– Mas o que posso fazer?

– Ajude suas vítimas de ontem! Ampare-as na sua recuperação, que será lenta e penosa.

– Você me aceitaria como sua ajudante?

– Claro!

Aceitando a mão que Dóris lhe estendia, Elizabeth disse:

– Você é muito boa. Obrigada por não me condenar pelo passado.

– Quem sou eu para ser considerada boa? Lembra-se do que Jesus disse? "Bom é meu Pai." Além do que, não devemos nunca julgar senão nossa própria consciência.

E, juntas, começaram a arquitetar planos de recuperação para os envolvidos naqueles episódios, especialmente Manuela e Maria Helena.

Tão logo Rodrigo de M... recuperou-se do longo período em que habitara o cemitério de Madri, de onde fora resgatado por Dóris, conversou longamente com a benfeitora sobre o passado. Juntos, reavaliaram situações e, também arrependido, Rodrigo consentiu em participar do plano de recuperação de Maria Helena e Manuela, juntando-se a Elizabeth.

Mágoas ainda havia entre Rodrigo e Elizabeth. Incansavelmente, Dóris exortava-os a buscar a paz, a relegar ao esquecimento os fatos passados e a empenharem-se na tarefa de construção de novos tempos.

Quase ao mesmo tempo retornavam ao mundo espiritual Georges e D. Antônio, porém de forma muito diversa. Georges dedicara a vida ao próximo, vivera com retidão de caráter. Ao ver florescerem sobre a Terra, ao fim do século XIX, as luzes do conhecimento espiritual que divisara em Cádiz, lamentara não ter ficado e lutado com os demais amigos pela verdade que divisavam. Encerrara seus dias na América Central, descobrindo resquícios da antiga cultura Maia e dedicando-se à medicina e ao contato com o mundo espiritual. Juntamente com Joana, havia se estabelecido em pequena aldeia, e lá eles viveram com simplicidade, mas muito felizes. Em meio àquele local quase selvagem, não se reconheceria em Georges e Joana dois distintos europeus. Adotaram os trajes locais, coloridos e apropriados ao clima, e, após algum tempo, foram aceitos incondicionalmente pelos habitantes nativos. Seu leito de morte foi chorado por inúmeros amigos e pela mulher que amara devotadamente. As preces e o carinho de Joana o seguiram após o túmulo, balsamizando a dor da separação.

D. Antônio, ao contrário, morreu só, como viveu. Seu enterro foi despido de sentimento. Ninguém lamentou afastar-se dele. D. Maria não alimentava pelo marido nenhum bom sentimento, e foi com certo agrado que o viu partir. Finalmente livre, internou-se em um convento para o qual foi indicada pelo padre do vilarejo. Após alguns anos, encontrou a morte, vitimada por pneumonia adquirida em longos jejuns e reclusão nas celas escuras e úmidas do convento. A ilha e toda sua riqueza retornaram à Coroa espanhola. Os Alvarez não deixaram descendentes.

Joana foi a última a retornar, sendo recebida com muita alegria. Vencera integralmente a tarefa espinhosa a que se propusera. A companheira de Georges, em espírito, retornava, isenta de ódios e mágoas, à Pátria Maior. Não trazia débito, vinha em paz. Logo se juntou a Georges e Dóris para novos trabalhos. Prosseguiria vivendo com a mesma alegria, a mesma simplicidade e a mesma força de vontade que a haviam caracterizado quando encarnada.

O Novo Começo
Capítulo XXIII

"Se o amor ao próximo é o princípio da caridade, amar os inimigos é sua aplicação sublime, porque esta virtude é uma das maiores vitórias alcançadas sobre o egoísmo e o orgulho."[1]

Levantei-me e andei pela pequena sala que me servia ao trabalho. Era uma sala simples: havia ali apenas uma mesa. Sua iluminação era garantida por uma vasta janela que dominava quase integralmente uma parede e dava vista ao bem-cuidado jardim de nossa instituição. Lá fora, a algazarra das crianças era visível, mas os ruídos não me perturbavam. Ouvindo Chopin, concentrei-me de tal modo na narrativa das vivências de nossos personagens, que desconheço quantas horas passei analisando as memórias que encerramos no capítulo anterior. Foram várias.

Sucedem-se as eras e ainda tropeçamos em velhas pedras que já nos deveriam ser conhecidas no caminho. A história de nossos personagens é comum, corriqueira. Repetem-se continuamente os dramas da paixão. E, após o sofrimento, é o legado de todo exagero, de tudo quanto não possua o controle que marca a qualidade da razão no espírito humano. Lamentos e revoltas se elevam ao Criador

---
[1] Allan Kardec. O Evangelho Segundo o Espiritismo, *cap. XII, item 3. Trad. Salvador Gentile. Araras, IDE.*

em atos de rebeldia extremada, pois é melhor infligir-lhe a pecha de injusto do que reconhecer a própria responsabilidade nos atos insanos. Ultrapassada a fase infantil do entendimento da vida, cansados de sofrer, enfim amadurecemos. Analisando nossos atos, vem-nos o arrependimento, por vezes amargo, mas sempre benéfico, pelo equívoco de nossas atitudes. E aí? "Trabalho", responde-nos a vida, com incansável sabedoria. Trabalho íntimo, intransferível, na própria melhora. É a hora de colher o fruto da compreensão da experiência vivida na carne, seja ela boa ou não, momento que encerra sempre um aprendizado, que, a bem da evolução, não é desdenhado.

Depois de conhecer todos os lances que culminaram no atendimento feito a Maria Helena e Manuela, é impossível não refletir na conseqüência das atitudes. Não são apenas as idéias que, lançadas, fogem ao nosso controle. Em um mundo de vibrações, até mesmo nosso pensamento causa repercussão na nossa vida e na vida de outros seres. Que não dirá nossas atitudes? Saint-Exupéry muito bem definiu esse entrelaçamento que existe em nossas existências em todas as esferas, quando escreveu: "Tu te tornas eternamente responsável por aquilo que cativas". Somos levados a pensar na expressão *cativar* como sinônimo de amar, porém cativo também é aquele que tem sua liberdade cerceada. E de quantas formas cerceamos liberdades? De inúmeras. Cerceamos pensamentos, impingindo idéias preconcebidas; cerceamos comportamentos, impingindo padrões de conduta socialmente tidos como aceitáveis e discriminando outros com julgamentos nada cristãos. E reclamamos da hipocrisia social que alimentamos.

O amor jamais torna alguém cativo, porque sem liberdade ele se estiola. A liberdade é natural ao ser humano e tudo quanto seja contrário à natureza está fadado ao insucesso. Amor cativo – amor escravo – não existe; é paixão desenfreada que desatina e faz sofrer por não sermos nós que a conduzimos e sim ela que nos conduz. Somos cavaleiros sem perícia, montados em potro forte.

A liberdade é tão necessária ao amor, ao relacionamento com

outros seres, quanto o ar que respiramos. Quando conhecemos alguém e por ele nos encantamos, encontramo-lo tal qual ele é – livre, dono de si e de suas vontades. Porém, muitas vezes, após estabelecer-se o vínculo afetivo, aprisionamos o ser amado, sufocando-o. Não sabendo lidar adequadamente com a força de nossas emoções, acabamos inseguros, deixando aflorar o sentimento de posse e o conseqüente medo da perda, desaguando no ciúme. Tornamos então cativo o objeto de nosso afeto. Criamos uma "realidade" imaginária, fonte de tortura. Esquecemos de ver o outro como companheiro de jornada, espírito imortal fadado a muitas existências em busca do progresso; limitamos nosso horizonte ao imediatismo e, nesse afã, semeamos sofrimento em nós mesmos e naqueles que nos cercam, respondendo a esse sentir desequilibrado por muitos tropeços nas áreas das paixões, pois o ciumento deseja tornar-se o dono, possuir integralmente o móvel de seu desejo, e para tanto não mede esforços ou percebe limites.

Precisamos nos reconhecer senhores das forças que possuímos e desenvolver a perícia em manejá-las para então sim crescermos em equilíbrio e segurança, evitando os dramas que se sucedem por conta das paixões.

Mas basta de divagações. Era preciso reencontrar os companheiros de jornada e inteirar-me das condições de nossas atendidas. Confesso que a curiosidade fustigava-me.

Dirigi-me ao salão onde sabia sempre encontrar alguém e, com um pouco de sorte, nosso Orientador, para lhe relatar a conclusão do trabalho. Onde houvesse pessoas em movimentação e atividade, ali ele se encontraria com o prazer e a atenção de sempre, eu o sabia. De fato, não demorei a divisar sua figura serena e distinta, cabelos e barbas brancos, olhos redondos e escuros, sempre calmos e seguros, as vestes simples de operário[2], estatura baixa, magro, pele morena. Com alegria fui a seu encontro.

---

[2] *Nota da médium: O traje referido trata-se de um terno marrom.*

— Então, José, finalmente retorna a nosso convívio. Sentimos sua falta nos últimos dias.

— Estive trabalhando na história de Maria Helena. Refiz as vivências que a levaram ao lamentável estado em que se encontrava quando a socorremos juntamente com a bebê. Não esquecerei tão facilmente aquele canto atormentado ou a tristeza da cena naquela caverna escura.

— Realmente são tristes as condições de nossa irmã, porém, confiemos que, a seu tempo, tudo retorne ao equilíbrio a que está fadado. É uma questão de aprendizado.

— Porém isso não afasta a dor.

— A dor é a mestra. Como afastá-la? Sabe, José, todos nós elegemos nossos mestres e como seremos tratados. Escolhemos as escolas que vamos freqüentar. No âmbito moral, a situação em nada difere. Usando nosso livre-arbítrio, elegemos as situações que iremos vivenciar, e, por conta da lei de ação e reação, recolheremos sempre o correspondente a nossas atitudes. Maria Helena, ao entregar-se à descrença e à rebeldia contra o Criador, optou pela escola do sofrimento, e nessa escola a mestra é a dor. Como em toda escola, a dor somente cessará sua ação quando a aluna tiver aprendido integralmente a lição. Esse método de avaliação, Jesus já nos informou quando disse que não sairíamos antes de pagar ceitil por ceitil. A Justiça divina não aceita devedores e alunos com curso incompleto. A evolução não pode ser feita por média, como nas escolas da Terra; ela se dá por assimilação integral: aprendizado racional, emocional e comportamental.

Meditei sobre suas palavras alguns instantes. Não carecia dizer nada. Sorrindo, por ver que ele não perdia a oportunidade de um diálogo esclarecedor, perguntei:

— Como estão nossas atendidas agora?

— Georges irá visitá-las. Por que não o acompanha?

— Ótimo! Ele virá aqui ou onde devo encontrá-lo?

— Georges está passeando com uma irmã nova que chegou

enquanto você trabalhava. Ela traz muitos conflitos. É um caso muito complexo dos enredos que as emoções descontroladas podem fazer em nossas existências. Isso já lhe dá a entender que teremos bastante tempo para conversar. Então me conte: como foi o trabalho com a história de Maria Helena?

Relatei-lhe grande parte da história. Guardava-lhe uma surpresa, e não a revelei. Ele, assim como Georges, ignorava a pesquisa incluída nas vivências de Maria Helena. Eles acreditavam que eu houvesse me atido tão-só à sua vivência. Eu contava ainda obter a permissão de Georges para dar conhecimento de sua experiência, a respeito do trabalho desenvolvido em Cádiz, ainda antes da Codificação Kardequiana. Era meu reconhecimento pelo muito que aquele grande amigo me ajudara no passado recente.

Continuamos conversando alegremente até que vimos a aproximação de Georges. Cotidianamente ele trajava-se da forma simples como tinha terminado seus dias na finda existência que relatamos, ou seja, trajes dos nativos da América Central. Era seu tributo à arte da simplicidade que aprendera com eles, como sempre dizia.

— Saudações, José Antônio. Já pensávamos que nos havia abandonado, em busca de outras histórias. É bom revê-lo. Como está?

— Muito bem, Georges. De fato, estive muito tempo isolado. Sabe que é assim que gosto de escrever, mas conclui minha tarefa. Confesso que a curiosidade e a amizade que desenvolvi ao longo do trabalho por Maria Helena e Manuela me fizeram buscar novas notícias. Soube que vai visitá-las e gostaria de acompanhá-lo, se não for incômodo.

— Amigos são o que Maria Helena mais precisa. Que o seu trabalho traga a ela muitos amigos. A amizade é um sentimento construtor no espírito, fortifica, dá ânimo; conforta saber que corações fraternos nos cercam. Claro que será bem-vindo. Apenas vou terminar uma tarefa que estava realizando e já retorno para irmos vê-las.

Minutos depois, partíamos com destino à Casa de Maria.

À chegada, parada em frente ao jardim das fontes, encontramos Dóris.

– Como está, Dóris? – cumprimentou Georges. – Que faz aqui?

– Tão bem quanto vocês, espero. Infelizmente não são boas notícias que me trazem aqui. Esta manhã Regina foi informada por Dulce que Maria Helena não estava nada bem. Retornara ao estado de alienação e clamava pela filha, dizendo que haviam conseguido roubar-lhe a menina. Não atendia ninguém. Várias alternativas de tratamento foram tentadas, mas todas resultaram infrutíferas, pois com nenhuma ela cooperou. Por fim, Maria Helena começou a vasculhar a casa e os arredores, fugindo do controle dos amigos que se responsabilizavam por sua segurança e por seu tratamento.

Georges, penalizado, fitava o gramado e os próprios pés. Quando levantou a cabeça, seu olhar estampava sentida tristeza. Ainda que contidamente, via-se que ele sofria com as informações recebidas.

– Acreditei que desta vez minha menina fosse se recuperar. Mas me enganei. Seu espírito ainda não superou as ocorrências do passado e obstina-se na fuga da realidade e de sua cota de responsabilidade. Prosseguir orando por ela é a solução. Já a localizaram?

– Vaga, à procura de Manuela. Seu estado mental é bastante sério. Exigirá um tratamento prolongado para se recuperar. Estão atentos; tão logo a localizem, irão informar-nos.

Olhando o abatimento de Georges, resolvi interferir:

– Bem, apesar do encanto que esta Casa e seus conceitos me causaram, creio que devemos retornar, não é Georges? Nosso Orientador falou-me de um novo caso que está acompanhando; disse ser delicado e complexo. Em nossa instituição poderemos ser mais úteis. Que acha?

Com a sagacidade que sempre o caracterizou, Georges percebeu minha intenção de animá-lo. Após conhecer os lances do passado que o uniam a Maria Helena, podia bem avaliar a dor que sentia. Creio que deixei transparecer esses sentimentos.

– Agradeço, José Antônio, o carinho de sua atitude. Obviamente regressaremos, pois muito trabalho nos espera. E talvez lhe possa falar um pouco mais de minha amiga e de nossa relação.

— Enquanto os amigos retornam a suas tarefas, dedicar-me-ei às minhas. Manuela recupera-se esplendidamente. Em breve deve estar em condições de discutir conosco seu retorno à esfera carnal – disse Dóris, e, acenando, despediu-se.

Em nosso regresso, as palavras de Georges martirizavam-me, mas respeitei o silêncio do amigo e aguardei que ele mesmo fizesse as revelações que julgava necessárias.

— José Antônio, sua pesquisa enfocou exatamente o quê?

— A vivência de Maria Helena, desde o nascimento até sua trajetória no mundo espiritual após o duplo crime que cometeu.

— Nada enfocou sobre o seu passado anterior?

— Não. Meu objetivo era abordar os tormentos voluntários que angariamos para nossas existências por conta de nossas paixões, e o relato da vida de Maria Helena era perfeito. Não havia elos do passado interligando as vidas de Rodrigo, Maria Helena e Elizabeth. Tudo quanto ocorreu foi por conta da livre vontade e deliberação deles.

— É verdade. Criaram vínculos nesta última existência que os manterão unidos até que aprendam a se amar com o mesmo ímpeto com que hoje se repelem. Mas meu afeto por Maria Helena é anterior a tudo isso. Somos conhecidos de longa data.

— Isso eu percebi.

Respondi e silenciei. Existem ocasiões em que as pessoas conversam conosco como se falassem sozinhas e, para Georges, aquele era um desses momentos.

— Maria Helena, no passado, foi minha muito adorada filha. A última de uma numerosa prole. Cresceu em meio a homens adultos e era por nós todos muito mimada. Seu nascimento custou-me a perda da esposa. Devotei-me à menina com redobrado amor. E ela, por sua beleza e por seu encanto, seduzia a todos. Cresceu muito unida a mim, mas, como eu mesmo reconheço, errei em deixá-la isenta de responsabilidades, em não lhe reconhecer o caráter apaixonado. Para resumir a longa história, na adolescência apaixonou-se por um comerciante, homem muito mais velho e vivido, entregou-se a ele e engravidou. Casamento e família eram duas coisas que o mercador não desejava separadas, quanto mais de uma só vez. Abandonou-a, e ela, desesperada, temendo contar-me a verdade pela decepção que julgava me causar, optou por procurar uma parteira que lhe recomendou métodos abortivos. Ela terminou aquela existência poucos dias depois, consumida pela febre decorrente da infecção. No seu violento martírio, confessou-me tudo, pediu que lhe perdoasse, arrependeu-se de sua atitude, mas era tarde. Na vida espiritual, reencontrei-a buscando dignificar o amor materno que relegara. Guardava profunda mágoa do antigo namorado. Em novos planos, concordou em regressar a seu lado em outra encarnação. Retornou como Maria Helena Gomez Alvarez, única filha de D. Antônio, seu antigo sedutor reencarnado. Eu, por minha vez, concordei em tutelá-la novamente na adolescência, daí o forte sentimento que marcou nossa amizade. Ao receber Manuela como filha, Maria Helena devotou-lhe extremado amor. Ainda como resquícios do passado, exageros e paixões conduziram-na novamente ao tropeço.

– Compreendo. Mas a seu tempo tudo voltará ao equilíbrio. Maria Helena precisa amadurecer. Como você mesmo disse, só nos resta orar por ela.

Chegando à nossa instituição, logo vimos a movimentação e a alegria costumeira. Vislumbrando o quanto havia de trabalho a ser feito, Georges olhou-me e sorriu.

– Basta de nostalgia. O hoje é nosso melhor momento; trabalhar e crescer é o que compete a nós.

E, assim dizendo, já começou a observar a atividade que um grupo de aprendizes realizava. Ele os havia treinado e eram agora seus auxiliares. Estavam dialogando com um grupo de espíritos recém-libertos da matéria e há pouco conscientes de sua nova realidade.

– É gratificante ver o bem em ação. E melhor ainda é poder participar dele.

Dizendo isso, Georges afastou-se de mim, juntando-se a seus aprendizes e ao que eles faziam.

* * *

Passados mais de dois anos do atendimento feito a Manuela, encontramos Dóris, muito feliz, acompanhada de nosso Orientador, conversando enquanto caminhavam pelos arredores de nossa instituição. Cumprimentei-os alegremente e indaguei:

— Então, Dóris, tudo corre bem com nossa Manuela?

— Sim, tudo se encaminha pelo melhor. Sua reencarnação está em fase de conclusão. Dentro de poucos dias nossa menina deve mudar de nome.

— Já?! Tão rápido?!

— Como prevíamos, seria ainda prematuro obter êxito no auxílio a Maria Helena. Mas o caso de Manuela era muito diferente. Urgia resgatá-la e viabilizar seu despertar e a recuperação de sua consciência espiritual. Feito isso, encaminhá-la a nova jornada sobre a Terra era tarefa urgente. Nós dissemos isso a você naquela ocasião, José. Não entendo seu espanto – interveio nosso Orientador, amistosamente.

— Recordo, mas não julgava que fosse tão rápido. Já tinham planos traçados anteriormente?

— Claro! – respondeu Dóris. – Tão logo Elizabeth retornou ao mundo espiritual, arrependida de suas atitudes, prontificou-se a trabalhar no reajuste de Rodrigo e Maria Helena. Recebeu, nesse novo começo, Rodrigo por companheiro de existência, em uma tumultuada relação conjugal em que a dedicação e a resignação serão imprescindíveis ao sucesso. Juntos enfrentarão dificuldades econômicas, para não dizer a própria miséria, e Manuela lhes chegará em breves dias como filha. Em decorrência de sua vivência recente, a pequena também será uma criança problemática, que exigirá amor incondicional da mãe. Assim, esperamos que Maria Helena, ao recuperar-se, reconheça os esforços dos antigos desafetos em prol da menina a quem tanto amou no passado, e por aí comecemos a construir dias de paz para esses irmãos. Elizabeth dispôs-se à caridade sublime. Esperamos que conquiste a vitória sobre a ambição e o orgulho que foram seus motivos de queda.

Conversamos um tanto mais e despedimo-nos, retornando cada qual a seu trabalho. Por mais que se fale na justiça da reencarnação ainda assim sempre haverá novas palavras que expressem nossa admiração por essa sábia lei.

Fim

Epílogo

Às vésperas do século XXI, Maria Helena enfim despertou de sua longa fuga e retornou à razão. Ao longo desse tempo, vagou pela espiritualidade, sofreu e fez sofrer as pessoas às quais se ligava – Rodrigo e Elizabeth, em novas vestes carnais –, acrescendo, às dificuldades que eles se propunham vencer, os grilhões da obsessão.

Enfim, exausta de sofrer, vem dia a dia se fortalecendo, cercada de atenção e esclarecimento. Tem-se mostrado uma aluna dedicada de nosso Orientador, que busca educar-lhe o espírito segundo os princípios de Jesus, mestre e educador de almas. Para ser aceita como aluna, precisou, como ele nos diz, encontrar a senha "sincero propósito de mudança interior". Somente com essa vontade se é admitido nesse programa de educação espiritual. E ela a tem manifestado.

Fotolitos de capa
ArtScan
(São José do Rio Preto, SP)

Impressão
Lis Gráfica e Editora Ltda.
(São Paulo, SP)